主编简介

莫于川 重庆人，中共党员，法学博士，曾插队务农、参军服役和从事行政管理工作。现任中国人民大学二级教授、博士生导师、中国行政法研究所所长、习近平法治思想研究中心研究员、国家发展与战略研究院研究员，中国法学会行政法学研究会副会长，北京市志愿服务发展研究会副会长，多个中央国家机关和地方党政机关的法制顾问、立法专家或复议委员，多个高校和科研机构的兼职教授或研究员。主要研究方向是行政法、宪法和社会法。曾参加立法工作100余项，发表学术论文300余篇，出版专著教材30余种，承担科研课题30余项，获科研成果奖30余项。

哈书菊 黑龙江大学法学院教授、博士生导师、院长。主要研究方向为宪法学、行政法学、诉讼法学。兼任中国法学会法学教育研究会常务理事、行政法学研究会理事、民事诉讼法学研究会理事，黑龙江省人民政府复议委员会专家，黑龙江省人民检察院咨询专家，黑龙江省法学会民事诉讼法学会副会长，哈尔滨市监察委员会特约监察员。出版专著3部，主编教材10余种，发表科研论文40余篇，主持参与省部级项目20余项。

新《行政处罚法》适用办案手册

2022年版

莫于川　哈书菊 / 主编

中国法制出版社
CHINA LEGAL PUBLISHING HOUSE

本书作者及写作分工

（按撰写章节顺序）

莫于川 中国人民大学习近平法治思想研究中心研究员、国家发展与战略研究院研究员、法学院教授、博士生导师，法学博士，中国法学会行政法学研究会副会长，编写第一章、第八章、后记，整理附录，统稿。

曹　鎏 中国政法大学法治政府研究院教授。法学博士、博士后。国家“万人计划”青年拔尖人才。北京市“百名法学英才”。兼任中国政法大学国家监察与反腐败研究中心执行主任、“应松年行政法学基金”理事会秘书长、北京市行政法学研究会常务理事兼副秘书长、北京市监察法学研究会副会长等，编写第二章。

章志远 华东政法大学教授、博士生导师，教育部青年长江学者，中国法学会行政法学研究会常务理事、副秘书长，编写第三章。

任端平 国家市场监管总局法规司副司长，法学博士，编写第四章。

张　哲 国家市场监管总局法规司副处长、二级调研员，法律硕士，编写第四章。

郭富朝 中国政法大学法学院宪法学与行政法学专业博士生，编写第四章。

哈书菊 黑龙江大学法学院教授、博士生导师、院长，法学博士、博士后，中国法学会行政法学研究会理事，编写第五章、第六章、后记，统稿。

杨伟东 中国政法大学法治政府研究院教授、博士生导师，法学博士，中国法学会行政法学研究会常务理事，编写第七章。

赵律玮 中国法制出版社编辑三部编辑，法学硕士，汇编案例和相关规定。

目　录

第一章　总　　则

第二章　行政处罚的种类和设定

第三章　行政处罚的实施机关

第四章　行政处罚的管辖和适用

第五章　行政处罚的决定

第六章　行政处罚的执行

第七章　法律责任

第八章　附　　则

附录

第一章 总 则

第一条 【立法目的和依据】[①] 为了规范行政处罚的设定和实施，保障和监督行政机关有效实施行政管理，维护公共利益和社会秩序，保护公民、法人或者其他组织的合法权益，根据宪法，制定本法。

【适用指南】

本条是关于立法目的和依据的规定。

按照一般法理和立法惯例，法律文本的第一章是总则，第一条规定立法目的和立法依据。本法也不例外，在本条开宗明义地规定了立法目的和立法依据。

立法目的是条理法的重要内容之一，而条理法要解决的是一部法律的方向、品格和功能等基础性问题。[②] 本法的立法目的有四项：一是规范行政处罚的设定和实施；二是保障和监督行政机关有效实施行政管理；三是维护公共利益和社会秩序；四是保护公民、法人或者其他组织的合法权益。这四项目的共同体现了本法的基本价值和基本功能，它们在本法后面各章通过具体条文作了细化规定。

---

① 条文主旨为编者所加，下同。

② 这里所谓条理法（Principle-ideal Law），是指一个法律文本的形而上的内容，包括形而上的基本内容和其他内容；基本内容是指，立法目的、立法精神、法律价值和法律原则；其他内容是指，特殊条件下的社会公德、当地习惯和社会共识等。条理法是与实体法、程序法相呼应的法学概念，它广泛存在、富有功用，先在于实体法和程序法，指引着实体法和程序法的建构和运用，而且在没有明确的实体法和程序法规范的一些特殊情况下，常可直接代位发挥实体法和程序法的规范作用，可以避免在适用法律规范过程中的教条主义、形式主义做法的弊端。条理法主要存在和表现于一部法律文本的第一章总则中，最基本和常见形态是立法目的和法律原则，其解决的是一部法律文本的基本方向、基本品格和基本功能等基础问题。参见莫于川：《行政权行使的条理法规制》，载《现代法治研究》2017 年第 4 期。

本法的立法依据是宪法。在我国，宪法和行政法都属于狭义的公法，现行《宪法》诸多条文体现了公法的基本功能和基本原则，也即约束和保障行政权力行使（包括维护公共秩序），确认和保障公民权利行使，而且，诸多《宪法》条文规定的内容与《行政处罚法》制度直接相关。这体现在两个方面：一是《宪法》第五条第四款、第五款，第十五条第三款，第五十一条，第五十四条，第五十六条等条文，它们是维护公共秩序、追究法律责任的宪法功能和原则的直接依据；二是《宪法》第三十三条、第三十七条、第四十条、第四十一条、第四十五条等条文，它们是保障公民权利、寻求法律救济的宪法功能和原则的直接依据。①

● *法 律*

1.**《行政强制法》**（2011 年 6 月 30 日）②

第一条 为了规范行政强制的设定和实施，保障和监督行政机关依法履行职责，维护公共利益和社会秩序，保护公民、法人和其他组织的合法权益，根据宪法，制定本法。

2.**《行政许可法》**（2019 年 4 月 23 日）

第一条 为了规范行政许可的设定和实施，保护公民、法人和其他组织的合法权益，维护公共利益和社会秩序，保障和监督行政机关有效实施行政管理，根据宪法，制定本法。

第二条 【行政处罚的定义】行政处罚是指行政机关依法对违反行政管理秩序的公民、法人或者其他组织，以减损权益或者增加义务的方式予以惩戒的行为。

---

① 例如，《宪法》第十五条第三款规定：“国家依法禁止任何组织或者个人扰乱社会经济秩序。”《宪法》第四十一条第三款规定：“由于国家机关和国家工作人员侵犯公民权利而受到损失的人，有依照法律规定取得赔偿的权利。”

② 该日期为公布日期或最后一次修正、修订日期。下同。

【适用指南】

本条是关于行政处罚定义的规定。此系新增规定、核心概念。

《行政处罚法》自1996年10月1日起施行以后，由于并未对行政处罚作出定义，在行政处罚制度实践中一直存在哪些属于行政处罚行为应当纳入本法调整范围的争议问题，因此通过修法作出概念定义加以规范的呼声一直很高；但同时也存在不同意见，认为行政处罚行为的类型多、范围宽、差别大，难以廓清边界和准确定义，故原法律在立法过程中就放弃了作出定义的考虑，而且其他国家也少有通过立法对此作出定义的。在本法修改过程中，就是否对行政处罚作出定义也曾有分歧，但修法最终增加了核心概念的定义条文，这有助于提升行政处罚制度的精细化、规范化水平，但仍有一定的理解难度和分歧空间。

从本法所做核心概念的定义来看，其具体的语义分析包括如下五项：其一，行政机关的含义，实际上是指法学概念的行政主体，包括狭义的行政机关，还包括法律法规授权的其他行政主体；其二，违反行政管理秩序的含义，这是作出行政处罚的前提，也即具有一种因果关系——违反秩序要求会有受罚后果，这回应了本法第一条确定的立法目的之三（为了维护公共利益和社会秩序）；其三，公民、法人或者其他组织的含义，实际上是指法学概念的行政相对人，主要是指域内的行政相对人，如果联系到本法第八十四条规定的域外主体在域内违法予以行政处罚法律适用的规定，本法适用的惩戒对象非常多，可以完整地理解为公民、法人、其他组织、外国人、无国籍人、外国组织六个主体要素；其四，减损权益或者增加义务的含义，总体看既包括减损权益，也包括增加义务，也就是行政法学常用的损益性行政行为概念；其五，予以惩戒的含义，是指通过处罚来警戒，而处罚正是损益性的，警戒乃告诫犯错者注意改正错误，这也回应了本法第六条确立的处罚与教育相结合的原则。

这五项语义构成了本法核心概念定义的完整要素，也原则性地构成了行政处罚的基础法律规范。① 由此可见，本法条基本的语义结构是：行政处罚是对违法主体依法作出损益增负惩戒的行为，其核心要义是通过损益（增负）予以惩戒。唯有准确把握这一核心要义，才能正确实施行政处罚行为，完整实现行政处罚法治目标。

● 法　律

《行政强制法》（2011 年 6 月 30 日）

第二条　本法所称行政强制，包括行政强制措施和行政强制执行。

行政强制措施，是指行政机关在行政管理过程中，为制止违法行为、防止证据损毁、避免危害发生、控制危险扩大等情形，依法对公民的人身自由实施暂时性限制，或者对公民、法人或者其他组织的财物实施暂时性控制的行为。

行政强制执行，是指行政机关或者行政机关申请人民法院，对不履行行政决定的公民、法人或者其他组织，依法强制履行义务的行为。

● 案例指引

陈某诉成都市成华区环境保护局环境行政处罚案（最高人民法院指导案例138 号）

案例要旨：企业事业单位和其他生产经营者通过私设暗管等逃避监管的方式排放水污染物的，依法应当予以行政处罚；污染者以其排放的水污染物达标、没有对环境造成损害为由，主张不应受到行政处罚的，人民法院不予支持。

---

① 对此核心概念，还可透过如下三句话来细致、深入和全面地加以理解：1. 惩戒是“通过处罚来警戒”；2. 处罚是“使犯错误或犯罪的人受到政治或经济上的损失而有所警戒”；3. 警戒是“告诫人使注意改正错误（义项1）”。这三句话分别参见中国社会科学院语言研究所词典编辑室编：《现代汉语词典》，商务印书馆 1978 年版，第 137 页、第 158 页、第 592 页。

第三条　【适用范围】行政处罚的设定和实施，适用本法。

【适用指南】

本条是关于对行政处罚的设定和实施的规定。也即关于本法适用范围最一般的规定或曰原则规定。

从一般行政法理而言，关于法律适用范围，有两个理解维度：一是某类法律规范的适用内容包括哪些要素，也即人们常说的适用空间、适用时间、适用对象和适用事项；二是某项法律制度的适用内容包括哪些环节，也即人们常说的本法适用于调整行政处罚的设定环节和实施环节，或曰建构行政处罚的设定制度和实施制度。本条规定是后一个理解维度的法律规范。从行政法上的过程论视角来看，行政处罚的设定和实施是行政处罚法律制度最重要的两个制度环节。

关于行政处罚的设定，本法主要作出了三个方面的原则性、基础性和制度性规定：一是行政处罚的种类由法律、行政法规加以规定，也即本法第九条第一项至第五项规定的行政处罚种类之外，法律、行政法规可以规定其他种类的行政处罚；二是行政处罚的设定分别由法律、行政法规、地方性法规、部门规章和地方政府规章在各自权限范围内加以规定、补充规定或作出具体规定，本法第十条至第十四条对此作出了明确规定；三是其他规范性文件不得设定行政处罚，本法第十六条对此作出了明确规定。这些规定构成了行政处罚设定制度框架。

关于行政处罚的实施，本法主要从五个方面系统地作出了基本规定：一是行政处罚的实施主体制度，二是行政处罚的管辖配合制度，三是行政处罚的适用规则制度，四是行政处罚的运行程序制度，五是行政处罚的具体执行制度。这些规定主要体现在本法第三章至第六章，它们构成了非常全面、非常庞大、非常复杂的行政处罚实施制度体系，成为行政处罚制度有效运行的基本条件。

● *法　律*

《行政强制法》（2011 年 6 月 30 日）

第三条　行政强制的设定和实施，适用本法。

发生或者即将发生自然灾害、事故灾难、公共卫生事件或者社会安全事件等突发事件，行政机关采取应急措施或者临时措施，依照有关法律、行政法规的规定执行。

行政机关采取金融业审慎监管措施、进出境货物强制性技术监控措施，依照有关法律、行政法规的规定执行。

第四条　【适用对象】公民、法人或者其他组织违反行政管理秩序的行为，应当给予行政处罚的，依照本法由法律、法规、规章规定，并由行政机关依照本法规定的程序实施。

【适用指南】

本条是关于行政处罚法定原则的规定。

本条也是原《行政处罚法》第三条第一款的内容（原《行政处罚法》第三条第二款被移至本法第三十八条且补充修改为两款，作了细化规定），对行政处罚法定原则作了比较完整的规定，它是为了克服行政处罚制度实践中常见的行政处罚随意性弊端而专门提出的。

根据本条规定，体现行政处罚法定原则的基本要素有五项：一是行政处罚的对象主体，也即应当给予行政处罚的违法主体，包括行为违法且应当给予行政处罚的公民、法人、其他组织等域内主体，以及本法第八十四条规定的在域内违法且应当给予行政处罚的外国人、无国籍人、外国组织等域外主体；二是行政处罚的受罚行为，也即违反行政管理秩序且应当给予行政处罚的行为；三是行政处罚的规范依据，也即法律、法规、规章所做的规定[①]，而其他规范性文件所做规定不能作为行政处罚的依据；四是行政处罚的实施主体，也即包括行政机关在内的行政主体；五是行政处罚的实施程序，也即本法规定的程序。行政处罚法定原则的上述要素，从法定要求角度可表述为：行政处罚的对象法定、行为法定、依据法定、主体法定和程序法定。

为使行政执法人员全面理解和准确把握《行政处罚法》的规定，依法全面正确履行行政处罚职能，在《行政处罚法》经首次全面修订并施行半年后，国务院专门发布《国务院关于进一步贯彻实施〈中华人民共和国行政处罚法〉的通知》，推动《行政处罚法》进一步贯彻实施。关于如何全面理解和准确把握行政处罚法定原则，该通知还特别强调不得以其他行政管理措施的名义变相设定行政处罚，对上位法设定的行政处罚作出具体规定时不得层层加码或者“立法放水”，发生行政管理措施是否属于行政处罚争议时要依法及时予以解释答复或者提请有权机关解释答复，等等。[②]

行政处罚法定原则是行政处罚原则体系中的首要原则，也是最基本、最重要的原则，它是依法行政方针和行政合法性原则在行政处罚领域的具体体现，适用于行政处罚法律制度运行的全过程，因而贯彻实施《行政处罚法》，必须完整认知和认真贯彻此项原则。

---

① 原《行政处罚法》在此处规定为“依照本法由法律、法规或者规章规定”，经过修订后，本法在此处删去了“或者”，新的规定为“依照本法由法律、法规、规章规定”，这意味着规章作为行政处罚依据的地位更确定、更明确，同时，新的规定更加准确、适当，因为行政相对人违反行政管理秩序应当给予行政处罚的行为和事项等，可能同时由法律、法规、规章从不同角度和侧重作出规定，而非互相排斥、只能选一。

② 参见国务院 2021 年 11 月 15 日印发的《国务院关于进一步贯彻实施〈中华人民共和国行政处罚法〉的通知》第三部分（依法规范行政处罚的设定）中的第三项具体要求“加强立法释法有关工作”。

● 案例指引

1. 盐城市某食品有限公司东台分公司诉盐城市东台工商行政管理局工商行政处罚案（最高人民法院指导案例60号）

案例要旨：食品经营者在食品标签、食品说明书上特别强调添加、含有一种或多种有价值、有特性的配料、成分，应标示所强调配料、成分的添加量或含量，未标示的，属于违反《食品安全法》的行为，工商行政管理部门依法对其实施行政处罚的，人民法院应予支持。

2. 贝某诉海宁市公安局交通警察大队道路交通管理行政处罚案（最高人民法院指导案例90号）

案例要旨：礼让行人是文明安全驾驶的基本要求。机动车驾驶人驾驶车辆行经人行横道，遇行人正在人行横道通行或者停留时，应当主动停车让行，除非行人明确示意机动车先通过。公安机关交通管理部门对不礼让行人的机动车驾驶人依法作出行政处罚的，人民法院应予支持。

第五条　【适用原则】行政处罚遵循公正、公开的原则。

设定和实施行政处罚必须以事实为依据，与违法行为的事实、性质、情节以及社会危害程度相当。

对违法行为给予行政处罚的规定必须公布；未经公布的，不得作为行政处罚的依据。

【适用指南】

本条是关于行政处罚公正、公开原则的规定。

在行政处罚制度建构中明确规定公正、公开原则具有重要和特殊的法治意义，这是深入推进依法行政、加快建设法治政府的基本要求，也是行政处罚制度实践中社会各方特别关注的问题。在行政处罚中坚持公正、公开原则，主要是两个方面的原则要求：一是公正原则的要求，二是公开原则的要求。

关于公正原则。所谓公正，原意是指“公平正直，没有偏私”。[①] 行政法上的公正原则要求，执法者在行政处罚中必须坚持公平正义、不偏不倚，平等、公允地对待各方行政相对人，准确、平衡地适用法律规范，实现社会接受度、共识度、平稳度最佳的执法效果。具体而言，就是在行政处罚中体现过罚相当的原则要求，这也是比例原则、适当原则、合理性原则的共同要求。本法总则后的各章确立了诸多专项制度和具体措施，来落实过罚相当原则的基本要求。例如，一事不二罚，罚款与罚金折抵，行政拘留与拘役或有期徒刑折抵，案件调查者与处罚决定者相分离，不予处罚、从轻处罚、减轻处罚制度，以及执法回避、裁量基准、重罚听证制度，等等。在行政处罚实务中，还需要重视解决的是处罚显失公正问题，包括同责不同罚、轻重罚失衡、不平等对待等问题，这也是因此发生行政争议进入行政诉讼后得以运用司法变更权直接予以纠正的情形。[②]

关于公开原则。所谓公开，原意是指“不加隐蔽”，“面对大家”，“使秘密的成为公开的”。[③] 行政法上的公开原则要求，在行政处罚制度运行过程中，对违法行为给予行政处罚的规定必须公布，未经公布者不得作为行政处罚的依据。这也是保障公民知情权、提高政府工作透明度的政府信息公开法治要求。[④]

行政处罚公开原则是行政处罚公正原则的内在要求和前提条件。法谚曰：“阳光之下少霉菌。”只有将行政处罚的依据、主

---

① 中国社会科学院语言研究所词典编辑室编：《现代汉语词典》，商务印书馆 1978 年版，第 380 页。

② 《行政诉讼法》第七十七条第一款规定：“行政处罚明显不当，或者其他行政行为涉及对款额的确定、认定确有错误的，人民法院可以判决变更。”法条表述的“明显不当”，也即行政法理上的“显失公正”。

③ 中国社会科学院语言研究所词典编辑室编：《现代汉语词典》，商务印书馆 1978 年版，第 378 页。

④ 《政府信息公开条例》第一条开宗明义提出制定本条例的目的是“保障公民、法人和其他组织依法获取政府信息，提高政府工作的透明度，建设法治政府，充分发挥政府信息对人民群众生产、生活和经济社会活动的服务作用”。可见，提高政府工作透明度是建设法治政府的要件之一。

体、事实、程序、内容、救济渠道等要素依法予以公开，而且依法做到事前、事中、事后的全过程公开，真正实现当事人和公众的知情权、监督权，行政处罚的公正性方能获得保障。除了本条规定之外，本法第二十四条、第三十四条、第三十九条、第四十一条、第四十四条、第四十八条、第六十二条、第六十四条等许多条款，也都作出了具体落实行政处罚公开原则的规定。

● 法　律

《政府信息公开条例》（2019 年 4 月 3 日）

第二十条　行政机关应当依照本条例第十九条的规定，主动公开本行政机关的下列政府信息：

（一）行政法规、规章和规范性文件；

（二）机关职能、机构设置、办公地址、办公时间、联系方式、负责人姓名；

（三）国民经济和社会发展规划、专项规划、区域规划及相关政策；

（四）国民经济和社会发展统计信息；

（五）办理行政许可和其他对外管理服务事项的依据、条件、程序以及办理结果；

（六）实施行政处罚、行政强制的依据、条件、程序以及本行政机关认为具有一定社会影响的行政处罚决定；

（七）财政预算、决算信息；

（八）行政事业性收费项目及其依据、标准；

（九）政府集中采购项目的目录、标准及实施情况；

（十）重大建设项目的批准和实施情况；

（十一）扶贫、教育、医疗、社会保障、促进就业等方面的政策、措施及其实施情况；

（十二）突发公共事件的应急预案、预警信息及应对情况；

（十三）环境保护、公共卫生、安全生产、食品药品、产品质量的监督检查情况；

（十四）公务员招考的职位、名额、报考条件等事项以及录用结果；

（十五）法律、法规、规章和国家有关规定规定应当主动公开的其他政府信息。

● *案例指引*

1. 龙某诉某市交警支队公安交通管理行政处罚案［山东省济南市中级人民法院（2019）鲁01行终1059号行政判决书[1]］

案例要旨：被诉处罚决定存在不合理、不适当之处。本案中，龙某没有醉酒驾驶机动车的主观过错，其驾驶行为亦未造成严重社会后果，情节轻微，危害程度不大。在这种情况下，某市交警支队对龙某作出吊销机动车驾驶证，五年内不得重新取得机动车驾驶证的行政处罚，与过罚相当原则不完全符合，具有不合理性，应予撤销。

2. 某餐馆诉某区市场监督管理局行政处罚案［北京市第一中级人民法院（2019）京01行终1189号行政判决书］

案例要旨：行政处罚应遵循过罚相当原则，行政处罚所适用的处罚种类和处罚幅度要与违法行为的性质、情节及社会危害程度相适应。行政处罚兼具惩罚和教育的双重功能，通过处罚既应达到纠正违法行为的目的，也应起到教育违法者及其他公民自觉守法的作用。对违法行为施以适度的处罚，既能纠正违法行为，又能使违法者自我反省，同时还能教育其他公民自觉守法。如果处罚过度，则非但起不到教育的作用，反而会使被处罚者产生抵触心理，甚至采取各种手段拖延或抗拒执行处罚，无形中增加了行政机关的执法成本，也不利于树立行政处罚的公信力。

3. 陈某诉某市客管中心客运管理行政处罚案（《最高人民法院公报》2018年第2期）

案例要旨：一方面，网约车作为客运服务的新业态和分享经济的产物，有助于缓解客运服务的供需矛盾，满足公众多样化出行需求，符合社会发展的趋势，对其应当保持适度宽容。另一方面，这种新业态在一定程度上给既有客运管理秩序带来了负面影响，甚至存有安全隐患等问题，确需加强规范引导。《网络预约出租汽车经营服务管理暂行办法》的出台，也从侧面对此予以佐证。当一种新生事物在满足社会需求、促进创新创业方面起到积极推动作用时，对其所带来的社会危害的评判既要遵从现行法律法规的规定，亦应充分考虑是否符合社会公众感受。本案被上诉人陈某通过网络约车软件

---

[1] 除单独说明外，本书案例均取自裁判文书网等公开来源。下略。

进行道路运输经营的行为社会危害性较小，符合一般社会认知。行政机关在依据现行法律法规对其进行处罚时，应当尽可能将对当事人的不利影响控制在最小范围和限度内，以达到实现行政管理目标和保护新生事物之间的平衡。另外，该行为中有哪些主体受益、最终产生的车费是否已经实际支付或结算完毕，某市客管中心未提供证据予以证明。在上述事实尚不明确以及该行为社会危害性较小的情况下，将该行为的后果全部归于陈某，并对其个人作出较重处罚，有违比例原则，构成明显不当。

第六条　【处罚与教育相结合原则】实施行政处罚，纠正违法行为，应当坚持处罚与教育相结合，教育公民、法人或者其他组织自觉守法。

【适用指南】

本条是关于处罚与教育相结合原则的规定。

此系重申的一个原则，具有现实意义和中国特色。此项原则的基本含义是：行政主体在执法办案过程中，在针对违反行政管理秩序者予以惩戒时，既要实施行政处罚、纠正违法行为，还要教育其吸取教训、自我纠正、避免违法、不再被罚，从而减少行政相对人违法侵权受到处罚惩戒产生的社会伤害和社会成本。

本法在体现处罚与教育相结合原则方面作出许多新的规定，从行政处罚基本制度层面既保障行政执法有力度，解决重大违法行为违法成本低、惩处力度不够的问题，同时也保障行政执法有温度，实行无错不罚、小错轻罚，体现处罚与教育相结合的功能和职责。[①]

需要指出的是，虽然本法修改前后，处罚与教育相结合原则中的核心词表述顺序未做调整，并未采纳此前学界提出的在本法

---

① 参见赵振华：《新〈行政处罚法〉对行政执法的新要求》，载《中国司法》2021年第4期。

修改时将此项原则中“处罚”与“教育”的顺位加以调整的建议（如同《治安管理处罚法》那样将“教育”置于“处罚”前面，也如《行政强制法》那样将“教育”置于“强制”前面）[①]，但这并不意味着办理行政处罚案件均须优先处罚，更不意味着执法机关在办理行政处罚案件中的教育职责不那么重要。从本条最后表述的“教育公民、法人或者其他组织自觉守法”来看，实际上已明确了行政机关的教育职责。

本条明确赋予权责给执法机关“实施行政处罚，纠正违法行为”，但行政处罚本身不是目的，执法机关更不能把罚款当成唯一目的、基本追求，并非处罚案件和罚款数额越多越好。“一罚了之”“罚不胜罚”，就是人们对一些地方、部门违法行政、以权谋私等错误做法的形象批评。相对于作为行政执法对象的众多市场主体、社会主体而言，作为行政执法主体的行政机关数量是很少的，如果仅靠处罚特别是罚款来维护公共利益和社会秩序，那是杯水车薪、不敷实用、难以为继的，更背离了服务型政府的基本职能和职责，严重扭曲了政民关系、政企关系。故须积极履行执法机关的教育职责，推动执法制度创新，教育公民、法人或者其他组织自觉守法，充分发挥执法对象自我规制、合作规制的政府治理与社会治理作用。

● ***案例指引***

某电线厂诉某省住建厅行政处罚案［最高人民法院（2019）最高法行再107号行政判决书］

案例要旨：《建设工程质量管理条例》第二十九条、第六十四条及第六十五条均明确规定对建筑材料、建筑构配件、设备和商品混凝土需要进行检验，否则将予以处罚。但是，建设行政主管部门并未以规范性文件或其他方式对施工单位如何建立检验制度作出明确而清晰的指引，导致建筑施工单位缺乏可遵循的标准。对此，首先，建设行政主管部门应当及时制定相应的

① 参见莫于川：《从城市管理走向城市治理：完善城管综合执法体制的路径选择》，载《哈尔滨工业大学学报（社会科学版）》2013年第6期

指南或指引性意见，引导施工单位按照要求和标准建立健全在施工过程中的建筑材料检验制度。其次，制定《建设工程质量管理条例》的目的是加强对建设工程质量的管理，保证建设工程质量，保护人民生命和财产安全。建设行政主管部门依据《建设工程质量管理条例》第八章的罚则实施行政处罚，也应当围绕保证建设工程质量的目的来进行。根据《建设工程质量管理条例》第六十四条规定，对于施工单位使用不合格的建筑材料的行为，建设行政主管部门予以调查以后，应当责令改正并作出相应的罚款处罚。对于施工单位是否按照要求进行相应的整改，建设行政主管部门应当进行确认，确保执法行为的完整性，不能一罚了之。最后，按照正当程序的基本要求，行政机关在作出对行政管理相对人、利害关系人不利的行政决定之前，应当告知并给予其陈述和答辩的机会。

第七条　【行政处罚当事人的权利】 公民、法人或者其他组织对行政机关所给予的行政处罚，享有陈述权、申辩权；对行政处罚不服的，有权依法申请行政复议或者提起行政诉讼。

公民、法人或者其他组织因行政机关违法给予行政处罚受到损害的，有权依法提出赔偿要求。

【适用指南】

本条是关于救济权利和渠道的规定。

在各类行政执法行为中，行政处罚行为最容易带来违法侵权伤害，典型的行政处罚争议案件易于成为社会关注热点。因此，建构科学合理有力的行政处罚救济制度，就成为本法必须首先考虑、妥善解决的任务。法谚曰：有损害必有救济。本条确立的权利救济渠道，恰当地回应了本法总则第一条明示的“保护公民、法人或者其他组织的合法权益”的立法目的。

本条原则性地规定了行政处罚的救济权利和渠道，主要有三项：其一，陈述、申辩；其二，申请行政复议、提起行政诉讼；其三，提出赔偿要求。这些规定对于本法关于法律救济制度的具体设计具有原则性的重要指导作用。它们构成行政处罚争议的权利救济体系。

首先，在语义学上，“陈述”是指当事人有条有理地说出自己的认知，“申辩”是指当事人对受人指责的事情申述理由加以辩解，二者的主观性相近，但后者的抗辩性更强。[①] 在公法学上，陈述和申辩都是当事人主张权利、寻求救济的方式。根据本条规定和本法后续章节的规定（例如本法第四十五条的规定），接受行政处罚的行政相对人行使陈述权和申辩权的渠道包括接受询问、陈述事实、申诉理由、自我辩解等。

其次，行政相对人受到行政处罚，如果不服，哪怕只是出于其主观判断，也有权依法申请行政复议或者提起行政诉讼（这就是人们常说的主观诉讼），这是最基本的权利救济渠道。除了本法对此所作规定之外，我国许多法律、法规和规章都对此作出了相应规定。

最后，因行政主体违法给予行政处罚受到损害，也即作出了违法行政行为且在客观上产生了损害后果，构成了“违法行政行为+产生损害后果”的情形，那么行政相对人就有权依法提出赔偿要求，这也是一种基本的权利救济渠道。

● 法　律

1.《国家赔偿法》（2012 年 10 月 26 日）

第二条　国家机关和国家机关工作人员行使职权，有本法规定的侵犯公民、法人和其他组织合法权益的情形，造成损害的，受害人有依照本法取得国家赔偿的权利。

---

① 参见中国社会科学院语言研究所词典编辑室编：《现代汉语词典》，商务印书馆 1978 年版，第 132 页、第 1006 页。

本法规定的赔偿义务机关，应当依照本法及时履行赔偿义务。

第三条 行政机关及其工作人员在行使行政职权时有下列侵犯人身权情形之一的，受害人有取得赔偿的权利：

（一）违法拘留或者违法采取限制公民人身自由的行政强制措施的；

（二）非法拘禁或者以其他方法非法剥夺公民人身自由的；

（三）以殴打、虐待等行为或者唆使、放纵他人以殴打、虐待等行为造成公民身体伤害或者死亡的；

（四）违法使用武器、警械造成公民身体伤害或者死亡的；

（五）造成公民身体伤害或者死亡的其他违法行为。

第四条 行政机关及其工作人员在行使行政职权时有下列侵犯财产权情形之一的，受害人有取得赔偿的权利：

（一）违法实施罚款、吊销许可证和执照、责令停产停业、没收财物等行政处罚的；

（二）违法对财产采取查封、扣押、冻结等行政强制措施的；

（三）违法征收、征用财产的；

（四）造成财产损害的其他违法行为。

第五条 属于下列情形之一的，国家不承担赔偿责任：

（一）行政机关工作人员与行使职权无关的个人行为；

（二）因公民、法人和其他组织自己的行为致使损害发生的；

（三）法律规定的其他情形。

第六条 受害的公民、法人和其他组织有权要求赔偿。

受害的公民死亡，其继承人和其他有扶养关系的亲属有权要求赔偿。

受害的法人或者其他组织终止的，其权利承受人有权要求赔偿。

第七条 行政机关及其工作人员行使行政职权侵犯公民、法人和其他组织的合法权益造成损害的，该行政机关为赔偿义务机关。

两个以上行政机关共同行使行政职权时侵犯公民、法人和其他组织的合法权益造成损害的，共同行使行政职权的行政机关为共同赔偿义务机关。

法律、法规授权的组织在行使授予的行政权力时侵犯公民、法人和其他组织的合法权益造成损害的，被授权的组织为赔偿义务机关。

受行政机关委托的组织或者个人在行使受委托的行政权力时侵犯公民、法人和其他组织的合法权益造成损害的，委托的行政机关为赔偿义务机关。

赔偿义务机关被撤销的，继续行使其职权的行政机关为赔偿义务机关；没有继续行使其职权的行政机关的，撤销该赔偿义务机关的行政机关为赔偿义务机关。

第八条 经复议机关复议的，最初造成侵权行为的行政机关为赔偿义务机关，但复议机关的复议决定加重损害的，复议机关对加重的部分履行赔偿义务。

2.《**行政诉讼法**》（2017 年 6 月 27 日）

第十二条 人民法院受理公民、法人或者其他组织提起的下列诉讼：

（一）对行政拘留、暂扣或者吊销许可证和执照、责令停产停业、没收违法所得、没收非法财物、罚款、警告等行政处罚不服的；

（二）对限制人身自由或者对财产的查封、扣押、冻结等行政强制措施和行政强制执行不服的；

（三）申请行政许可，行政机关拒绝或者在法定期限内不予答复，或者对行政机关作出的有关行政许可的其他决定不服的；

（四）对行政机关作出的关于确认土地、矿藏、水流、森林、山岭、草原、荒地、滩涂、海域等自然资源的所有权或者使用权的决定不服的；

（五）对征收、征用决定及其补偿决定不服的；

（六）申请行政机关履行保护人身权、财产权等合法权益的法定职责，行政机关拒绝履行或者不予答复的；

（七）认为行政机关侵犯其经营自主权或者农村土地承包经营权、农村土地经营权的；

（八）认为行政机关滥用行政权力排除或者限制竞争的；

（九）认为行政机关违法集资、摊派费用或者违法要求履行其他义务的；

（十）认为行政机关没有依法支付抚恤金、最低生活保障待遇或者社会保险待遇的；

（十一）认为行政机关不依法履行、未按照约定履行或者违法变更、解除政府特许经营协议、土地房屋征收补偿协议等协议的；

（十二）认为行政机关侵犯其他人身权、财产权等合法权益的。

除前款规定外，人民法院受理法律、法规规定可以提起诉讼的其他行政案件。

3.《行政复议法》（2017年9月1日）

第六条 有下列情形之一的，公民、法人或者其他组织可以依照本法申请行政复议：

（一）对行政机关作出的警告、罚款、没收违法所得、没收非法财物、责令停产停业、暂扣或者吊销许可证、暂扣或者吊销执照、行政拘留等行政处罚决定不服的；

（二）对行政机关作出的限制人身自由或者查封、扣押、冻结财产等行政强制措施决定不服的；

（三）对行政机关作出的有关许可证、执照、资质证、资格证等证书变更、中止、撤销的决定不服的；

（四）对行政机关作出的关于确认土地、矿藏、水流、森林、山岭、草原、荒地、滩涂、海域等自然资源的所有权或者使用权的决定不服的；

（五）认为行政机关侵犯合法的经营自主权的；

（六）认为行政机关变更或者废止农业承包合同，侵犯其合法权益的；

（七）认为行政机关违法集资、征收财物、摊派费用或者违法要求履行其他义务的；

（八）认为符合法定条件，申请行政机关颁发许可证、执照、资质证、资格证等证书，或者申请行政机关审批、登记有关事项，行政机关没有依法办理的；

（九）申请行政机关履行保护人身权利、财产权利、受教育权利的法定职责，行政机关没有依法履行的；

（十）申请行政机关依法发放抚恤金、社会保险金或者最低生活保障费，行政机关没有依法发放的；

（十一）认为行政机关的其他具体行政行为侵犯其合法权益的。

第八条　【被处罚者的其他法律责任】公民、法人或者其他组织因违法行为受到行政处罚，其违法行为对他人造成损害的，应当依法承担民事责任。

违法行为构成犯罪，应当依法追究刑事责任的，不得以行政处罚代替刑事处罚。

【适用指南】

本条是关于各类法律责任及衔接关系的规定。

本法除了系统地规定行政相对人因违法行为应当受到行政处罚的法律责任之外，还在本条第一款原则性地规定了其违法行为对他人造成损害的应当依法承担民事责任，在本条第二款原则性地规定了其违法行为构成犯罪且应当依法追究刑事责任必须予以追究。这两款规定补充构成了行政处罚案件的法律责任体系，也即应当受到行政处罚的责任、应当承担的民事责任以及应当被追究的刑事责任所构成的法律责任体系，并且递进明确了各类法律责任的相互关系和适用条件。

首先，本条规定了行政相对人因违法行为受到行政处罚的情形，这是假设的一个前提条件，也是原则性地增设其他法律责任的前提。

其次，本条规定了如上述违法行为对他人造成损害，应当依法承担民事责任。这是一种结果责任，也即该违法行为对他人造成了损害，产生了实际损害后果，还应当承担民事责任。行政相对人因违法行为受到行政处罚应当承担的行政责任，与行政相对人因违法行为对他人造成损害应当承担的民事责任，这两种责任在产生前提、问责功能、追责强度、适用方式等方面有所不同，应予注意。[①] 在行政处罚实务中，需要承担民事责任的情形很多，故本法在总则部分对此作出原则性规定是必要的。

最后，本条规定了如上述违法行为构成犯罪且应当依法追究刑事责任的，则必须予以追究，不得以行政处罚代替刑事处罚。这是一种混合责任，既包括行政处罚责任也包括刑事处罚责任，既包括行为责任也包括结果责任。只要侵犯了法律保护的某种社

① 参见江必新、夏道虎主编：《中华人民共和国行政处罚法条文解读与法律适用》，中国法制出版社 2021 年版，第 20~21 页。

会关系，就应当承担相应的法律责任，这两种法律责任的衔接关系、配合关系和适用条件在本法后续章节中作出了细化规定，例如本法第二十七条、第三十五条、第八十二条的相应规定。

● 法 律

1.《道路交通安全法》（2021 年 4 月 29 日）

第九十四条 机动车安全技术检验机构实施机动车安全技术检验超过国务院价格主管部门核定的收费标准收取费用的，退还多收取的费用，并由价格主管部门依照《中华人民共和国价格法》的有关规定给予处罚。

机动车安全技术检验机构不按照机动车国家安全技术标准进行检验，出具虚假检验结果的，由公安机关交通管理部门处所收检验费用五倍以上十倍以下罚款，并依法撤销其检验资格；构成犯罪的，依法追究刑事责任。

第九十六条 伪造、变造或者使用伪造、变造的机动车登记证书、号牌、行驶证、驾驶证的，由公安机关交通管理部门予以收缴，扣留该机动车，处十五日以下拘留，并处二千元以上五千元以下罚款；构成犯罪的，依法追究刑事责任。

伪造、变造或者使用伪造、变造的检验合格标志、保险标志的，由公安机关交通管理部门予以收缴，扣留该机动车，处十日以下拘留，并处一千元以上三千元以下罚款；构成犯罪的，依法追究刑事责任。

使用其他车辆的机动车登记证书、号牌、行驶证、检验合格标志、保险标志的，由公安机关交通管理部门予以收缴，扣留该机动车，处二千元以上五千元以下罚款。

当事人提供相应的合法证明或者补办相应手续的，应当及时退还机动车。

第一百零一条 违反道路交通安全法律、法规的规定，发生重大交通事故，构成犯罪的，依法追究刑事责任，并由公安机关交通管理部门吊销机动车驾驶证。

造成交通事故后逃逸的，由公安机关交通管理部门吊销机动车驾驶证，且终生不得重新取得机动车驾驶证。

第一百零三条 国家机动车产品主管部门未按照机动车国家安全技术标准严格审查，许可不合格机动车型投入生产的，对负有责任的主管人员和其他直接责任人员给予降级或者撤职的行政处分。

机动车生产企业经国家机动车产品主管部门许可生产的机动车型，不执行机动车国家安全技术标准或者不严格进行机动车成品质量检验，致使质量不合格的机动车出厂销售的，由质量技术监督部门依照《中华人民共和国产品质量法》的有关规定给予处罚。

擅自生产、销售未经国家机动车产品主管部门许可生产的机动车型的，没收非法生产、销售的机动车成品及配件，可以并处非法产品价值三倍以上五倍以下罚款；有营业执照的，由工商行政管理部门吊销营业执照，没有营业执照的，予以查封。

生产、销售拼装的机动车或者生产、销售擅自改装的机动车的，依照本条第三款的规定处罚。

有本条第二款、第三款、第四款所列违法行为，生产或者销售不符合机动车国家安全技术标准的机动车，构成犯罪的，依法追究刑事责任。

2.《**治安管理处罚法**》（2012年10月26日）

第二条 扰乱公共秩序，妨害公共安全，侵犯人身权利、财产权利，妨害社会管理，具有社会危害性，依照《中华人民共和国刑法》的规定构成犯罪的，依法追究刑事责任；尚不够刑事处罚的，由公安机关依照本法给予治安管理处罚。

第二章 行政处罚的种类和设定

第九条 【行政处罚的种类】行政处罚的种类：

（一）警告、通报批评；

（二）罚款、没收违法所得、没收非法财物；

（三）暂扣许可证件、降低资质等级、吊销许可证件；

（四）限制开展生产经营活动、责令停产停业、责令关闭、限制从业；

（五）行政拘留；

（六）法律、行政法规规定的其他行政处罚。

【适用指南】

本条是关于行政处罚种类的规定。

本条与本法第二条有关行政处罚概念的界定，共同构成行政处罚内涵和外延的法律表达，是实践中识别具体行政管理措施是否属于行政处罚的直接依据。

在本次修订中，为强化指引性和明确性，本条维持了原立法模式，直接将行政处罚种类由8类扩展到13类。适用时要重点注意以下两个方面：

其一，有关行政处罚种类的具体规定，虽然没有采用更为抽象与原则的类型化表达方式，但行政处罚的归类，本质上是基于处罚客体差异化而依次产生的申诫罚、财产罚、资格罚、行为罚和人身罚五大类型，其中每一类行政处罚的规定，并非个案中行政处罚的具体名称，而是基于同一处罚客体而型构的具体处罚形式的抽象概括。也就是说，实践中具体处罚行为属于哪一类处罚，不能简单看名称。比如暂扣许可证件、降低资质等级、吊销许可证件类处罚，只要符合《行政许可法》第三十九条规定的许可证件范畴的，均属于此类资格罚。

其二，本条主要是对设定行政处罚的立法活动划定界限，明确了除法律和行政法规能够设定新的处罚种类外，地方性法规、规章均不得突破法定种类规定，且只能在各自法定权限范围内设定行政处罚。但要防止个案中僵化识别行政处罚的问题，切忌依名称是否符合本条规定进行简单判断，而要结合行政处罚的概念加以综合衡量。比如，行政系统内对公务员的通报批评，因未针对外部管理对象，故其不是行政处罚；责令改正往往强调恢复原状，并非行政处罚，但如果超出了恢复原状的范围，构成新的义务和负担，也就构成了行政处罚；等等。

● 法　律

1. **《治安管理处罚法》**（2012 年 10 月 26 日）

第十条　治安管理处罚的种类分为：

（一）警告；

（二）罚款；

（三）行政拘留；

（四）吊销公安机关发放的许可证。

对违反治安管理的外国人，可以附加适用限期出境或者驱逐出境。

2. **《广告法》**（2021 年 4 月 29 日）

第五十五条　违反本法规定，发布虚假广告的，由市场监督管理部门责令停止发布广告，责令广告主在相应范围内消除影响，处广告费用三倍以上五倍以下的罚款，广告费用无法计算或者明显偏低的，处二十万元以上一百万元以下的罚款；两年内有三次以上违法行为或者有其他严重情节的，处广告费用五倍以上十倍以下的罚款，广告费用无法计算或者明显偏低的，处一百万元以上二百万元以下的罚款，可以吊销营业执照，并由广告审查机关撤销广告审查批准文件、一年内不受理其广告审查申请。

医疗机构有前款规定违法行为，情节严重的，除由市场监督管理部门依照本法处罚外，卫生行政部门可以吊销诊疗科目或者吊销医疗机构执业许可证。

广告经营者、广告发布者明知或者应知广告虚假仍设计、制作、代理、发布的，由市场监督管理部门没收广告费用，并处广告费用三倍以上五倍以下的罚款，广告费用无法计算或者明显偏低的，处二十万元以上一百万元以下的罚款；两年内有三次以上违法行为或者有其他严重情节的，处广告费用五倍以上十倍以下的罚款，广告费用无法计算或者明显偏低的，处一百万元以上二百万元以下的罚款，并可以由有关部门暂停广告发布业务、吊销营业执照。

广告主、广告经营者、广告发布者有本条第一款、第三款规定行为，构成犯罪的，依法追究刑事责任。

第五十六条　违反本法规定，发布虚假广告，欺骗、误导消费者，使购买商品或者接受服务的消费者的合法权益受到损害的，由广告主依法承担民事责任。广告经营者、广告发布者不能提供广告主的真实名称、地址和有效联系方式的，消费者可以要求广告经营者、广告发布者先行赔偿。

关系消费者生命健康的商品或者服务的虚假广告，造成消费者损害的，其广告经营者、广告发布者、广告代言人应当与广告主承担连带责任。

前款规定以外的商品或者服务的虚假广告，造成消费者损害的，其广告经营者、广告发布者、广告代言人，明知或者应知广告虚假仍设计、制作、代理、发布或者作推荐、证明的，应当与广告主承担连带责任。

第五十七条　有下列行为之一的，由市场监督管理部门责令停止发布广告，对广告主处二十万元以上一百万元以下的罚款，情节严重的，并可以吊销营业执照，由广告审查机关撤销广告审查批准文件、一年内不受理其广告审查申请；对广告经营者、广告发布者，由市场监督管理部门没收广告费用，处二十万元以上一百万元以下的罚款，情节严重的，并可以吊销营业执照：

（一）发布有本法第九条、第十条规定的禁止情形的广告的；

（二）违反本法第十五条规定发布处方药广告、药品类易制毒化学品广告、戒毒治疗的医疗器械和治疗方法广告的；

（三）违反本法第二十条规定，发布声称全部或者部分替代母乳的婴儿乳制品、饮料和其他食品广告的；

（四）违反本法第二十二条规定发布烟草广告的；

（五）违反本法第三十七条规定，利用广告推销禁止生产、销售的产品或者提供的服务，或者禁止发布广告的商品或者服务的；

（六）违反本法第四十条第一款规定，在针对未成年人的大众传播媒介上发布医疗、药品、保健食品、医疗器械、化妆品、酒类、美容广告，以及不利于未成年人身心健康的网络游戏广告的。

第五十八条 有下列行为之一的，由市场监督管理部门责令停止发布广告，责令广告主在相应范围内消除影响，处广告费用一倍以上三倍以下的罚款，广告费用无法计算或者明显偏低的，处十万元以上二十万元以下的罚款；情节严重的，处广告费用三倍以上五倍以下的罚款，广告费用无法计算或者明显偏低的，处二十万元以上一百万元以下的罚款，可以吊销营业执照，并由广告审查机关撤销广告审查批准文件、一年内不受理其广告审查申请：

（一）违反本法第十六条规定发布医疗、药品、医疗器械广告的；

（二）违反本法第十七条规定，在广告中涉及疾病治疗功能，以及使用医疗用语或者易使推销的商品与药品、医疗器械相混淆的用语的；

（三）违反本法第十八条规定发布保健食品广告的；

（四）违反本法第二十一条规定发布农药、兽药、饲料和饲料添加剂广告的；

（五）违反本法第二十三条规定发布酒类广告的；

（六）违反本法第二十四条规定发布教育、培训广告的；

（七）违反本法第二十五条规定发布招商等有投资回报预期的商品或者服务广告的；

（八）违反本法第二十六条规定发布房地产广告的；

（九）违反本法第二十七条规定发布农作物种子、林木种子、草种子、种畜禽、水产苗种和种养殖广告的；

（十）违反本法第三十八条第二款规定，利用不满十周岁的未成年人作为广告代言人的；

（十一）违反本法第三十八条第三款规定，利用自然人、法人或者其他组织作为广告代言人的；

（十二）违反本法第三十九条规定，在中小学校、幼儿园内或者利用与中小学生、幼儿有关的物品发布广告的；

（十三）违反本法第四十条第二款规定，发布针对不满十四周岁的未成年人的商品或者服务的广告的；

（十四）违反本法第四十六条规定，未经审查发布广告的。

医疗机构有前款规定违法行为，情节严重的，除由市场监督管理部门依照本法处罚外，卫生行政部门可以吊销诊疗科目或者吊销医疗机构执业许可证。

广告经营者、广告发布者明知或者应知有本条第一款规定违法行为仍设计、制作、代理、发布的，由市场监督管理部门没收广告费用，并处广告费用一倍以上三倍以下的罚款，广告费用无法计算或者明显偏低的，处十万元以上二十万元以下的罚款；情节严重的，处广告费用三倍以上五倍以下的罚款，广告费用无法计算或者明显偏低的，处二十万元以上一百万元以下的罚款，并可以由有关部门暂停广告发布业务、吊销营业执照。

第五十九条　有下列行为之一的，由市场监督管理部门责令停止发布广告，对广告主处十万元以下的罚款：

（一）广告内容违反本法第八条规定的；

（二）广告引证内容违反本法第十一条规定的；

（三）涉及专利的广告违反本法第十二条规定的；

（四）违反本法第十三条规定，广告贬低其他生产经营者的商品或者服务的。

广告经营者、广告发布者明知或者应知有前款规定违法行为仍设计、制作、代理、发布的，由市场监督管理部门处十万元以下的罚款。

广告违反本法第十四条规定，不具有可识别性的，或者违反本法第十九条规定，变相发布医疗、药品、医疗器械、保健食品广告的，由市场监督管理部门责令改正，对广告发布者处十万元以下的罚款。

第六十条　违反本法第三十四条规定，广告经营者、广告发布者未按照国家有关规定建立、健全广告业务管理制度的，或者未对广告内容进行核对的，由市场监督管理部门责令改正，可以处五万元以下的罚款。

违反本法第三十五条规定，广告经营者、广告发布者未公布其收费标准和收费办法的，由价格主管部门责令改正，可以处五万元以下的罚款。

第六十一条 广告代言人有下列情形之一的，由市场监督管理部门没收违法所得，并处违法所得一倍以上二倍以下的罚款：

（一）违反本法第十六条第一款第四项规定，在医疗、药品、医疗器械广告中作推荐、证明的；

（二）违反本法第十八条第一款第五项规定，在保健食品广告中作推荐、证明的；

（三）违反本法第三十八条第一款规定，为其未使用过的商品或者未接受过的服务作推荐、证明的；

（四）明知或者应知广告虚假仍在广告中对商品、服务作推荐、证明的。

第六十二条 违反本法第四十三条规定发送广告的，由有关部门责令停止违法行为，对广告主处五千元以上三万元以下的罚款。

违反本法第四十四条第二款规定，利用互联网发布广告，未显著标明关闭标志，确保一键关闭的，由市场监督管理部门责令改正，对广告主处五千元以上三万元以下的罚款。

第六十三条 违反本法第四十五条规定，公共场所的管理者和电信业务经营者、互联网信息服务提供者，明知或者应知广告活动违法不予制止的，由市场监督管理部门没收违法所得，违法所得五万元以上的，并处违法所得一倍以上三倍以下的罚款，违法所得不足五万元的，并处一万元以上五万元以下的罚款；情节严重的，由有关部门依法停止相关业务。

第六十四条 违反本法规定，隐瞒真实情况或者提供虚假材料申请广告审查的，广告审查机关不予受理或者不予批准，予以警告，一年内不受理该申请人的广告审查申请；以欺骗、贿赂等不正当手段取得广告审查批准的，广告审查机关予以撤销，处十万元以上二十万元以下的罚款，三年内不受理该申请人的广告审查申请。

第六十五条 违反本法规定，伪造、变造或者转让广告审查批准文件的，由市场监督管理部门没收违法所得，并处一万元以上十万元以下的罚款。

3.**《安全生产法》**（2021年6月10日）

第九十二条 承担安全评价、认证、检测、检验职责的机构出具失实报告的，责令停业整顿，并处三万元以上十万元以下的罚款；给他人造成损害的，依法承担赔偿责任。

承担安全评价、认证、检测、检验职责的机构租借资质、挂靠、出具虚假报告的，没收违法所得；违法所得在十万元以上的，并处违法所得二倍以上五倍以下的罚款，没有违法所得或者违法所得不足十万元的，单处或者并处十万元以上二十万元以下的罚款；对其直接负责的主管人员和其他直接责任人员处五万元以上十万元以下的罚款；给他人造成损害的，与生产经营单位承担连带赔偿责任；构成犯罪的，依照刑法有关规定追究刑事责任。

对有前款违法行为的机构及其直接责任人员，吊销其相应资质和资格，五年内不得从事安全评价、认证、检测、检验等工作；情节严重的，实行终身行业和职业禁入。

第九十三条 生产经营单位的决策机构、主要负责人或者个人经营的投资人不依照本法规定保证安全生产所必需的资金投入，致使生产经营单位不具备安全生产条件的，责令限期改正，提供必需的资金；逾期未改正的，责令生产经营单位停产停业整顿。

有前款违法行为，导致发生生产安全事故的，对生产经营单位的主要负责人给予撤职处分，对个人经营的投资人处二万元以上二十万元以下的罚款；构成犯罪的，依照刑法有关规定追究刑事责任。

第九十四条 生产经营单位的主要负责人未履行本法规定的安全生产管理职责的，责令限期改正，处二万元以上五万元以下的罚款；逾期未改正的，处五万元以上十万元以下的罚款，责令生产经营单位停产停业整顿。

生产经营单位的主要负责人有前款违法行为，导致发生生产安全事故的，给予撤职处分；构成犯罪的，依照刑法有关规定追究刑事责任。

生产经营单位的主要负责人依照前款规定受刑事处罚或者撤职处分的，自刑罚执行完毕或者受处分之日起，五年内不得担任任何生产经营单位的主要负责人；对重大、特别重大生产安全事故负有责任的，终身不得担任本行业生产经营单位的主要负责人。

第九十五条 生产经营单位的主要负责人未履行本法规定的安全生产管理职责，导致发生生产安全事故的，由应急管理部门依照下列规定处以罚款：

（一）发生一般事故的，处上一年年收入百分之四十的罚款；

（二）发生较大事故的，处上一年年收入百分之六十的罚款；

（三）发生重大事故的，处上一年年收入百分之八十的罚款；

（四）发生特别重大事故的，处上一年年收入百分之一百的罚款。

第九十六条 生产经营单位的其他负责人和安全生产管理人员未履行本法规定的安全生产管理职责的，责令限期改正，处一万元以上三万元以下的罚款；导致发生生产安全事故的，暂停或者吊销其与安全生产有关的资格，并处上一年年收入百分之二十以上百分之五十以下的罚款；构成犯罪的，依照刑法有关规定追究刑事责任。

第九十七条 生产经营单位有下列行为之一的，责令限期改正，处十万元以下的罚款；逾期未改正的，责令停产停业整顿，并处十万元以上二十万元以下的罚款，对其直接负责的主管人员和其他直接责任人员处二万元以上五万元以下的罚款：

（一）未按照规定设置安全生产管理机构或者配备安全生产管理人员、注册安全工程师的；

（二）危险物品的生产、经营、储存、装卸单位以及矿山、金属冶炼、建筑施工、运输单位的主要负责人和安全生产管理人员未按照规定经考核合格的；

（三）未按照规定对从业人员、被派遣劳动者、实习学生进行安全生产教育和培训，或者未按照规定如实告知有关的安全生产事项的；

（四）未如实记录安全生产教育和培训情况的；

（五）未将事故隐患排查治理情况如实记录或者未向从业人员通报的；

（六）未按照规定制定生产安全事故应急救援预案或者未定期组织演练的；

（七）特种作业人员未按照规定经专门的安全作业培训并取得相应资格，上岗作业的。

第九十八条 生产经营单位有下列行为之一的，责令停止建设或者停产停业整顿，限期改正，并处十万元以上五十万元以下的罚款，对其直接负责的主管人员和其他直接责任人员处二万元以上五万元以下的罚款；逾期未改正的，处五十万元以上一百万元以下的罚款，对其直接负责的主管人员和其他直接责任人员处五万元以上十万元以下的罚款；构成犯罪的，依照刑法有关规定追究刑事责任：

（一）未按照规定对矿山、金属冶炼建设项目或者用于生产、储存、装卸危险物品的建设项目进行安全评价的；

（二）矿山、金属冶炼建设项目或者用于生产、储存、装卸危险物品的建设项目没有安全设施设计或者安全设施设计未按照规定报经有关部门审查同意的；

（三）矿山、金属冶炼建设项目或者用于生产、储存、装卸危险物品的建设项目的施工单位未按照批准的安全设施设计施工的；

（四）矿山、金属冶炼建设项目或者用于生产、储存、装卸危险物品的建设项目竣工投入生产或者使用前，安全设施未经验收合格的。

第九十九条 生产经营单位有下列行为之一的，责令限期改正，处五万元以下的罚款；逾期未改正的，处五万元以上二十万元以下的罚款，对其直接负责的主管人员和其他直接责任人员处一万元以上二万元以下的罚款；情节严重的，责令停产停业整顿；构成犯罪的，依照刑法有关规定追究刑事责任：

（一）未在有较大危险因素的生产经营场所和有关设施、设备上设置明显的安全警示标志的；

（二）安全设备的安装、使用、检测、改造和报废不符合国家标准或者行业标准的；

（三）未对安全设备进行经常性维护、保养和定期检测的；

（四）关闭、破坏直接关系生产安全的监控、报警、防护、救生设备、设施，或者篡改、隐瞒、销毁其相关数据、信息的；

（五）未为从业人员提供符合国家标准或者行业标准的劳动防护用品的；

（六）危险物品的容器、运输工具，以及涉及人身安全、危险性较大的海洋石油开采特种设备和矿山井下特种设备未经具有专业资质的机构检测、检验合格，取得安全使用证或者安全标志，投入使用的；

（七）使用应当淘汰的危及生产安全的工艺、设备的；

（八）餐饮等行业的生产经营单位使用燃气未安装可燃气体报警装置的。

第一百条 未经依法批准，擅自生产、经营、运输、储存、使用危险物品或者处置废弃危险物品的，依照有关危险物品安全管理的法律、行政法规的规定予以处罚；构成犯罪的，依照刑法有关规定追究刑事责任。

第一百零一条 生产经营单位有下列行为之一的，责令限期改正，处十万元以下的罚款；逾期未改正的，责令停产停业整顿，并处十万元以上二十万元以下的罚款，对其直接负责的主管人员和其他直接责任人员处二万元以上五万元以下的罚款；构成犯罪的，依照刑法有关规定追究刑事责任：

（一）生产、经营、运输、储存、使用危险物品或者处置废弃危险物品，未建立专门安全管理制度、未采取可靠的安全措施的；

（二）对重大危险源未登记建档，未进行定期检测、评估、监控，未制定应急预案，或者未告知应急措施的；

（三）进行爆破、吊装、动火、临时用电以及国务院应急管理部门会同国务院有关部门规定的其他危险作业，未安排专门人员进行现场安全管理的；

（四）未建立安全风险分级管控制度或者未按照安全风险分级采取相应管控措施的；

（五）未建立事故隐患排查治理制度，或者重大事故隐患排查治理情况未按照规定报告的。

第一百零二条 生产经营单位未采取措施消除事故隐患的，责令立即消除或者限期消除，处五万元以下的罚款；生产经营单位拒不执行的，责令停产停业整顿，对其直接负责的主管人员和其他直接责任人员处五万元以上十万元以下的罚款；构成犯罪的，依照刑法有关规定追究刑事责任。

第一百零三条 生产经营单位将生产经营项目、场所、设备发包或者出租给不具备安全生产条件或者相应资质的单位或者个人的，责令限期改正，没收违法所得；违法所得十万元以上的，并处违法所得二倍以上五倍以下的罚款；没有违法所得或者违法所得不足十万元的，单处或者并处十万元以上二十万元以下的罚款；对其直接负责的主管人员和其他直接责任人员处一万元以上二万元以下的罚款；导致发生生产安全事故给他人造成损害的，与承包方、承租方承担连带赔偿责任。

生产经营单位未与承包单位、承租单位签订专门的安全生产管理协议或者未在承包合同、租赁合同中明确各自的安全生产管理职责，或者未对承包单位、承租单位的安全生产统一协调、管理的，责令限期改正，处五万元以下的罚款，对其直接负责的主管人员和其他直接责任人员处一万元以下的罚款；逾期未改正的，责令停产停业整顿。

矿山、金属冶炼建设项目和用于生产、储存、装卸危险物品的建设项目的施工单位未按照规定对施工项目进行安全管理的，责令限期改正，处十万元以下的罚款，对其直接负责的主管人员和其他直接责任人员处二万元以下的罚款；逾期未改正的，责令停产停业整顿。以上施工单位倒卖、出租、出借、挂靠或者以其他形式非法转让施工资质的，责令停产停业整顿，吊销资质证书，没收违法所得；违法所得十万元以上的，并处违法所得二倍以上五倍以下的罚款，没有违法所得或者违法所得不足十万元的，单处或者并处十万元以上二十万元以下的罚款；对其直接负责的主管人员和其他直接责任人员处五万元以上十万元以下的罚款；构成犯罪的，依照刑法有关规定追究刑事责任。

第一百零四条 两个以上生产经营单位在同一作业区域内进行可能危及对方安全生产的生产经营活动，未签订安全生产管理协议或者未指定专职安全生产管理人员进行安全检查与协调的，责令限期改正，处五万元以下的罚款，对其直接负责的主管人员和其他直接责任人员处一万元以下的罚款；逾期未改正的，责令停产停业。

第一百零五条 生产经营单位有下列行为之一的，责令限期改正，处五万元以下的罚款，对其直接负责的主管人员和其他直接责任人员处一万元以下的罚款；逾期未改正的，责令停产停业整顿；构成犯罪的，依照刑法有关规定追究刑事责任：

（一）生产、经营、储存、使用危险物品的车间、商店、仓库与员工宿舍在同一座建筑内，或者与员工宿舍的距离不符合安全要求的；

（二）生产经营场所和员工宿舍未设有符合紧急疏散需要、标志明显、保持畅通的出口、疏散通道，或者占用、锁闭、封堵生产经营场所或者员工宿舍出口、疏散通道的。

第一百零六条 生产经营单位与从业人员订立协议，免除或者减轻其对从业人员因生产安全事故伤亡依法应承担的责任的，该协议无效；对生产经营单位的主要负责人、个人经营的投资人处二万元以上十万元以下的罚款。

第一百零七条 生产经营单位的从业人员不落实岗位安全责任，不服从管理，违反安全生产规章制度或者操作规程的，由生产经营单位给予批评教育，依照有关规章制度给予处分；构成犯罪的，依照刑法有关规定追究刑事责任。

第一百零八条 违反本法规定，生产经营单位拒绝、阻碍负有安全生产监督管理职责的部门依法实施监督检查的，责令改正；拒不改正的，处二万元以上二十万元以下的罚款；对其直接负责的主管人员和其他直接责任人员处一万元以上二万元以下的罚款；构成犯罪的，依照刑法有关规定追究刑事责任。

第一百零九条 高危行业、领域的生产经营单位未按照国家规定投保安全生产责任保险的，责令限期改正，处五万元以上十万元以下的罚款；逾期未改正的，处十万元以上二十万元以下的罚款。

第一百一十条 生产经营单位的主要负责人在本单位发生生产安全事故时，不立即组织抢救或者在事故调查处理期间擅离职守或者逃匿的，给予降级、撤职的处分，并由应急管理部门处上一年年收入百分之六十至百分之一百的罚款；对逃匿的处十五日以下拘留；构成犯罪的，依照刑法有关规定追究刑事责任。

生产经营单位的主要负责人对生产安全事故隐瞒不报、谎报或者迟报的，依照前款规定处罚。

4. **《个人信息保护法》**（2021 年 8 月 20 日）

第六十六条 违反本法规定处理个人信息，或者处理个人信息未履行本法规定的个人信息保护义务的，由履行个人信息保护职责的部门责令改正，给予警告，没收违法所得，对违法处理个人信息的应用程序，责令暂停或者终止提供服务；拒不改正的，并处一百万元以下罚款；对直接负责的主管人员和其他直接责任人员处一万元以上十万元以下罚款。

有前款规定的违法行为，情节严重的，由省级以上履行个人信息保护职责的部门责令改正，没收违法所得，并处五千万元以下或者上一年度营业额百分之五以下罚款，并可以责令暂停相关业务或者停业整顿、通报有关主管部门吊销相关业务许可或者吊销营业执照；对直接负责的主管人员和其他直接责任人员处十万元以上一百万元以下罚款，并可以决定禁止其在一定期限内担任相关企业的董事、监事、高级管理人员和个人信息保护负责人。

● *部门规章*

5.**《著作权行政处罚实施办法》**（2009年5月7日　国家版权局令第6号）

第四条　对本办法列举的违法行为，著作权行政管理部门可以依法责令停止侵权行为，并给予下列行政处罚：

（一）警告；

（二）罚款；

（三）没收违法所得；

（四）没收侵权制品；

（五）没收安装存储侵权制品的设备；

（六）没收主要用于制作侵权制品的材料、工具、设备等；

（七）法律、法规、规章规定的其他行政处罚。

6.**《安全生产违法行为行政处罚办法》**（2015年4月2日　国家安全生产监督管理总局令第77号）

第五条　安全生产违法行为行政处罚的种类：

（一）警告；

（二）罚款；

（三）没收违法所得、没收非法开采的煤炭产品、采掘设备；

（四）责令停产停业整顿、责令停产停业、责令停止建设、责令停止施工；

（五）暂扣或者吊销有关许可证，暂停或者撤销有关执业资格、岗位证书；

（六）关闭；

（七）拘留；

（八）安全生产法律、行政法规规定的其他行政处罚。

7.**《中国银保监会行政处罚办法》**（2020年6月15日　中国银行保险监督管理委员会令2020年第8号）

第三条　本办法所指的行政处罚包括：

（一）警告；

（二）罚款；

（三）没收违法所得；

（四）责令停业整顿；

（五）吊销金融、业务许可证；

（六）取消、撤销任职资格；

（七）限制保险业机构业务范围；

（八）责令保险业机构停止接受新业务；

（九）撤销外国银行代表处、撤销外国保险机构驻华代表机构；

（十）要求撤换外国银行首席代表、责令撤换外国保险机构驻华代表机构的首席代表；

（十一）禁止从事银行业工作或者禁止进入保险业；

（十二）法律、行政法规规定的其他行政处罚。

案例指引

1. 某公司诉某省应急管理厅、某市应急管理局其他行政管理案［广州铁路运输中级法院（2020）粤71行终441号行政判决书］

案例要旨：责令停产停业作为行政处罚的一个种类，是行政机关在法律授权的范围内，针对经营者存在严重的违法问题或安全隐患，责令其停止生产经营活动，通过暂时剥夺其生产、经营权利，以督促经营者彻底消除安全隐患，或认真完成教育整顿，当经营者在规定期限内纠正了违法行为，就可以恢复生产和经营。如果经营者针对自身实际情况，主动配合政府自行停止生产经营活动且不打算恢复生产的，行政机关经核实审查后，无须再对经营者作出责令停产停业的行政处罚，而应选择对经营者损害最小的其他行政措施，及时消除安全隐患，确保安全生产。

2. 某公司诉某市政府行政复议案［最高人民法院（2018）最高法行申4718号行政裁定书］

案例要旨：关于责令改正或限期改正违法行为是否属于行政处罚的问题，第一，责令改正（或者限期改正）与行政处罚概念有别。行政处罚是行政主体对违反行政管理秩序的行为依法定程序所给予的法律制裁；而责令改正或限期改正违法行为是指行政机关在实施行政处罚的过程中对违法行为人发出的一种作为命令。第二，两者性质、内容不同。行政处罚是法律制裁，是对违法行为人的人身自由、财产权利的限制和剥夺，是对违法行为人精神和声誉造成损害的惩戒；而责令改正或者限期改正违法行为，其本身并不是制裁，只是要求违法行为人履行法定义务，停止违法行为，消除不良后果，恢复原状。第三，两者的规制角度不同。行政处罚是从惩戒的角度，对行政相对人科处新的义务，以告诫违法行为人不得再违法，否则将受罚；而责令改正或者限期改正则是命令违法行为人履行既有的法定义务。第四，两者形式不同。《行政处罚法》规定了行政处罚的具体种类：警告，罚款，没收违法所得、非法财物，责令停产停业，暂扣或者吊销许可证、执照和行政拘留等；而责令改正或者限期改正违法行为，因各种具体违法行为不同而分别表现为停止违法行为、责令退还、责令赔偿、责令改正、限期拆除等形式。综上，责令改正或限期改正违法行为是与行政处罚不同的一种行政行为，二审法院认为其不属于行政处罚，并无不当。

第十条　【法律的行政处罚设定权】法律可以设定各种行政处罚。

限制人身自由的行政处罚，只能由法律设定。

【适用指南】

本条是关于法律对行政处罚设定权的规定。

设定权制度是1996年《行政处罚法》的一个创新，为1999年《立法法》确立法律保留制度夯实了基础。根据《立法法》第九条，有关犯罪和刑罚、对公民政治权利的剥夺和限制人身自由的强制措施和处罚、司法制度等事项，只能由法律作出规定，属于绝对保留事项，这与本条“限制人身自由的行政处罚，只能由法律设定”相呼应。在整个法律体系中，除宪法外，法律的效力层级最高，其有关处罚设定权最大。所谓法律的行政处罚设定权，是指作为最高权力机关的全国人民代表大会及其常委会所享有的以法律形式设定行政处罚的权力。具体包括三个方面：

其一，应予处罚的违法行为的专属设定权。结合第十一条和第十二条有关行政法规和地方性法规补充设定权的规定，关于违法行为与非违法行为的界限，法律有完全且专属的设定权，行政法规和地方性法规的设定权仅限于当法律对违法行为作出认定之后设定罚责的权力，而规章的设定权更小，仅限于警告和通报批评类罚则。

其二，各种行政处罚的设定权。即法律可以在法定的各类行政处罚中完成罚则设定，也可以根据实际需要突破法定限制设定新的行政处罚，且对限制人身自由的行政处罚有“独占权”。

其三，设定处罚时应注意适用比例原则。行政处罚本质上是裁量权，虽然法律效力位阶最高，但在设定处罚时应尽量避免失之过宽，尽量在立法时体现比例原则，确保法律适用时能够在个案中实现行政处罚结果与违法行为性质、危害后果相适应，解决个案正义问题。同时，立法机关设定处罚时应保持一定的谦抑，走出处罚“万能论”的误区，践行比例原则要求，也即除非不设定处罚就无法实现行政管理目标，否则应探索设定多种执法方式，特别是柔性执法方式，以实现执法力度和温度的有机融合。

● 法　律

《立法法》（2015 年 3 月 15 日）

第七条　全国人民代表大会和全国人民代表大会常务委员会行使国家立法权。

全国人民代表大会制定和修改刑事、民事、国家机构的和其他的基本法律。

全国人民代表大会常务委员会制定和修改除应当由全国人民代表大会制定的法律以外的其他法律；在全国人民代表大会闭会期间，对全国人民代表大会制定的法律进行部分补充和修改，但是不得同该法律的基本原则相抵触。

第八条　下列事项只能制定法律：

（一）国家主权的事项；

（二）各级人民代表大会、人民政府、人民法院和人民检察院的产生、组织和职权；

（三）民族区域自治制度、特别行政区制度、基层群众自治制度；
（四）犯罪和刑罚；
（五）对公民政治权利的剥夺、限制人身自由的强制措施和处罚；
（六）税种的设立、税率的确定和税收征收管理等税收基本制度；
（七）对非国有财产的征收、征用；
（八）民事基本制度；
（九）基本经济制度以及财政、海关、金融和外贸的基本制度；
（十）诉讼和仲裁制度；
（十一）必须由全国人民代表大会及其常务委员会制定法律的其他事项。

第九条 本法第八条规定的事项尚未制定法律的，全国人民代表大会及其常务委员会有权作出决定，授权国务院可以根据实际需要，对其中的部分事项先制定行政法规，但是有关犯罪和刑罚、对公民政治权利的剥夺和限制人身自由的强制措施和处罚、司法制度等事项除外。

第十条 授权决定应当明确授权的目的、事项、范围、期限以及被授权机关实施授权决定应当遵循的原则等。

授权的期限不得超过五年，但是授权决定另有规定的除外。

被授权机关应当在授权期限届满的六个月以前，向授权机关报告授权决定实施的情况，并提出是否需要制定有关法律的意见；需要继续授权的，可以提出相关意见，由全国人民代表大会及其常务委员会决定。

第十一条 授权立法事项，经过实践检验，制定法律的条件成熟时，由全国人民代表大会及其常务委员会及时制定法律。法律制定后，相应立法事项的授权终止。

第十一条 【行政法规的行政处罚设定权】 行政法规可以设定除限制人身自由以外的行政处罚。

法律对违法行为已经作出行政处罚规定，行政法规需要作出具体规定的，必须在法律规定的给予行政处罚的行为、种类和幅度的范围内规定。

法律对违法行为未作出行政处罚规定，行政法规为实施法律，可以补充设定行政处罚。拟补充设定行政处罚的，应当通过听证会、论证会等形式广泛听取意见，并向制定机关作出书面说明。行政法规报送备案时，应当说明补充设定行政处罚的情况。

【适用指南】

本条是有关行政法规对行政处罚设定权的规定。与修订前的条文相比，本条增设第三款，增加了有关行政处罚补充设定权的规定。

鉴于行政管理事项纷繁复杂，不可能均由法律作出明确规定，有必要赋予最高行政机关制定的行政法规较大的立法权限。本次修订对行政法规设定权制度进行了创新，丰富了设定权的内容。具体体现为三个方面：

其一，传统设定权。本次修订没有调整，即结合《立法法》第六十五条有关行政法规立法权限的规定，行政法规能够创设除限制人身自由外的行政处罚；根据《行政处罚法》第九条第六项，可以创造新的种类的行政处罚。

其二，具体规定权。也即当法律对违法行为已经作出处罚规定，行政法规只能作出细化规定，且必须在法律规定的给予行政处罚的行为、种类和幅度的范围内作出具体规定。这实际上也是对《立法法》明确的“上位法优于下位法”规则的具体落实。这就要求对上位法设定的行政处罚作出具体规定的，不得通过增减违反行政管理秩序的行为和行政处罚种类、在法定幅度之外调整罚款上下限等方式层层加码或者“立法放水”。

其三，补充设定权。这是本次修订的亮点，实现了设定权制度的审慎扩容。即当法律作出禁止性规定或者规定具体义务，但未明确违反禁止性规定或义务规定的违法行为应受的处罚时，行政法规具有补充设定罚则的权限。为了强化监督制约，引入程序控权理念，同时增加了事中事后程序要求。这具体体现为，在行政法规制定程序中，针对补充设定行政处罚条款，起草单位要广泛听取意见，不得仅在系统内征求意见，并要向制定机关作出书面说明，阐释必要性、可行性以及征求意见情况等。同时，在向全国人大常委会报送备案时，应当作出专门说明。

● 法　律

《立法法》（2015 年 3 月 15 日）

第九十八条　行政法规、地方性法规、自治条例和单行条例、规章应当在公布后的三十日内依照下列规定报有关机关备案：

（一）行政法规报全国人民代表大会常务委员会备案；

（二）省、自治区、直辖市的人民代表大会及其常务委员会制定的地方性法规，报全国人民代表大会常务委员会和国务院备案；设区的市、自治州的人民代表大会及其常务委员会制定的地方性法规，由省、自治区的人民代表大会常务委员会报全国人民代表大会常务委员会和国务院备案；

（三）自治州、自治县的人民代表大会制定的自治条例和单行条例，由省、自治区、直辖市的人民代表大会常务委员会报全国人民代表大会常务委员会和国务院备案；自治条例、单行条例报送备案时，应当说明对法律、行政法规、地方性法规作出变通的情况；

（四）部门规章和地方政府规章报国务院备案；地方政府规章应当同时报本级人民代表大会常务委员会备案；设区的市、自治州的人民政府制定的规章应当同时报省、自治区的人民代表大会常务委员会和人民政府备案；

（五）根据授权制定的法规应当报授权决定规定的机关备案；经济特区法规报送备案时，应当说明对法律、行政法规、地方性法规作出变通的情况。

第二章

第十二条　【地方性法规的行政处罚设定权】 地方性法规可以设定除限制人身自由、吊销营业执照以外的行政处罚。

法律、行政法规对违法行为已经作出行政处罚规定，地方性法规需要作出具体规定的，必须在法律、行政法规规定的给予行政处罚的行为、种类和幅度的范围内规定。

法律、行政法规对违法行为未作出行政处罚规定，地方性法规为实施法律、行政法规，可以补充设定行政处罚。拟补充设定行政处罚的，应当通过听证会、论证会等形式广泛听取意见，并向制定机关作出书面说明。地方性法规报送备案时，应当说明补充设定行政处罚的情况。

【适用指南】

本条是有关地方性法规对行政处罚设定权的规定。本条的第三款为本次修订的新增条款。

扩大地方性法规设定权，以解决地方因地制宜差异化治理的现实需要，是本次设定权制度修订要解决的重要问题之一。为切实发挥地方性法规在地方治理过程中的积极作用，适度审慎扩大地方性法规有关行政处罚的设定权非常必要，否则过大的扩权可能会引发新一轮乱设行政处罚的现象，进而影响到整个法治体系的和谐、统一。引入地方性法规补充设定权制度，既有利于实现给地方性法规扩容的预期目标，又有利于增加对地方性法规能动立法的实体及程序方面的限制，以防止出现地方立法“脱轨”“放水”等问题。修订后的地方性法规设定权可以分解为三个方面：

其一，传统设定权。也即上位法的法律、行政法规未对行政处罚作出规定的情况下，地方性法规可以创设除限制人身自由、吊销营业执照外的行政处罚，但只能创设本法第九条第一项至第四项的行政处罚。

其二，具体规定权。也即在已有上位法法律和行政法规的情况下，地方性法规只能在上位法规定的违法行为、种类和幅度的范围内作出细化规定，不得增减违反行政管理秩序的行为和行政处罚种类、在法定幅度之外调整罚款上下限等。

其三，补充设定权。也即法律、行政法规对违法行为未作出行政处罚规定，地方性法规为实施法律、行政法规，可以补充设定行政处罚，但要切实履行听取意见程序、向制定机关和备案机关作出书面说明等程序。

需要特别说明的是，考虑到地方性法规分为省级地方性法规和设区的市地方性法规两个层级，对于设区的市地方性法规设定权，根据《立法法》，主要涉及：当省级地方性法规作出规定时，作为下位法的设区的市地方性法规只能在省级地方性法规基础上作出细化规定；当法律、行政法规和省级地方性法规对违法行为未作行政处罚规定的情况下，设区的市地方性法规可以补充设定行政处罚。

第十三条　【国务院部门规章的行政处罚设定权】 国务院部门规章可以在法律、行政法规规定的给予行政处罚的行为、种类和幅度的范围内作出具体规定。

尚未制定法律、行政法规的，国务院部门规章对违反行政管理秩序的行为，可以设定警告、通报批评或者一定数额罚款的行政处罚。罚款的限额由国务院规定。

【适用指南】

本条是有关国务院部门规章对行政处罚设定权的规定。

鉴于《立法法》已经对国务院部门规章制定主体及其权限作了规定，本次修订直接使用了国务院部门规章的表达方式。部门规章在我国法律体系中位阶较低，其定位主要为执行性行政立法，具体体现为在上位法给予行政处罚的行为、种类和幅度的范围内的具体规定权。鉴于部门规章在法治政府推进过程中确实发挥着一定作用，故在设定权方面，本次修订在警告和一定数额罚款的基础上，增加了通报批评的设定权。根据《国务院关于进一步贯彻实施〈中华人民共和国行政处罚法〉的通知》，部门规章设定罚款时，还要注意以下三个方面：

其一，坚持过罚相当原则。即设定罚款数额要与违法行为的事实、性质、情节以及社会危害程度相当，该严的要严，该轻的要轻。

其二，关于设定罚款的额度问题。尚未制定法律、行政法规，因行政管理迫切需要依法先以部门规章设定罚款的，设定的罚款数额最高不得超过 10 万元，且不得超过法律、行政法规对相似违法行为的罚款数额，涉及公民生命健康安全、金融安全且有危害后果的，设定的罚款数额最高不得超过 20 万元；超过上述限额的，要报国务院批准。修改部门规章时，要结合实际研究调整罚款数额的必要性，该降低的要降低，确需提高的要严格依照法定程序在限额范围内提高。[①]

其三，常态化的转化机制。部门规章原则上应有一定的有效期，当设定罚款的部门规章实施一定时间后，需要继续实施其所设定的罚款且需要上升为法律、行政法规的，有关部门要及时报

① 参见国务院 2021 年 11 月 15 日印发的《国务院关于进一步贯彻实施〈中华人民共和国行政处罚法〉的通知》第三部分（依法规范行政处罚的设定）中的第四项具体要求“依法合理设定罚款数额”。

请国务院提请全国人大及其常委会制定法律，或者提请国务院制定行政法规。需要说明的是，根据《立法法》，“没有法律或者国务院的行政法规、决定、命令的依据，部门规章不得设定减损公民、法人和其他组织权利或者增加义务的规范”，本条款实际上就构成对部门规章设定权的法律授权，让部门规章设定处罚至此有了明确法律依据，实现了《立法法》与《行政处罚法》在部门规章立法权方面的某种衔接。

第十四条　【地方政府规章的行政处罚设定权】 地方政府规章可以在法律、法规规定的给予行政处罚的行为、种类和幅度的范围内作出具体规定。

尚未制定法律、法规的，地方政府规章对违反行政管理秩序的行为，可以设定警告、通报批评或者一定数额罚款的行政处罚。罚款的限额由省、自治区、直辖市人民代表大会常务委员会规定。

【适用指南】

本条是有关地方政府规章对行政处罚设定权的规定。鉴于地方政府规章与部门规章效力位阶相同，本条修订思路与部门规章相似。

考虑到《立法法》已经对地方政府规章制定主体及其权限作出规定，本次修订直接使用了地方政府规章的统一表达方式。根据《立法法》，地方政府规章在整个法律体系中，效力位阶较低，故其立法权限主要应定位为执行性立法，本条第一款有关对上位法细化的行政处罚规定权应为地方政府规章对行政处罚作出具体规定的主要方式。同时，为满足地方政府与时俱进、提升治理能力的现实需要，保留地方政府规章处罚设定权仍有必要，但要严格限制其创制权。本次修订在原有警告和一定数额罚款基础上，增加了通报批评的设定权。由此，修订后的地方政府规章设定权制度主要涉及两个方面：

其一，具体规定权。这是主要形式。也即地方政府规章对处罚立法权，主要体现为对法律、行政法规、地方性法规作出处罚规定的细化，即必须在上位法规定的违法行为、种类和幅度的范围内作出具体规定。

其二，有限的设定权。当法律、行政法规、地方性法规未对违法行为作出具体罚则规定时，针对已经明确的违法行为，地方政府规章可以创设警告、通报批评或者一定数额罚款的行政处罚，其中罚款限额的限额，依法应由省、自治区、直辖市人民代表大会常务委员会规定。需要说明的是，根据《立法法》，地方政府规章立法权限于城乡建设与管理、环境保护、历史文化保护等方面的事项，且没有法律法规的依据，不得设定减损公民、法人和其他组织权利或者增加其义务的规范，而本条规定实际上是对地方政府规章设定权的直接授权，让地方政府规章有关行政处罚设定权合法化，但仍应限于对城乡建设与管理、环境保护、历史文化保护等方面事项。

第十五条　【行政处罚的立法后评估】国务院部门和省、自治区、直辖市人民政府及其有关部门应当定期组织评估行政处罚的实施情况和必要性，对不适当的行政处罚事项及种类、罚款数额等，应当提出修改或者废止的建议。

【适用指南】

本条是有关行政处罚设立后评估制度的规定，是本次修订新增加的条文。

立法后评估制度是对生效后的法律规范在科学性、有效性、合理性等方面的综合评论估价，对后续废改释等工作的同步推进意义重大。我国已经有包括《立法法》《行政许可法》《行政法规制定程序条例》《规章制定程序条例》等多部法律法规对后评估制度作出规定。鉴于行政处罚是损益类执法行为，行政处罚的必要性、可行性、合理性等问题，在法治建设的不同时期，结论可能会有较大的差异性，本次修订直接引入后评估制度非常必要。结合《国务院关于进一步贯彻实施〈中华人民共和国行政处罚法〉的通知》的规定，行政处罚后评估制度的刚性要求具体包括：

其一，后评估主体。关于后评估主体，本次修订没有采用制定机关或者实施机关的表达，而是明确为国务院部门和省、自治区、直辖市人民政府及其有关部门有定期组织评估的法定义务。

其二，后评估期限。本条虽未对定期评估的期限作出统一要求，但国务院前述通知已经明确组织评估主体要结合立法计划规划每五年分类、分批组织一次评估。

其三，后评估内容。本条明确要对行政处罚实施情况和必要性进行评估，具体应围绕是否符合上位法规定，是否适应经济社会发展需要，是否存在过罚不当、缺乏针对性和实用性等问题开展。

其四，后评估结果。本条明确规定经评估不适当的处罚事项及种类、罚款数额等，评估主体除应当向立法机关或者有权机关提出修改或者废止的建议外，对于评估主体有权调整的，应当自行对有关规章进行废改释等。

第十六条　【其他规范性文件禁止设定行政处罚】除法律、法规、规章外，其他规范性文件不得设定行政处罚。

【适用指南】

本条是有关其他规范性文件无权设定行政处罚的禁止性规定，本次修订没有变化。

这里的规范性文件主要是指行政规范性文件。所谓行政规范性文件，是指由行政机关或者经法律、法规授权的具有管理公共事务职能的组织依照法定权限、程序制定并公开发布，涉及公民、法人和其他组织权利义务，具有普遍约束力，在一定期限内反复适用的公文。行政规范性文件并非《立法法》所规定的法，但由于各级行政机关均具有制发行政规范性文件作为行政管理依据的权力，违法的行政规范性文件在行政复议附带审查和行政诉讼附带审查案件中屡见不鲜。本条采用普遍禁止的立法方式，明确除法律、法规和规章外，行政规范性文件一律不得设定行政处罚，这里的不得设定既包括不得增设新的违法行为，也包括不得创设新的罚则。

实际上，为了确保行政规范性文件合法，国务院办公厅于2018年先后发布了《关于加强行政规范性文件制定和监督管理工作的通知》和《关于全面推行行政规范性文件合法性审核机制的指导意见》，明确严禁越权发文、严控发文数量、严格制发程序，并专门对规范性文件合法性审核程序作出具体规定，提出行政规范性文件合法性审核标准，其中就包括行政规范性文件不得设定行政许可、行政处罚、行政强制等事项，不得违法减损公民、法人和其他组织的合法权益或者增加其义务等禁止性规定。但实践中，当上位法设定的行政处罚较为原则、概括时，为解决执法依据的可操作性、针对性和明确性，行政机关制发行政规范性文件解决细化裁量标准问题就变得非常必要。因此，行政机关在法定职权范围内有权依据上位法，在上位法规定的违法行为、应受处罚的种类和幅度的范围内作出具体规定。

需要说明的是，设定权制度虽然主要约束立法机关，但按照依法行政的基本要求，如果行政机关在执法时适用了违法的行政规范性文件，则构成适用法律错误，依旧要承担败诉责任。故精准判断相关行政规范性文件是否合法，能否作为行政执法依据，本身就是依法行政对严格规范公正文明执法提出的基本要求。

● 法　律

1.《**行政强制法**》（2011 年 6 月 30 日）

第七条　行政机关及其工作人员不得利用行政强制权为单位或者个人谋取利益。

2.《**行政许可法**》（2019 年 4 月 23 日）

第十七条　除本法第十四条、第十五条规定的外，其他规范性文件一律不得设定行政许可。

第三章　行政处罚的实施机关

第十七条　【行政处罚的实施】行政处罚由具有行政处罚权的行政机关在法定职权范围内实施。

第三章

【适用指南】

本条是行政处罚权实施主体的规定。它是职权法定原则的规范表现，本次修法未作修改。

职权法定原则落实在行政处罚权上，是指行政处罚权的设定和实施必须由法律、法规、规章规定，行政机关应严格依照法定权限和程序行使权力、履行职责。[①] 本条在适用中应注意以下方面：

其一，行政处罚权的来源。立法机关曾答复称“有行政处罚权”的行政机关应当依照法律、行政法规的规定执行。[②] 本法第二章规定了行政处罚的种类与设定，法律、法规、规章均可作为设定行政处罚权的依据，其他规范性文件不得设定行政处罚。根据本法第三十八条，行政处罚没有依据的，行政处罚无效。

其二，行政处罚权的实施主体。行政处罚权是一项重要的国家行政权，原则上应当由行政机关来行使，但我国行政机关种类繁多，并非所有的行政机关都具有行政处罚权。此外，根据本法第十九条、第二十条，具有管理公共事务职能的组织也可通过授权、委托实施行政处罚权。

其三，行政机关只能在法定职权范围内实施行政处罚权。行

---

① 胡建淼：《〈行政处罚法〉通识十讲》，法律出版社 2021 年版，第 35 页。

② 全国人大常委会法制工作委员会：《如何确定哪些行政机关有行政处罚权》，载中国人大网，http：//www. npc. gov. cn/npc/c724/200010/db7d2f7acbe049869eb73160a43a99ea. shtml，最后访问时间：2022 年 3 月 11 日。

政机关超越职权实施处罚的，人民法院可根据《行政诉讼法》第七十条判决撤销或部分撤销，并可以判决被告重新作出行政行为。

第十八条　【特殊类型的行政处罚实施机关】 国家在城市管理、市场监管、生态环境、文化市场、交通运输、应急管理、农业等领域推行建立综合行政执法制度，相对集中行政处罚权。

国务院或者省、自治区、直辖市人民政府可以决定一个行政机关行使有关行政机关的行政处罚权。

限制人身自由的行政处罚权只能由公安机关和法律规定的其他机关行使。

【适用指南】

本条是关于综合行政执法、相对集中行政处罚权的规定。这也是推进行政执法体制改革的产物。

综合行政执法是在相对集中行政处罚权改革的基础上，为改善执法缺位、越位、错位而提出的命题。[①] 本条在适用中应当注意以下方面：

其一，在适用范围上，本条第一款为新增内容，虽然列举了城市管理、生态环境、文化市场、交通运输、应急管理、农业六个领域，但“等”字为今后改革预留空间。由于综合执法权力更为集中，容易对行政相对人的权利造成损害，行政执法人员应当提升执法水平、依法处罚。

---

① 程琥：《综合行政执法体制改革的价值冲突与整合》，载《行政法学研究》2021 年第 2 期。

其二，在权力运行上，本条第二款删除了原条文中“经国务院授权的”的限定，将试点推行到全国。虽然本条仅规定了相对集中行政处罚权，但根据《行政强制法》的相关规定，与行政处罚权相关的行政强制措施权、行政强制执行权可以同时集中，有条件的地区还可以积极稳妥地探索行政检查权的集中。[①] 此外，本条第三款除了继续规定限制人身自由的行政处罚权只能由公安机关行使，还增加了由法律规定的其他机关行使，完善了法律间的协调性。[②]

其三，在行政复议机关的确定上，对于集中行使行政处罚权的行政机关作出的行政行为不服而申请复议时，由本级政府依法受理；上一级政府设立集中行使处罚权的，申请人也可以向上一级政府设立的集中行使处罚权的机关提出申请。[③]

● ***法　律***

《国家安全法》（2015 年 7 月 1 日）

第四十二条　国家安全机关、公安机关依法搜集涉及国家安全的情报信息，在国家安全工作中依法行使侦查、拘留、预审和执行逮捕以及法律规定的其他职权。

有关军事机关在国家安全工作中依法行使相关职权。

第十九条　【授权实施行政处罚】 法律、法规授权的具有管理公共事务职能的组织可以在法定授权范围内实施行政处罚。

---

① 《国务院关于进一步贯彻实施〈中华人民共和国行政处罚法〉的通知》。

② 根据《反间谍法》第三十一条和《国家情报法》第二十九条等相关规定，国家安全机关也可以行使限制人身自由的行政处罚权。

③ 袁雪石：《中华人民共和国行政处罚法释义》，中国法制出版社 2021 年版，第 138 页。

【适用指南】

本条是关于授权实施行政处罚的规定。

行政处罚权体现国家意志，由行政机关实施是原则，由法律、法规授权的具有管理公共事务职能的组织实施是例外。经法律、法规授权后，被授权组织可以自己的名义实施行政处罚、承担法律责任。本条规定只有法律、法规可以授权组织实施行政处罚，规章则不能授权。实践中存在名为授权、实为委托的情况，则应当以委托行政机关承担行为的法律后果。被授权组织可以是行政机关的内设机构、派出机构，如专利复审委员会、公安派出所；也可以是企业组织、事业单位、社会团体以及群众自治组织，但需要具有管理公共事务的职能。公共事务的本质是与国家管理职权有直接联系或是国家财物的运用。① 常见的被授权的非政府组织有自来水公司、地铁运营公司、高校、律师协会、村委会、居委会等。被授权组织应当在法定授权范围内实施行政处罚，组织应当具有熟悉被授权处罚事项的具有行政执法资格的工作人员和符合条件的设备、技术，同时该组织不能与被授权处罚事项存在利益冲突。

● 法　律

1. **《律师法》**（2017 年 9 月 1 日）

第四十六条　律师协会应当履行下列职责：

（一）保障律师依法执业，维护律师的合法权益；

（二）总结、交流律师工作经验；

（三）制定行业规范和惩戒规则；

（四）组织律师业务培训和职业道德、执业纪律教育，对律师的执业活动进行考核；

（五）组织管理申请律师执业人员的实习活动，对实习人员进行考核；

---

① 于立深：《法定公共职能组织的资格、权能及其改革》，载《华东政法大学学报》2016 年第 6 期。

（六）对律师、律师事务所实施奖励和惩戒；

（七）受理对律师的投诉或者举报，调解律师执业活动中发生的纠纷，受理律师的申诉；

（八）法律、行政法规、规章以及律师协会章程规定的其他职责。

律师协会制定的行业规范和惩戒规则，不得与有关法律、行政法规、规章相抵触。

2.**《治安管理处罚法》**（2012年10月26日）

第九十一条 治安管理处罚由县级以上人民政府公安机关决定；其中警告、五百元以下的罚款可以由公安派出所决定。

第二十条 【委托实施行政处罚】行政机关依照法律、法规、规章的规定，可以在其法定权限内书面委托符合本法第二十一条规定条件的组织实施行政处罚。行政机关不得委托其他组织或者个人实施行政处罚。

委托书应当载明委托的具体事项、权限、期限等内容。委托行政机关和受委托组织应当将委托书向社会公布。

委托行政机关对受委托组织实施行政处罚的行为应当负责监督，并对该行为的后果承担法律责任。

受委托组织在委托范围内，以委托行政机关名义实施行政处罚；不得再委托其他组织或者个人实施行政处罚。

【适用指南】

本条是关于委托实施行政处罚的规定。第二款为新增内容，规定“委托书应当载明委托的具体事项、权限、期限等内容。委托行政机关和受委托组织应当将委托书向社会公布”。

行政处罚委托蕴含着法律规范对受委托组织的条件要求和委托机关对受委托组织的选定与信任，受委托组织不得转委托且不得同委托处罚事项具有利益冲突。[①] 本条在适用中应当注意以下几个方面：

其一，委托的权力来源。不同于行政处罚授权，规章可委托组织实施行政处罚。行政机关委托实施处罚应当遵循职权法定原则，要有合法合理的客观需求，不得超越法定权限。

其二，委托的程序要件。行政机关应当书面委托，委托书中应载明本条第二款规定的内容，并作为行政处罚事前公示的内容。对于已经委托行政处罚，但不符合《行政处罚法》要求的，要及时清理；不符合书面委托规定、但需要继续实施的，要及时完善相关手续。[②]

其三，委托的责任归属。受委托组织以委托行政机关的名义实施行政处罚，由委托行政机关承担行为的法律后果。为加强对行政处罚委托的监督，委托行政机关应向本级人民政府或实施垂直管理的上级行政机关备案。委托行政机关负责监督和指导受委托组织，在承担责任后可以依《国家赔偿法》向其追偿。

● ***部门规章***

1.**《邮政行政处罚程序规定》**（2020 年 5 月 15 日　国邮发〔2020〕43 号）

第六十三条　邮政管理部门委托管理公共事务的事业组织实施行政处罚的，还应当遵守有关法规、规章关于委托实施行政处罚的规定。

2.**《旅游行政处罚办法》**（2013 年 5 月 12 日　国家旅游局令第 38 号）

第九条　旅游主管部门可以在其法定职权范围内委托符合法定条件的

---

① 孔繁华：《授权抑或委托：行政处罚“委托”条款之重新解读》，载《政治与法律》2018 年第 4 期。

② 《国务院关于进一步贯彻实施〈中华人民共和国行政处罚法〉的通知》。

旅游质监执法机构实施行政处罚，并对该行为的后果承担法律责任。受委托机构在委托范围内，以作出委托的旅游主管部门的名义实施行政处罚。

旅游主管部门委托实施行政处罚的，应当与受委托机构签订书面委托书，载明受委托机构名称、委托的依据、事项、权限和责任等内容，报上一级旅游主管部门备案，并将受委托机构名称、委托权限和事项向社会公示。

委托实施行政处罚，可以设定委托期限。

3.**《环境行政处罚办法》**（2010年1月19日　环境保护部令第8号）

第十五条　环境保护主管部门可以在其法定职权范围内委托环境监察机构实施行政处罚。受委托的环境监察机构在委托范围内，以委托其处罚的环境保护主管部门名义实施行政处罚。

委托处罚的环境保护主管部门，负责监督受委托的环境监察机构实施行政处罚的行为，并对该行为的后果承担法律责任。

4.**《医疗保障行政处罚程序暂行规定》**（2021年6月11日　国家医疗保障局令第4号）

第八条　各级医疗保障行政部门可以依法委托符合法定条件的组织开展行政执法工作。行政强制措施权不得委托。

受委托组织在委托范围内，以委托行政机关的名义实施行政处罚，不得再委托其他组织或者个人实施行政处罚。

委托书应当载明委托的具体事项、权限、期限等内容。委托行政机关和受委托组织应当将委托书向社会公布。

委托行政机关对受委托组织实施行政处罚的行为应当负责监督，并对该行为的后果承担法律责任。

第二十一条　【受委托组织的条件】受委托组织必须符合以下条件：

（一）依法成立并具有管理公共事务职能；

（二）有熟悉有关法律、法规、规章和业务并取得行政执法资格的工作人员；

（三）需要进行技术检查或者技术鉴定的，应当有条件组织进行相应的技术检查或者技术鉴定。

【适用指南】

本条是关于受委托组织条件的规定。

第一项取消了只有事业组织可被委托的限定，扩大了受委托组织的范围，但该组织应当依法成立并具有管理公共事务职能。本条规定排除了将行政处罚权委托给个人的情况，但有学者认为行政委托创设的仅是行为主体而非行政主体，个人也可以成为行政主体。[①]

第二项增加了对工作人员的行政执法资格的要求。行政执法资格是从事行政执法活动的前提和基础，其目的是通过设立执法准入门槛，提升行政执法规范化水平。行政处罚是一项严肃的执法工作，执法人员必须熟悉有关的法律、法规、规章，具有较强的专业知识，才能有效地实施行政处罚。[②]

第三项规定了受委托组织的技术条件。基于行政管理活动的专业性、技术性，受委托组织需要具备技术检查或技术鉴定的条件。实践中，对于涉及生态环境、农业等领域的违法行为进行处罚时，有技术的需要，但“有条件组织进行相应的技术检查或者技术鉴定”的规定较宽松，也并不必然需要受委托组织自行检查或鉴定。[③]

---

① 胡建淼：《行政法学》，法律出版社 2003 年版，第 180 页。

② 江必新、夏道虎主编：《中华人民共和国行政处罚法条文解读与法律适用》，中国法制出版社 2021 年版，第 58 页。

③ 袁雪石：《中华人民共和国行政处罚法释义》，中国法制出版社 2021 年版，第 158 页。

第四章　行政处罚的管辖和适用

第二十二条　【行政处罚的管辖】行政处罚由违法行为发生地的行政机关管辖。法律、行政法规、部门规章另有规定的，从其规定。

【适用指南】

此条是关于行政处罚属地管辖原则的规定。

设定违法行为的查处管辖职责，应当符合便利性、经济性、效率性和有效控制风险危害的原则，应当有助于落实属地监管法律责任，便利行政机关对违法行为的查处，提高制止和查处违法行为的效率，减少和控制违法行为带来的危害以及可能的衍生和次生危害，同时还要有利于降低查处违法行为和接受违法行为调查的成本。

《行政处罚法》将违法行为发生地的行政机关查处作为管辖的一般规定，主要是因为违法行为发生地的行政机关可以就近尽快查明事实真相，及时查处控制违法行为，有效防止风险或危害蔓延，有助于降低行政机关调查的时间、空间和经济成本，也有助于降低当事人配合调查的时间、空间和经济成本，保障当事人的合法权益。

同时，与违法行为发生地相关的概念还包括违法行为主体住所地、违法场所所在地、违法行为实际经营地、违法行为发生地、违法行为经过地、违法行为结果地、违法行为受害者所在地、违法行为投诉举报地等。有的违法行为具有散发式、弥漫式特点，如网络销售商品或者提供服务的违法行为、广告违法行为等，由违法行为主体所在地的行政机关查处，更有利于快速查明违法事实，制止和惩治违法行为。有的违法行为造成严重危害后果，由违法行为结果地查处，更有利于查明违法事实，控制违法后果的蔓延和扩散。为此，考虑到实践中纷繁复杂的违法情形，为实现违法必究，《行政处罚法》授权法律、行政法规或者部门规章作出更加符合实际的、具体化的、补充性的或者创新性的规定。这里需要注意的是，地方性法规和地方政府规章无权规定行政处罚的地域管辖问题。

例如，《市场监督管理行政处罚程序规定》第十条规定，网络交易平台经营者和通过自建网站、其他网络服务销售商品或者提供服务的网络交易经营者的违法行为由其住所地县级以上市场监督管理部门管辖。平台内经营者的违法行为由其实际经营地县级以上市场监督管理部门管辖。网络交易平台经营者住所地县级以上市场监督管理部门先行发现违法线索或者收到投诉、举报的，也可以进行管辖。

● *行政法规及文件*

1. **《海关行政处罚实施条例》**（2004 年 9 月 19 日　国务院令第 420 号）

第三条　海关行政处罚由发现违法行为的海关管辖，也可以由违法行为发生地海关管辖。

2 个以上海关都有管辖权的案件，由最先发现违法行为的海关管辖。

管辖不明确的案件，由有关海关协商确定管辖，协商不成的，报请共同的上级海关指定管辖。

重大、复杂的案件，可以由海关总署指定管辖。

第四条　海关发现的依法应当由其他行政机关处理的违法行为，应当移送有关行政机关处理；违法行为涉嫌犯罪的，应当移送海关侦查走私犯罪公安机构、地方公安机关依法办理。

● *部门规章*

2. **《道路交通安全违法行为处理程序规定》**（2020 年 4 月 7 日　公安部令第 157 号）

第四条　交通警察执勤执法中发现的违法行为由违法行为发生地的公

安机关交通管理部门管辖。

对管辖权发生争议的，报请共同的上一级公安机关交通管理部门指定管辖。上一级公安机关交通管理部门应当及时确定管辖主体，并通知争议各方。

3.**《环境行政处罚办法》**（2010年1月19日　环境保护部令第8号）

第十四条　县级以上环境保护主管部门在法定职权范围内实施环境行政处罚。

经法律、行政法规、地方性法规授权的环境监察机构在授权范围内实施环境行政处罚，适用本办法关于环境保护主管部门的规定。

第十六条　发现不属于环境保护主管部门管辖的案件，应当按照有关要求和时限移送有管辖权的机关处理。

涉嫌违法依法应当由人民政府实施责令停产整顿、责令停业、关闭的案件，环境保护主管部门应当立案调查，并提出处理建议报本级人民政府。

涉嫌违法依法应当实施行政拘留的案件，移送公安机关。

涉嫌违反党纪、政纪的案件，移送纪检、监察部门。

涉嫌犯罪的案件，按照《行政执法机关移送涉嫌犯罪案件的规定》等有关规定移送司法机关，不得以行政处罚代替刑事处罚。

4.**《农业行政处罚程序规定》**（2021年12月21日　农业农村部令2021年第4号）

第十二条　农业行政处罚由违法行为发生地的农业行政处罚机关管辖。法律、行政法规以及农业农村部规章另有规定的，从其规定。

省、自治区、直辖市农业行政处罚机关应当按照职权法定、属地管理、重心下移的原则，结合违法行为涉及区域、案情复杂程度、社会影响范围等因素，厘清本行政区域内不同层级农业行政处罚机关行政执法权限，明确职责分工。

第十三条　渔业行政违法行为有下列情况之一的，适用“谁查获、谁处理”的原则：

（一）违法行为发生在共管区、叠区；

（二）违法行为发生在管辖权不明确或者有争议的区域；

（三）违法行为发生地与查获地不一致。

第十四条　电子商务平台经营者和通过自建网站、其他网络服务销售商品或者提供服务的电子商务经营者的农业违法行为由其住所地县级以上农业行政处罚机关管辖。

平台内经营者的农业违法行为由其实际经营地县级以上农业行政处罚机关管辖。电子商务平台经营者住所地或者违法物品的生产、加工、存储、配送地的县级以上农业行政处罚机关先行发现违法线索或者收到投诉、举报的，也可以管辖。

5.**《市场监督管理行政处罚程序规定》**（2021 年 7 月 2 日　国家市场监督管理总局令第 42 号）

第七条　行政处罚由违法行为发生地的县级以上市场监督管理部门管辖。法律、行政法规、部门规章另有规定的，从其规定。

第八条　县级、设区的市级市场监督管理部门依职权管辖本辖区内发生的行政处罚案件。法律、法规、规章规定由省级以上市场监督管理部门管辖的，从其规定。

第九条　市场监督管理部门派出机构在本部门确定的权限范围内以本部门的名义实施行政处罚，法律、法规授权以派出机构名义实施行政处罚的除外。

县级以上市场监督管理部门可以在法定权限内书面委托符合《中华人民共和国行政处罚法》规定条件的组织实施行政处罚。受委托组织在委托范围内，以委托行政机关名义实施行政处罚；不得再委托其他任何组织或者个人实施行政处罚。

委托书应当载明委托的具体事项、权限、期限等内容。委托行政机关和受委托组织应当将委托书向社会公布。

第十条　网络交易平台经营者和通过自建网站、其他网络服务销售商品或者提供服务的网络交易经营者的违法行为由其住所地县级以上市场监督管理部门管辖。

平台内经营者的违法行为由其实际经营地县级以上市场监督管理部门管辖。网络交易平台经营者住所地县级以上市场监督管理部门先行发现违法线索或者收到投诉、举报的，也可以进行管辖。

第十一条　对利用广播、电影、电视、报纸、期刊、互联网等大众传播媒介发布违法广告的行为实施行政处罚，由广告发布者所在地市场监督管理部门管辖。广告发布者所在地市场监督管理部门管辖异地广告主、广告经营者有困难的，可以将广告主、广告经营者的违法情况移送广告主、广告经营者所在地市场监督管理部门处理。

对于互联网广告违法行为，广告主所在地、广告经营者所在地市场监督管理部门先行发现违法线索或者收到投诉、举报的，也可以进行管辖。

对广告主自行发布违法互联网广告的行为实施行政处罚，由广告主所在地市场监督管理部门管辖。

第十二条 对当事人的同一违法行为，两个以上市场监督管理部门都有管辖权的，由最先立案的市场监督管理部门管辖。

第十三条 两个以上市场监督管理部门因管辖权发生争议的，应当自发生争议之日起七个工作日内协商解决，协商不成的，报请共同的上一级市场监督管理部门指定管辖；也可以直接由共同的上一级市场监督管理部门指定管辖。

第十四条 市场监督管理部门发现立案查处的案件不属于本部门管辖的，应当将案件移送有管辖权的市场监督管理部门。受移送的市场监督管理部门对管辖权有异议的，应当报请共同的上一级市场监督管理部门指定管辖，不得再自行移送。

第十五条 上级市场监督管理部门认为必要时，可以将本部门管辖的案件交由下级市场监督管理部门管辖。法律、法规、规章明确规定案件应当由上级市场监督管理部门管辖的，上级市场监督管理部门不得将案件交由下级市场监督管理部门管辖。

上级市场监督管理部门认为必要时，可以直接查处下级市场监督管理部门管辖的案件，也可以将下级市场监督管理部门管辖的案件指定其他下级市场监督管理部门管辖。

下级市场监督管理部门认为依法由其管辖的案件存在特殊原因，难以办理的，可以报请上一级市场监督管理部门管辖或者指定管辖。

第十六条 报请上一级市场监督管理部门管辖或者指定管辖的，上一级市场监督管理部门应当在收到报送材料之日起七个工作日内确定案件的管辖部门。

第十七条 市场监督管理部门发现立案查处的案件属于其他行政管理部门管辖的，应当及时依法移送其他有关部门。

市场监督管理部门发现违法行为涉嫌犯罪的，应当及时将案件移送司法机关，并对涉案物品以及与案件有关的其他材料依照有关规定办理交接手续。

6.**《旅游行政处罚办法》**（2013 年 5 月 12 日　国家旅游局令第 38 号）

第十一条　旅游行政处罚由违法行为发生地的县级以上地方旅游主管部门管辖。

旅行社组织境内旅游，旅游主管部门在查处地接社的违法行为时，发现组团社有其他违法行为的，应当将有关材料或其副本送组团社所在地县级以上地方旅游主管部门。旅行社组织出境旅游违法行为的处罚，由组团社所在地县级以上地方旅游主管部门管辖。

第十二条　国家旅游局负责查处在全国范围内有重大影响的案件。

省、自治区、直辖市旅游主管部门负责查处本地区内重大、复杂的案件。

设区的市级和县级旅游主管部门的管辖权限，由省、自治区、直辖市旅游主管部门确定。

吊销旅行社业务经营许可证、导游证、领队证或者取消出国（境）旅游业务经营资格的行政处罚，由设区的市级以上旅游主管部门作出。

第十三条　旅游主管部门发现已立案的案件不属于自己管辖的，应当在 10 日内移送有管辖权的旅游主管部门或者其他部门处理。接受移送的旅游主管部门认为案件不属于本部门管辖的，应当报上级旅游主管部门指定管辖，不得再自行移送。

违法行为构成犯罪的，应当按照《行政执法机关移送涉嫌犯罪案件的规定》，将案件移送司法机关，不得以行政处罚代替刑事处罚。

第十五条　上级旅游主管部门有权查处下级旅游主管部门管辖的案件，也可以把自己管辖的案件移交下级旅游主管部门查处。

下级旅游主管部门对其管辖的案件，认为需要由上级旅游主管部门查处的，可以报请上级旅游主管部门决定。

7.**《安全生产违法行为行政处罚办法》**（2015 年 4 月 2 日　国家安全生产监督管理总局令第 77 号）

第六条　县级以上安全监管监察部门应当按照本章的规定，在各自的职责范围内对安全生产违法行为行政处罚行使管辖权。

安全生产违法行为的行政处罚，由安全生产违法行为发生地的县级以上安全监管监察部门管辖。中央企业及其所属企业、有关人员的安全生产违法行为的行政处罚，由安全生产违法行为发生地的设区的市级以上安全监管监察部门管辖。

暂扣、吊销有关许可证和暂停、撤销有关执业资格、岗位证书的行政处罚，由发证机关决定。其中，暂扣有关许可证和暂停有关执业资格、岗位证书的期限一般不得超过6个月；法律、行政法规另有规定的，依照其规定。

给予关闭的行政处罚，由县级以上安全监管监察部门报请县级以上人民政府按照国务院规定的权限决定。

给予拘留的行政处罚，由县级以上安全监管监察部门建议公安机关依照治安管理处罚法的规定决定。

第十条 上级安全监管监察部门可以直接查处下级安全监管监察部门管辖的案件，也可以将自己管辖的案件交由下级安全监管监察部门管辖。

下级安全监管监察部门可以将重大、疑难案件报请上级安全监管监察部门管辖。

第十一条 上级安全监管监察部门有权对下级安全监管监察部门违法或者不适当的行政处罚予以纠正或者撤销。

第二十三条 【县级以上政府的管辖权】 行政处罚由县级以上地方人民政府具有行政处罚权的行政机关管辖。法律、行政法规另有规定的，从其规定。

【适用指南】

本条是关于行政处罚主管原则和级别管辖原则的规定。

本条的核心要点有三：一是行政处罚由县级以上地方人民政府具有特定行政处罚权的行政机关管辖；二是行政处罚由县级以上地方人民政府的行政机关管辖；三是法律、行政法规另有规定的，从其规定。

就主管原则来讲，强调职权法定，只有依法享有处罚权的行政机关，才能行使处罚权。例如，限制人身自由的行政处罚权，只能由公安机关和法律规定的其他机关行使；吊销营业执照的处罚，一般由市场监督管理部门进行。

就级别管辖原则来讲，一般情况下，行政处罚由县级以上地方人民政府具有行政处罚权的行政机关管辖。在行政监管执法实践中，考虑到相关领域的专业性、严肃性、特殊性等因素，法律和行政法规可就一些违法行为的处罚作例外规定，但部门规章和地方立法只能就法律和行政法规规定的级别管辖进行细化，无权作出此类例外规定。部分法律和行政法规规定由具有行政处罚权的行政机关管辖部分违法行为的行政处罚。例如，《疫苗管理法》第八十条规定，生产、销售的疫苗属于假药的，由省级以上人民政府药品监督管理部门没收违法所得和违法生产、销售的疫苗以及专门用于违法生产疫苗的原料、辅料、包装材料、设备等物品，责令停产停业整顿，吊销药品注册证书，直至吊销药品生产许可证等，并处违法生产、销售疫苗货值金额十五倍以上五十倍以下的罚款，货值金额不足五十万元的，按五十万元计算。

● *法　律*

1.《**治安管理处罚法**》（2012年10月26日）

第九十一条　治安管理处罚由县级以上人民政府公安机关决定；其中警告、五百元以下的罚款可以由公安派出所决定。

2.《**税收征收管理法**》（2015年4月24日）

第七十四条　本法规定的行政处罚，罚款额在二千元以下的，可以由税务所决定。

第二十四条　【乡镇政府和街道办事处的管辖权】省、自治区、直辖市根据当地实际情况，可以决定将基层管理迫切需要的县级人民政府部门的行政处罚权交由能够有效承接的乡镇人民政府、街道办事处行使，并定期组织评估。决定应当公布。

承接行政处罚权的乡镇人民政府、街道办事处应当加强执法能力建设，按照规定范围、依照法定程序实施行政处罚。

有关地方人民政府及其部门应当加强组织协调、业务指导、执法监督，建立健全行政处罚协调配合机制，完善评议、考核制度。

【适用指南】

本条是将基层管理迫切需要的行政处罚权向基层下交和承接的规定。此系本次修法的新增条款。

本条规定是既往下放行政处罚权试点改革成果的体现。其核心要点有四：一是授权主体为省、自治区、直辖市；二是被授权机关应为能够有效承接的乡镇人民政府、街道办事处；三是承接行政处罚权的乡镇人民政府、街道办事处应当加强执法能力建设，按照规定范围、依照法定程序实施行政处罚；四是有关地方人民政府及其部门应当加强组织协调、业务指导、执法监督，建立健全行政处罚协调配合机制，完善评议、考核制度。

基层是党和政府联系人民群众的纽带、服务人民群众的平台。基层管理水平直接关系人民群众生产生活，是政府治理和社会治理的基础环节。2019 年 1 月，中共中央办公厅、国务院办公厅印发《关于推进基层整合审批服务执法力量的实施意见》，明确要求积极推进基层综合行政执法改革，按照有关法律规定相对集中行使行政处罚权，以乡镇和街道名义开展执法工作，并接受有关县级主管部门的业务指导和监督，依法明确乡镇和街道执法主体地位。

例如，2020 年 4 月，北京市人民政府发布《关于向街道办事处和乡镇人民政府下放部分行政执法职权并实行综合执法的决定》，自 2020 年 7 月 1 日起，原由城管执法部门行使的市政管理、园林绿化管理、环境保护管理、施工现场管理、停车场管理、交通运输管理、食品摊贩管理等方面和对流动无照经营、违法建设、无导游证从事导游活动等行为的全部行政处罚权、行政强制权，下放至街道办事处和乡镇人民政府并以其名义相对集中行使。街道、乡镇综合行政执法队是街道办事处、乡镇人民政府管理的行政执法机构，以街道办事处、乡镇人民政府名义开展执法工作。

在此背景下，2021 年 11 月，国务院印发《关于进一步贯彻实施〈中华人民共和国行政处罚法〉的通知》，其第十二项要求就是积极稳妥赋权乡镇街道实施行政处罚。

第二十五条　【管辖权争议】 两个以上行政机关都有管辖权的，由最先立案的行政机关管辖。

对管辖发生争议的，应当协商解决，协商不成的，报请共同的上一级行政机关指定管辖；也可以直接由共同的上一级行政机关指定管辖。

【适用指南】

本条是关于行政处罚管辖竞合与争议的处理程序规定。与原法律相比，本条增加了管辖竞合的处理程序。

行政处罚管辖权争议是监管执法实践中的常见问题，主要有三种情形：首先，有的是因为立法将处罚权赋予多个部门，引发管辖争议。如《野生动物保护法》直接将某一类违法行为的处罚权赋予两个部门。该法第四十八条规定，未持有合法来源证明出售、利用、运输非国家重点保护野生动物的，由县级以上地方人民政府野生动物保护主管部门或者市场监督管理部门按照职责分工没收野生动物，并处野生动物价值一倍以上五倍以下的罚款。此类规定，在执法实践中，经常引发争议。其次，法律、法规对相关行政处罚权行使的部门规定不明确，从而引发争议。如《无证无照经营查处办法》第五条规定，经营者未依法取得许可从事经营活动的，由法律、法规、国务院决定规定的部门予以查处；法律、法规、国务院决定没有规定或者规定不明确的，由省、自治区、直辖市人民政府确定的部门予以查处。如果未依法取得许可从事经营活动，在法律、法规、国务院决定没有规定或者规定不明确，而且省、自治区、直辖市人民政府也没有明确的情形下，就会引发管辖争议问题。最后，因为违法行为发生地可能有多种理解，住所地、所在地、实际经营地、经营场所所在地、结果地、投诉举报地等存在多个连接点，而且法律、行政法规和规章以及相关部门的“三定”规定还会因相关问题的特殊性而对行政处罚的职责作出特别规定，这就会引发监管执法实际中的管辖争议。

为鼓励、支持积极履职，及时查处制止违法行为，防止消极推诿，本条规定，对于两个以上行政机关都有管辖权的，也即存在管辖竞合的情形，由最先立案的行政机关管辖，避免发生管辖争议。同时，对于都有管辖权的机关，如果出现了根据不同的依据都认为有处罚权的情形，或者遇到了相互推诿，都认为没有处罚权的情形，本条规定了解决程序：首先是协商解决，这也称为协议管辖；其次是协商不成的情形下，报请共同的上一级行政机关指定管辖；最后是共同上一级机关发现存在多个管辖机关的，相互推诿或者都认为有查处职责的，可以直接依职权指定管辖。

● 部门规章

1.《**环境行政处罚办法**》(2010 年 1 月 19 日　环境保护部令第 8 号)

第十九条　对行政处罚案件的管辖权发生争议时，争议双方应报请共同的上一级环境保护主管部门指定管辖。

2.《**市场监督管理行政处罚程序规定**》(2021 年 7 月 2 日　国家市场监督管理总局令第 42 号)

第十二条　对当事人的同一违法行为，两个以上市场监督管理部门都有管辖权的，由最先立案的市场监督管理部门管辖。

第十三条　两个以上市场监督管理部门因管辖权发生争议的，应当自发生争议之日起七个工作日内协商解决，协商不成的，报请共同的上一级市场监督管理部门指定管辖；也可以直接由共同的上一级市场监督管理部门指定管辖。

3.《**中国银保监会行政处罚办法**》(2020 年 6 月 15 日　中国银行保险监督管理委员会令 2020 年第 8 号)

第十七条　派出机构发现不属于自己管辖的违法行为的，应当移送有管辖权的派出机构。两个以上派出机构对同一违法行为都有管辖权的，由最先立案的派出机构管辖。

对管辖权不明确或者有争议的，应当报请共同的上一级机构指定管辖。

4.《**自然资源行政处罚办法**》(2020 年 3 月 20 日　自然资源部令第 6 号)

第九条　有管辖权的自然资源主管部门由于特殊原因不能行使管辖权的，可以报请上一级自然资源主管部门指定管辖。

自然资源主管部门之间因管辖权发生争议的，报请共同的上一级自然资源主管部门指定管辖。

上一级自然资源主管部门应当在接到指定管辖申请之日起 7 个工作日内，作出管辖决定。

5.《**医疗保障行政处罚程序暂行规定**》(2021 年 6 月 11 日　国家医疗保障局令第 4 号)

第十条　两个以上医疗保障行政部门因管辖权发生争议的，应当自发生争议之日起七个工作日内协商解决；协商不成的，报请共同的上一级医疗保障行政部门指定管辖；也可以直接由共同的上一级医疗保障行政部门指定管辖。

第十一条　上级医疗保障行政部门认为有必要时，可以直接管辖下级医疗保障行政部门管辖的案件，也可以将本部门管辖的案件交由下级医疗保障行政部门管辖。法律、法规、规章明确规定案件应当由上级医疗保障行政部门管辖的，上级医疗保障部门不得将案件交由下级医疗保障行政部门管辖。

第十二条　医疗保障行政部门发现所查处的案件属于其他医疗保障行政部门或其他行政管理部门管辖的，应当依法移送。

受移送的医疗保障行政部门对管辖权有异议的，应当报请共同的上一级医疗保障行政部门指定管辖，不得再自行移送。

6. **《海关办理行政处罚案件程序规定》**（2021年6月15日　海关总署第250号令）

第十条　海关行政处罚由发现违法行为的海关管辖，也可以由违法行为发生地海关管辖。

两个以上海关都有管辖权的案件，由最先立案的海关管辖。

对管辖发生争议的，应当协商解决，协商不成的，报请共同的上一级海关指定管辖；也可以直接由共同的上一级海关指定管辖。

重大、复杂的案件，可以由海关总署指定管辖。

7. **《交通运输行政执法程序规定》**（2021年6月30日　交通运输部令2021年第6号）

第七条　对当事人的同一违法行为，两个以上执法部门都有管辖权的，由最先立案的执法部门管辖。

第八条　两个以上执法部门因管辖权发生争议的，应当协商解决，协商不成的，报请共同的上一级部门指定管辖；也可以直接由共同的上一级部门指定管辖。

第九条　执法部门发现所查处的案件不属于本部门管辖的，应当移送有管辖权的其他部门。执法部门发现违法行为涉嫌犯罪的，应当及时依照《行政执法机关移送涉嫌犯罪案件的规定》将案件移送司法机关。

第十条　下级执法部门认为其管辖的案件属重大、疑难案件，或者由于特殊原因难以办理的，可以报请上一级部门指定管辖。

第二十六条　【执法协助】行政机关因实施行政处罚的需要，可以向有关机关提出协助请求。协助事项属于被请求机关职权范围内的，应当依法予以协助。

【适用指南】

本条是关于执法协助的规定。此系新增条款。

随着行政管理的主体、行为和事项的复杂多样化，协助、协同、协调的问题越来越多地出现在行政监管执法实务中，越来越受到改革和立法的关注。出于职权法定、专业能力以及执法便利的考虑，有的部门在行使处罚权的时候，需要别的部门予以协助。协助事项属于被请求机关职权范围内的，应当依法予以协助。

有的执法行为需要认定、鉴定、检验等部门予以协助，提供专业意见。如《食品安全法》规定，公安机关商请食品安全监督管理、生态环境等部门提供检验结论、认定意见以及对涉案物品进行无害化处理等协助的，有关部门应当及时提供，予以协助。

为提高执法的便利性，提升执法效率，降低执法成本，有的执法行为有时需要跨地域行政机关予以协助。例如，《市场监督管理行政处罚程序规定》第四十五条规定，市场监督管理部门在办理行政处罚案件时，确需有关机关或者其他市场监督管理部门协助调查取证的，应当出具协助调查函。收到协助调查函的市场监督管理部门对属于本部门职权范围的协助事项应当予以协助，在接到协助调查函之日起十五个工作日内完成相关工作。

● *部门规章*

1.《**中国银保监会行政处罚办法**》(2020 年 6 月 15 日　中国银行保险监督管理委员会令 2020 年第 8 号)

第二十七条　需要银保监会派出机构协助调查的，调查机构应当出具协助调查函。协助机构应当在调查机构要求的期限内完成调查。需要延期的，协助机构应当及时告知调查机构。

2.《**自然资源行政处罚办法**》(2020 年 3 月 20 日　自然资源部令第 6 号)

第十六条　当事人拒绝调查取证或者采取暴力、威胁的方式阻碍自然资源主管部门调查取证的，自然资源主管部门可以提请公安机关、检察机关、监察机关或者相关部门协助，并向本级人民政府或者上一级自然资源主管部门报告。

3.《**农业行政处罚程序规定**》(2021 年 12 月 21 日　农业农村部令 2021 年第 4 号)

第十九条　农业行政处罚机关实施农业行政处罚时，需要其他行政机关协助的，可以向有关机关发送协助函，提出协助请求。

农业行政处罚机关在办理跨行政区域案件时，需要其他地区农业行政处罚机关协查的，可以发送协查函。收到协查函的农业行政处罚机关应当予以协助并及时书面告知协查结果。

4.《**市场监督管理行政处罚程序规定**》(2021 年 7 月 2 日　国家市场监督管理总局令第 42 号)

第四十五条　市场监督管理部门在办理行政处罚案件时，确需有关机关或者其他市场监督管理部门协助调查取证的，应当出具协助调查函。

收到协助调查函的市场监督管理部门对属于本部门职权范围的协助事项应当予以协助，在接到协助调查函之日起十五个工作日内完成相关工作。需要延期完成的，应当在期限届满前告知提出协查请求的市场监督管理部门。

5.《**证券期货违法行为行政处罚办法**》(2021 年 7 月 14 日　中国证券监督管理委员会令第 186 号)

第十九条　中国证监会及其派出机构根据案情需要，可以委托下列单位和人员提供协助:

（一）委托具有法定鉴定资质的鉴定机构对涉案相关事项进行鉴定，鉴定意见应有鉴定人签名和鉴定机构盖章；

（二）委托会计师事务所、资产评估事务所、律师事务所等中介机构以及专家顾问提供专业支持；

（三）委托证券期货交易场所、登记结算机构等检验、测算相关数据或提供与其职能有关的其他协助。

第二十七条　【行政处罚与刑事司法的衔接】违法行为涉嫌犯罪的，行政机关应当及时将案件移送司法机关，依法追究刑事责任。对依法不需要追究刑事责任或者免予刑事处罚，但应当给予行政处罚的，司法机关应当及时将案件移送有关行政机关。

行政处罚实施机关与司法机关之间应当加强协调配合，建立健全案件移送制度，加强证据材料移交、接收衔接，完善案件处理信息通报机制。

【适用指南】

本条是关于行政处罚与刑事司法衔接机制的规定。本次修法作了许多补充完善，体现了案件移送的及时性和衔接性。

行政执法与刑事司法如何有效衔接是法治实践中长期存在的重要难题，本条对此从三个方面作出了回应，具体规定了两种移送制度和及时移送职责，特别是增加规定了应当强化行政处罚实施机关与司法机关的协调配合职责，要完善案件处理信息通报机制。

现行法律、行政法规对行政执法与刑事司法的衔接已有规定。主要内容有三个方面：其一，行政机关发现违法行为涉嫌犯罪的应当移送司法机关。例如，《行政执法机关移送涉嫌犯罪案件的规定》第三条规定，行政执法机关在依法查处违法行为过程中，发现违法事实涉及的金额、违法事实的情节、违法事实造成的后果等，涉嫌构成犯罪，依法需要追究刑事责任的，必须依照本规定向公安机关移送。

其二，司法机关审查是否需要追究刑事责任。《行政执法机关移送涉嫌犯罪案件的规定》第八条规定，公安机关应当自接受行政执法机关移送的涉嫌犯罪案件之日起3日内，依照《刑法》《刑事诉讼法》以及最高人民法院、最高人民检察院关于立案标准和公安部关于公安机关办理刑事案件程序的规定，对所移送的案件进行审查。认为有犯罪事实，需要追究刑事责任，依法决定立案的，应当书面通知移送案件的行政执法机关。公安机关审查认为不需要追究刑事责任的，应当追究行政责任的，公安机关应当及时将案件移送有关行政机关。

其三，本法进一步强调了行政处罚实施机关与司法机关之间应当加强协调配合，建立健全案件移送制度，加强证据材料移交、接收衔接，完善案件处理信息通报机制，这是通过立法提出的关于行政机关与司法机关完善行政执法与刑事司法衔接制度的新要求。

● *部门规章*

1. **《海关办理行政处罚案件程序规定》**（2021年6月15日　海关总署第250号令）

第二十一条　刑事案件转为行政处罚案件办理的，刑事案件办理过程中收集的证据材料，经依法收集、审查后，可以作为行政处罚案件定案的根据。

2. **《证券期货违法行为行政处罚办法》**（2021年7月14日　中国证券监督管理委员会令第186号）

第二十九条　中国证监会及其派出机构在行政处罚过程中发现违法行为涉嫌犯罪的，应当依法、及时将案件移送司法机关处理。

司法机关依法不追究刑事责任或者免予刑事处罚，但应当给予行政处罚的，中国证监会及其派出机构依法作出行政处罚决定。

第二十八条 【改正违法行为及没收违法所得】 行政机关实施行政处罚时，应当责令当事人改正或者限期改正违法行为。

当事人有违法所得，除依法应当退赔的外，应当予以没收。违法所得是指实施违法行为所取得的款项。法律、行政法规、部门规章对违法所得的计算另有规定的，从其规定。

【适用指南】

本条是关于责令改正与违法所得问题的规定。

纠正违法行为，避免违法行为的持续或者继续造成危害，是行政处罚的重要目的，也是处罚与教育相结合原则的具体体现。对于本条规定的内容，可从如下几个方面加以理解：

其一，关于没收违法所得的性质。长期以来，对此主要有两种不同的观点：第一种观点认为，没收的违法所得并不是违法者的合法财产，没收实质上具有追缴的性质，实际上是行政强制执行的一种方式。第二种观点认为，“违法所得的‘所得’，在未被没收之前，实际处于违法当事人的控制和支配之下。没收违法取得，客观上对当事人产生惩戒的心理和精神惩戒效果。因此，没收违法所得在性质上当然属于行政处罚”。[1]《行政处罚法》延续了以往的观点，继续将没收违法所得作为行政处罚的典型种类。

---

① 汪家元：《行政处罚法中的“违法所得”认定探究——基于相关判例的整理与研究》，载《安徽行政学院学报》2015年第2期。

其二，关于违法所得的含义。本条明确违法所得是指实施违法行为所取得的款项，但在执法实践中仍需综合考虑："实施违法行为"是否包括预备行为；何种意义上可以理解为"取得"，借款算不算，货到付款尚未付款的货物算不算等；"款项"与财物、设备设施是否存在差别；"实施违法行为"与"取得"之间应否具备一定的逻辑关系。

其三，关于违法所得的计算。法律、行政法规、部门规章对违法所得的计算另有规定的，从其规定。考虑到目前有些法律、行政法规、部门规章对违法所得已经有规定，此条对现行的相关规定予以认可。现行法律法规和规章对于违法所得认定主要包括三种情形：一是收入扣除当事人直接用于经营活动的适当的合理支出；二是全部经营收入；三是将违法行为分为故意违法行为和非故意违法行为来认定违法所得，针对二者所作行政处罚有所不同。

其四，关于违法所得处理。此条规定，当事人有违法所得，除依法应当退赔的外，应当予以没收。这与《民法典》的精神是一致的。《民法典》第一百八十七条规定，民事主体因同一行为应当承担民事责任、行政责任和刑事责任的，承担行政责任或者刑事责任不影响承担民事责任；民事主体的财产不足以支付的，优先用于承担民事责任。

● ***案例指引***

陆某诉某市综合行政执法局责令限期拆除行为案［江苏省南通市中级人民法院（2020）苏06行终4号行政判决书］

案例要旨：原行政处罚被自行撤销，且被复议机关确认违法，被告在重新作出决定时选择责令限期拆除的方式消除违法状态，避免了建设行为人已死亡，无被处罚对象的执法困境。以公告形式作出，避免了将上述人员确定为限期拆除的义务主体。在实际执法过程中，原告等人进行了陈述、申辩，实体权利并未受到侵害。在公告方式不违反法律的强制性规定，也未明显侵害原告等人权利的情况下，人民法院不应对该方式的合法性轻易予以否定。

第四章

第二十九条　【同一行为不得重复处罚】对当事人的同一个违法行为，不得给予两次以上罚款的行政处罚。同一个违法行为违反多个法律规范应当给予罚款处罚的，按照罚款数额高的规定处罚。

【适用指南】

本条是关于一事不再罚原则的规定及法律竞合的处理原则。本次修法作了补充规定。

其一，关于对当事人的同一个违法行为，不得给予两次以上罚款的行政处罚。此项内容被称作“一事不再罚原则”，来源于“禁止双重危险”“禁止双重处罚”“禁止重复追究法律责任”“一事不再理原则”等宪法和基本人权理念以及刑事法律基本原则。联合国《公民权利及政治权利国际公约》规定，任何人依一国法律及刑事程序经终局判决判定有罪或无罪开释者，不得就同一罪名再予审判或科刑。

《行政处罚法》也规定了对当事人的同一个违法行为，不得给予两次以上罚款的行政处罚。核心要点包括：一是精准把握同一个违法行为。同一个违法行为，主要是指行政相对人在紧密连接的同一时间空间内，基于同一意思而实施的一次行为。二是精准把握不得给予两次以上罚款的行政处罚。就同一个违法行为，行政机关在适用不同法律规范时，可以综合运用法律同时进行多个种类的处罚，包括警告、责令停产停业、吊销许可证等。但选择罚款进行处罚的话，只能进行一次罚款，而不能多次罚款。

其二，同一个违法行为违反多个法律规范应当给予罚款处罚的，按照罚款数额高的规定处罚。这是新增的规定，也是法律规范竞合问题的处理原则。在行政处罚实践中，有些问题还需要深入研究加以明确：一是如何综合考虑立法目的、违法行为问题的性质、法律实施效果等因素；二是如何综合考虑从旧兼从轻、特别法优于一般法、后法优于前法、有利于保护基本权利等法律原则；三是综合考虑不同法律规范关于罚款数额与资格罚、能力罚、人身罚的规定如何配合协调适用；四是按照拟罚款的最高数额，还是法律规定的最高罚款数额；五是是否允许跨部门选择适用法律。

● *部门规章*

《国家外汇管理局行政处罚办法》（2020年9月18日　国家外汇管理局公告〔2020〕第1号）

第十五条　对当事人的同一个外汇违法行为，不得给予两次以上罚款的行政处罚。

● *案例指引*

1. **李某诉某交通大队公安交通管理行政处罚决定案**［北京市第三中级人民法院（2020）京03行终393号行政判决书］

案例要旨：一事不二罚原则的确立，旨在防止重复处罚，保护行政相对人合法权益，体现了行政处罚的实施必须与违法行为的事实、性质、违法情节相当。本案的关键在于交通管理部门以违法告知的方式将自然意义的一行为处断为法律评价上的多行为是否违反上述规定及处罚原则。对此，切割处断的处罚方式符合过罚相当原则，其处断的次数并未超出合理限度。被告的执法方式与原告长期违法停车的主观故意、情节、性质相适应，且避免了因违法成本过低难以实现纠正违法行为的处罚目的，对于最大限度维护交通管理秩序具有一定的积极意义。同时，该执法方式属于已给予违法行为人合理的矫正期间但违法行为人并未主动纠正，因此所作的切割处断次数并未超出合理限度，亦不构成对违法行为人合法权益的侵害。综上，被诉行政处罚并未违反“一事不二罚”原则及法律规定。

2. **某经济开发区保税物流分公司等诉某县交通运输局公路交通行政处罚再审案**［山西省高级人民法院（2018）晋行申216号行政裁定书］

案例要旨：行政强制措施和行政处罚是两种独立的行政行为，对其合法性评价应当分别进行。在诉行政处罚决定的案件中，行政强制措施违法不一定必然导致行政处罚违法。只有行政强制措施是为收集或保全证据的情形下，才可能对行政处罚决定的合法性产生实际影响。如果行政机关只是为制止违法行为、避免危害发生、控制危险扩大等目的而实施行政强制措施，一般不会对后续的行政处理或行政处罚的合法性评价产生影响。

第三十条　【对未成年人处罚的限制】不满十四周岁的未成年人有违法行为的，不予行政处罚，责令监护人加以管教；已满十四周岁不满十八周岁的未成年人有违法行为的，应当从轻或者减轻行政处罚。

【适用指南】

本条是关于未成年人违法不予处罚和从轻、减轻处罚的规定。

未成年人是祖国的未来，是中华民族的希望。我国一贯重视未成年人的健康成长，对于违法犯罪的未成年人，也着眼于教育、帮助和挽救。根据修订后自2021年6月1日起施行的《未成年人保护法》第二条规定，未成年人是指未满十八周岁的公民（该法第一百三十一条规定，对中国境内未满十八周岁的外国人、无国籍人，依照本法有关规定予以保护），国家要保障未成年人的生存权、发展权、受保护权、参与权等权利，全社会应当树立关心、爱护未成年人的良好风尚。

根据不同年龄段未成年人的心智成熟程度，我国民事和刑事法律设定了相应的法律责任年龄。2021年1月1日起施行的《民法典》第十七条至第二十条规定，不满十八周岁的自然人为未成年人；不满八周岁的未成年人为无民事行为能力人，由其法定代理人代理实施民事法律行为；八周岁以上的未成年人为限制民事行为能力人，实施民事法律行为由其法定代理人代理或者经其法定代理人同意、追认，但是可以独立实施纯获利益的民事法律行为或者与其年龄、智力相适应的民事法律行为；十六周岁以上的未成年人，以自己的劳动收入为主要生活来源的，视为完全民事行为能力人；十八周岁以上的自然人为成年人，成年人为完全民事行为能力人，可以独立实施民事法律行为。

我国《刑法》规定，已满十六周岁的人犯罪，应当负刑事责任。已满十四周岁不满十六周岁的人，犯故意杀人、故意伤害致人重伤或者死亡、强奸、抢劫、贩卖毒品、放火、爆炸、投放危险物质罪的，应当负刑事责任。已满十二周岁不满十四周岁的人，犯故意杀人、故意伤害罪，致人死亡或者以特别残忍手段致人重伤造成严重残疾，情节恶劣，经最高人民检察院核准追诉的，应当负刑事责任。对依照规定追究刑事责任的不满十八周岁的人，应当从轻或者减轻处罚。

因此，本条将未成年人行政违法行为的责任按年龄分为两部分：一是不满十四周岁的未成年人有违法行为的，不予行政处罚，责令监护人加以管教；二是已满十四周岁不满十八周岁的未成年人有违法行为的，应当从轻或者减轻行政处罚。

● 法　律

《治安管理处罚法》（2012 年 10 月 26 日）

第十二条　已满十四周岁不满十八周岁的人违反治安管理的，从轻或者减轻处罚；不满十四周岁的人违反治安管理的，不予处罚，但是应当责令其监护人严加管教。

第二十一条　违反治安管理行为人有下列情形之一，依照本法应当给予行政拘留处罚的，不执行行政拘留处罚：

（一）已满十四周岁不满十六周岁的；

（二）已满十六周岁不满十八周岁，初次违反治安管理的；

（三）七十周岁以上的；

（四）怀孕或者哺乳自己不满一周岁婴儿的。

第三十一条　【对精神病人、智力残疾人处罚的限制】 精神病人、智力残疾人在不能辨认或者不能控制自己行为时有违法行为的，不予行政处罚，但应当责令其监护人严加看管和治疗。间歇性精神病人在精神正常时有违法行为的，应当给予行政处罚。尚未完全丧失辨认或者控制自己行为能力的精神病人、智力残疾人有违法行为的，可以从轻或者减轻行政处罚。

【适用指南】

本条是关于有精神疾患且有违法行为如何承担法律责任的规定。本次修法作了一些补充规定。

我国民事和刑事法律根据人的精神状态和治理状况，将其行为能力分为完全行为能力、限制行为能力和无行为能力。

我国《民法典》规定，成年人为完全民事行为能力人，可以独立实施民事法律行为。不能辨认自己行为的成年人为无民事行为能力人，由其法定代理人代理实施民事法律行为。不能完全辨认自己行为的成年人为限制民事行为能力人，实施民事法律行为由其法定代理人代理或者经其法定代理人同意、追认；但是，可以独立实施纯获利益的民事法律行为或者与其智力、精神健康状况相适应的民事法律行为。

我国《刑法》规定，精神病人在不能辨认或者不能控制自己行为的时候造成危害结果，经法定程序鉴定确认的，不负刑事责任，但是应当责令他的家属或者监护人严加看管和医疗；在必要的时候，由政府强制医疗。间歇性的精神病人在精神正常的时候犯罪，应当负刑事责任。尚未完全丧失辨认或者控制自己行为能力的精神病人犯罪的，应当负刑事责任，但是可以从轻或者减轻处罚。

本条按照人的精神状态和智力状况将未成年人承担行政法律责任的情形分为三类：一是精神病人、智力残疾人在不能辨认或者不能控制自己行为时有违法行为的，不予行政处罚，但应当责令其监护人严加看管和治疗，这里提及的"智力残疾人"是本次修法新增主体；二是间歇性精神病人在精神正常时有违法行为的，应当给予行政处罚；三是尚未完全丧失辨认或者控制自己行为能力的精神病人、智力残疾人有违法行为的，可以从轻或者减轻行政处罚，这是本次修法新增内容，使得此项制度更为人性化和精细可行。

● *法 律*

《治安管理处罚法》（2012年10月26日）

第十三条 精神病人在不能辨认或者不能控制自己行为的时候违反治安管理的，不予处罚，但是应当责令其监护人严加看管和治疗。间歇性的精神病人在精神正常的时候违反治安管理的，应当给予处罚。

第三十二条 【从轻、减轻处罚的条件】 当事人有下列情形之一，应当从轻或者减轻行政处罚：

（一）主动消除或者减轻违法行为危害后果的；

（二）受他人胁迫或者诱骗实施违法行为的；

（三）主动供述行政机关尚未掌握的违法行为的；

（四）配合行政机关查处违法行为有立功表现的；

（五）法律、法规、规章规定其他应当从轻或者减轻行政处罚的。

【适用指南】

本条是关于何种情形下应当从轻或者减轻行政处罚的规定。

其对应于原《行政处罚法》第二十七条第一款，且新增了主动供述的处置情形。

行政处罚的目的在于查处、制止和纠正违法行为，预防和控制危害后果，惩罚主观过错。如果当事人了解违法行为的原因以及危害的性质、程度和范围，当事人主动消除或者减轻违法行为危害后果，将有助于减少对受害者的侵害，有助于对受害者进行救治和安抚。对此种情形从轻和减轻处罚，有利于鼓励更多的违法行为人及时停止违法行为，并采取积极有效的措施消除减轻违法行为危害后果，防止风险蔓延，防止产生次生或者衍生危害。

在受他人胁迫或者诱骗实施违法行为的情形下，当事人的主观恶性不强，虽然从事了违法行为，但并非本意，主观过错程度较轻，故对该违法行为从轻或者减轻处罚是有理有据的。

如果当事人有主动供述行政机关尚未掌握的违法行为、配合行政机关查处违法行为有立功表现，将有助于降低查处违法行为的时间、精力和经济成本，提高查处、制止和纠正违法行为的效率，而且也说明当事人的主观过错较轻、悔过态度良好，应当从轻或者减轻处罚。这是本次修法新增内容，体现了新的立法精神。

结合不同违法行为的特点，法律、法规、规章可以作出应当从轻或者减轻行政处罚的其他规定。例如《食品安全法实施条例》第七十六条规定，对于不符合食品安全标准或者有证据证明可能危害人体健康的食品，食品生产经营者依法停止生产、经营，实施食品召回，或者采取其他有效措施减轻或者消除食品安全风险，未造成危害后果的，可以从轻或者减轻处罚。需要注意的是，根据修改后的本条第五项规定，法律、法规、规章之外的其他规范性文件不能作出应当从轻或者减轻行政处罚的规定。

● 法　律

1. **《治安管理处罚法》**（2012 年 10 月 26 日）

第十九条　违反治安管理有下列情形之一的，减轻处罚或者不予处罚：

（一）情节特别轻微的；

（二）主动消除或者减轻违法后果，并取得被侵害人谅解的；

（三）出于他人胁迫或者诱骗的；

（四）主动投案，向公安机关如实陈述自己的违法行为的；

（五）有立功表现的。

第二十条 违反治安管理有下列情形之一的，从重处罚：

（一）有较严重后果的；

（二）教唆、胁迫、诱骗他人违反治安管理的；

（三）对报案人、控告人、举报人、证人打击报复的；

（四）六个月内曾受过治安管理处罚的。

● ***部门规章***

2. **《安全生产违法行为行政处罚办法》**（2015年4月2日　国家安全生产监督管理总局令第77号）

第五十五条 生产经营单位及其有关人员有下列情形之一的，应当从重处罚：

（一）危及公共安全或者其他生产经营单位安全的，经责令限期改正，逾期未改正的；

（二）一年内因同一违法行为受到两次以上行政处罚的；

（三）拒不整改或者整改不力，其违法行为呈持续状态的；

（四）拒绝、阻碍或者以暴力威胁行政执法人员的。

第五十六条 生产经营单位及其有关人员有下列情形之一的，应当依法从轻或者减轻行政处罚：

（一）已满14周岁不满18周岁的公民实施安全生产违法行为的；

（二）主动消除或者减轻安全生产违法行为危害后果的；

（三）受他人胁迫实施安全生产违法行为的；

（四）配合安全监管监察部门查处安全生产违法行为，有立功表现的；

（五）主动投案，向安全监管监察部门如实交待自己的违法行为的；

（六）具有法律、行政法规规定的其他从轻或者减轻处罚情形的。

有从轻处罚情节的，应当在法定处罚幅度的中档以下确定行政处罚标准，但不得低于法定处罚幅度的下限。

本条第一款第（四）项所称的立功表现，是指当事人有揭发他人安全生产违法行为，并经查证属实；或者提供查处其他安全生产违法行为的重要线索，并经查证属实；或者阻止他人实施安全生产违法行为；或者协助司法机关抓捕其他违法犯罪嫌疑人的行为。

安全生产违法行为轻微并及时纠正，没有造成危害后果的，不予行政处罚。

3.**《国家外汇管理局行政处罚办法》**（2020年9月18日　国家外汇管理局公告〔2020〕第1号）

第十八条　外汇违法行为当事人有下列情形之一的，应当依法从轻或者减轻行政处罚：

（一）主动消除或者减轻违法行为危害后果的；

（二）受他人胁迫实施违法行为的；

（三）配合外汇局查处违法行为有立功表现的；

（四）其他依法应当从轻或者减轻行政处罚的。

外汇违法行为轻微并及时纠正，没有造成危害后果的，不予行政处罚。

4.**《海上海事行政处罚规定》**（2021年9月1日　交通运输部令2021年第27号）

第七条　海事行政违法行为的当事人有下列情形之一的，应当依法从轻或者减轻给予海事行政处罚：

（一）主动消除或者减轻海事行政违法行为危害后果的；

（二）受他人胁迫或者诱骗实施海事行政违法行为的；

（三）主动供述海事管理机构尚未掌握的违法行为的；

（四）配合海事管理机构查处海事行政违法行为有立功表现的；

（五）法律、法规、规章规定应当依法从轻或者减轻行政处罚的其他情形。

海事行政违法行为轻微并及时改正，没有造成危害后果的，不予海事行政处罚。初次违法且危害后果轻微并及时改正的，可以不予海事行政处罚。

本条第一款所称依法从轻给予海事行政处罚，是指在法定的海事行政处罚种类、幅度范围内给予较轻的海事行政处罚。

本条第一款所称依法减轻给予海事行政处罚，是指在法定的海事行政处罚种类、幅度最低限以下给予海事行政处罚。

有海事行政违法行为的中国籍船舶和船员在境外已经受到处罚的，不得重复给予海事行政处罚。

第三十三条　【不予处罚的条件】 违法行为轻微并及时改正，没有造成危害后果的，不予行政处罚。初次违法且危害后果轻微并及时改正的，可以不予行政处罚。

当事人有证据足以证明没有主观过错的，不予行政处罚。法律、行政法规另有规定的，从其规定。

对当事人的违法行为依法不予行政处罚的，行政机关应当对当事人进行教育。

【适用指南】

本条是关于轻微违法行为不予和可以不予处罚、没有主观过错不予处罚以及不予处罚但应予教育的规定。其在原条文的基础上，新增了“首违可以不罚”“没有主观过错不罚”等。

本条内容的准确理解和正确运用具有难度。其一，关于违法行为轻微并及时改正，没有造成危害后果的，不予行政处罚。《行政处罚法》第五条确立了过罚相当的原则，规定设定和实施行政处罚必须以事实为依据，与违法行为的事实、性质、情节以及社会危害程度相当。本条第一款规定，违法情节较轻，且幡然悔悟，及时纠正，没有危害后果的，不予行政处罚，这符合本法的基本理念和原则。

其二，关于初次违法且危害后果轻微并及时改正的，可以不予行政处罚。从本条第一款规定可以看出，作出不予行政处罚的决定，有三个要素必须兼具：一是初次违法，二是危害后果轻微，三是及时纠正；换言之，如果三个要素没有完全具备，仍可作出予以行政处罚的考量。

其三，关于当事人有证据足以证明没有主观过错的，不予行政处罚。在《行政处罚法》这一部法律中引入主观过错作为进行行政处罚的主观要件，具有里程碑意义。在行政处罚制度运行中，有一种情形是行政相对人有违法行为但没有主观过错，也不具备防范相关违法行为的能力。此种情形下引入主观要件，对于公平判定法律责任很有必要。本法这次修订前，我国已经有一些法律法规作了积极探索。例如，《食品安全法》第一百三十六条规定，食品经营者履行了进货查验等义务，有充分证据证明其不知道所采购的食品不符合食品安全标准，并能如实说明其进货来源的，可以免予处罚，但应当依法没收其不符合食品安全标准的食品。

其四，关于对于主观过错的举证，法律、行政法规另有规定的，从其规定。如《反不正当竞争法》第十七条第三款规定，经营者恶意实施侵犯商业秘密行为，情节严重的，可以在一倍以上五倍以下确定赔偿数额，此处的证明经营者存在恶意的举证责任，由执法部门承担。

其五，对当事人的违法行为依法不予行政处罚的，行政机关应当对当事人进行教育。

● *部门规章*

1. **《海关办理行政处罚案件程序规定》**（2021 年 6 月 15 日　海关总署第 250 号令）

第五十六条　违法行为轻微并及时改正，没有造成危害后果的，不予行政处罚。初次违法且危害后果轻微并及时改正的，可以不予行政处罚。

对当事人的违法行为依法不予行政处罚的，海关应当对当事人进行教育。

2. **《市场监督管理行政处罚程序规定》**（2021 年 7 月 2 日　国家市场监督管理总局令第 42 号）

第六十一条　对当事人的违法行为依法不予行政处罚的，市场监督管理部门应当对当事人进行教育。

第三十四条　【行政处罚裁量基准】行政机关可以依法制定行政处罚裁量基准，规范行使行政处罚裁量权。行政处罚裁量基准应当向社会公布。

【适用指南】

本条是关于自由裁量权基准的规定。

按照以事实为根据、以法律为准绳的法律原则，在法律适用过程中，要做到事实认定符合客观真相、办案结果符合实体公正、办案过程符合程序公正。在违法事实认定过程中，往往需要综合考虑违法行为的性质、违法情节、主观过错、危害后果、持续的时间、影响范围等因素，需要判断违法行为属于轻微还是严重，违法后果是否严重等；在法律责任适用过程中，往往需要选择处罚的种类、幅度，尤其是有些罚款数额的起点和高限存在较大差距，如果不加以规范和指导，就会产生处罚畸轻畸重、执法不统一等问题。如《疫苗管理法》对于生产、销售的疫苗属于假药的，规定了没收违法所得、没收非法财产、责令停产停业、吊销注册证书等多种行政处罚，以及从货值金额15倍到50倍的罚款幅度。在考量因素很多、很复杂的情况下，为努力让人民群众在每一个执法决定中都感受到公平正义，就需要规范自由裁量权，依法制定行政处罚裁量基准且向社会公布。

例如，2019年12月，国家市场监督管理总局发布《关于规范市场监督管理行政处罚裁量权的指导意见》，明确规定：行政处罚裁量权，是指各级市场监管部门在实施行政处罚时，根据法律、法规、规章的规定，综合考虑违法行为的事实、性质、情节、社会危害程度以及当事人主观过错等因素，决定是否给予行政处罚、给予行政处罚的种类和幅度的权限。要求各级市场监管部门行使行政处罚裁量权，应当坚持合法、过罚相当、处罚与教育相结合、综合裁量等原则。该意见还对自由裁量权基准的性质作了明确表述：行政处罚裁量基准可以作为行政处罚决定说理的内容，不得直接作为行政处罚的法律依据。

● *部门规章*

1.《市场监管总局关于规范市场监督管理行政处罚裁量权的指导意见》
（2019年12月24日　国市监法〔2019〕244号）

各省、自治区、直辖市及新疆生产建设兵团市场监管局（厅、委），总局各司局、各直属单位：

为了规范市场监督管理行政处罚行为，保障市场监管部门依法行使行政处罚裁量权，保护自然人、法人和其他组织的合法权益，根据《中华人民共和国行政处罚法》等法律、法规、规章和国家有关规定，结合市场监管工作实际，制定本意见。

一、行政处罚裁量权行使原则

（一）行政处罚裁量权。本意见所称行政处罚裁量权，是指各级市场监管部门在实施行政处罚时，根据法律、法规、规章的规定，综合考虑违法行为的事实、性质、情节、社会危害程度以及当事人主观过错等因素，决定是否给予行政处罚、给予行政处罚的种类和幅度的权限。

（二）行使行政处罚裁量权的基本原则。各级市场监管部门行使行政处罚裁量权，应当坚持以下原则：

1. 合法原则。依据法定权限，符合法律、法规、规章规定的裁量条件、处罚种类和幅度，遵守法定程序。

2. 过罚相当原则。以事实为依据，处罚的种类和幅度与违法行为的事实、性质、情节、社会危害程度等相当。

3. 处罚与教育相结合原则。兼顾纠正违法行为和教育当事人，引导当事人自觉守法。

4. 综合裁量原则。综合考虑个案情况，兼顾地区经济社会发展水平、当事人主客观情况等相关因素，实现法律效果、社会效果、政治效果的统一。

二、建立健全行政处罚裁量基准制度

（三）行政处罚裁量基准的制定主体。省级市场监管部门参照本意见，结合地区实际制定行政处罚事项的裁量基准，明确行政处罚裁量的标准和适用情形。设区的市级市场监管部门在不与省级市场监管部门制定的裁量基准相抵触的情况下，可以结合地区实际制定本地区行政处罚事项的裁量基准。

（四）行政处罚裁量基准的主要内容。制定行政处罚裁量基准，应当对以下内容进行细化和量化：

1. 法律、法规、规章规定可以选择决定是否给予行政处罚的，明确是否给予处罚的具体情形；

2. 法律、法规、规章规定可以选择行政处罚种类的，明确适用不同处罚种类的具体情形；

3. 法律、法规、规章规定可以选择行政处罚幅度的，明确划分易于操作的裁量阶次，并确定适用不同阶次的具体情形；

4. 法律、法规、规章规定可以单处或者并处行政处罚的，明确规定单处或者并处行政处罚的具体情形。

（五）行政处罚裁量基准的适用要求。市场监管部门实施行政处罚应当以法律、法规、规章为依据。本意见及按照本意见制定的行政处罚裁量基准，可以作为行政处罚决定说理的内容，不得直接作为行政处罚的法律依据。行政处罚决定的内容与裁量基准规定不一致的，应当在案件调查终结报告中作出说明。

三、行政处罚裁量权的适用规则

（六）不予行政处罚、减轻行政处罚、从轻行政处罚和从重行政处罚的含义。

1. 不予行政处罚是指因法定原因对特定违法行为不给予行政处罚。

2. 减轻行政处罚是指适用法定行政处罚最低限度以下的处罚种类或处罚幅度。包括在违法行为应当受到的一种或者几种处罚种类之外选择更轻的处罚种类，或者在应当并处时不并处；也包括在法定最低罚款限值以下确定罚款数额。

3. 从轻行政处罚是指在依法可以选择的处罚种类和处罚幅度内，适用较轻、较少的处罚种类或者较低的处罚幅度。其中，罚款的数额应当在从最低限到最高限这一幅度中较低的30%部分。

4. 从重行政处罚是指在依法可以选择的处罚种类和处罚幅度内，适用较重、较多的处罚种类或者较高的处罚幅度。其中，罚款的数额应当在从最低限到最高限这一幅度中较高的30%部分。

（七）行政处罚裁量情形。

1. 有下列情形之一的，应当依法不予行政处罚：

（1）不满十四周岁的人有违法行为的；

（2）精神病人在不能辨认或者不能控制自己行为时实施违法行为的；

（3）违法行为轻微并及时纠正，没有造成危害后果的；

（4）除法律另有规定外，违法行为在二年内未被发现的；

（5）其他依法应当不予行政处罚的。

2. 有下列情形之一的，应当依法从轻或者减轻行政处罚：

（1）已满十四周岁不满十八周岁的人有违法行为的；

（2）主动消除或者减轻违法行为危害后果的；

（3）受他人胁迫实施违法行为的；

（4）配合市场监管部门查处违法行为有立功表现的，包括但不限于当事人揭发市场监管领域重大违法行为或者提供查处市场监管领域其他重大违法行为的关键线索或证据，并经查证属实的；

（5）其他依法应当从轻或者减轻行政处罚的。

3. 有下列情形之一的，可以依法从轻或者减轻行政处罚：

（1）积极配合市场监管部门调查，如实陈述违法事实并主动提供证据材料的；

（2）违法行为轻微，社会危害性较小的；

（3）受他人诱骗实施违法行为的；

（4）在共同违法行为中起次要或者辅助作用的；

（5）当事人有充分证据证明不存在主观故意或者重大过失的；

（6）当事人因残疾或者重大疾病等原因生活确有困难的；

（7）其他依法可以从轻或者减轻行政处罚的。

4. 有下列情形之一的，可以依法从重行政处罚：

（1）违法行为造成他人人身伤亡或者重大财产损失等严重危害后果的；

（2）在发生自然灾害、事故灾难、公共卫生或者社会安全事件期间实施违法行为的；

（3）教唆、胁迫、诱骗他人实施违法行为的；

（4）因同一性质的违法行为受过刑事处罚，或者一年内因同一性质的违法行为受过行政处罚的；

（5）阻碍或者拒不配合行政执法人员依法执行职务或者对行政执法人员打击报复的；

（6）隐藏、转移、变卖、损毁市场监管部门依法查封、扣押的财物或者先行登记保存的证据的，市场监管部门已依法对上述行为进行处罚的除外；

（7）伪造、隐匿、毁灭证据的；

（8）其他依法可以从重行政处罚的。

5. 当事人既有从轻或者减轻行政处罚情节，又有从重行政处罚情节的，市场监管部门应当结合案件情况综合考虑后作出裁量决定。

四、其他有关事项

（八）信息公开。市场监管部门制定的行政处罚裁量基准应当主动向社会公开。

（九）执法监督。市场监管部门应当按照《市场监督管理执法监督暂行规定》（市场监管总局令第22号）的要求，加强对行政处罚裁量权行使的监督，发现行政处罚裁量违法或者不当的，及时予以纠正。

（十）制度衔接。本意见自发布之日起施行。《国家工商行政管理总局关于正确行使行政处罚自由裁量权的指导意见》（工商法字〔2008〕31号）、《质量监督检验检疫行政处罚裁量权适用规则》（国质检法〔2010〕720号）同时废止。

2.《规范住房和城乡建设部工程建设行政处罚裁量权实施办法》（2019年9月23日　建法规〔2019〕7号）

第一条　为规范住房和城乡建设部工程建设行政处罚行为，促进依法行政，保护公民、法人和其他组织的合法权益，根据《中华人民共和国行政处罚法》《中华人民共和国建筑法》等法律法规，以及《法治政府建设实施纲要（2015—2020年）》，制定本办法。

第二条　本办法所称工程建设行政处罚裁量权，是指住房和城乡建设部在工程建设领域行使法定的行政处罚权时，在法律法规规定的行政处罚种类和幅度范围内享有的自主决定权。

本办法所称规范工程建设行政处罚裁量权，是指住房和城乡建设部在法定的工程建设行政处罚权限范围内，通过制定《住房和城乡建设部工程建设

第四章

行政处罚裁量基准》（以下简称《裁量基准》），视违法行为的情节轻重程度、后果影响大小，合理划分不同档次违法情形，明确行政处罚的具体标准。

第三条 工程建设法律法规未规定实施行政处罚可以选择处罚种类和幅度的，住房和城乡建设部应当严格依据法律法规的规定作出行政处罚。

第四条 住房和城乡建设部行使工程建设行政处罚裁量权，应当坚持合法合理、过罚相当、程序正当、行政效率、教育处罚相结合的原则。

第五条 依法应当由住房和城乡建设部实施的工程建设行政处罚，包括下列内容：

（一）对住房和城乡建设部核准资质的工程勘察设计企业、建筑施工企业、工程监理企业处以停业整顿、降低资质等级、吊销资质证书的行政处罚。

（二）对住房和城乡建设部核发注册执业证书的工程建设类注册执业人员，处以停止执业、吊销执业资格证书的行政处罚。

（三）其他应当由住房和城乡建设部实施的行政处罚。

第六条 地方各级住房和城乡建设主管部门发现需要由住房和城乡建设部实施行政处罚的工程建设违法行为，应当依据法律法规、本办法和《裁量基准》提出行政处罚建议，并及时将行政处罚建议和相关证据材料逐级上报住房和城乡建设部。

住房和城乡建设部收到省级住房和城乡建设主管部门的行政处罚建议，或者直接发现应当由住房和城乡建设部实施行政处罚的工程建设违法行为，应当依据法律法规、本办法和《裁量基准》确定的行政处罚种类和幅度实施行政处罚。

第七条 住房和城乡建设部依照法律法规、本办法和《裁量基准》实施行政处罚，不影响地方住房和城乡建设主管部门依法实施罚款等其他种类的行政处罚。依法应当由住房和城乡建设部作出行政处罚，并需要处以罚款的，由地方住房和城乡建设主管部门作出罚款的行政处罚。

第八条 工程建设违法行为导致建设工程质量、安全事故，须由住房和城乡建设部实施行政处罚的，事故发生地住房和城乡建设主管部门应当在事故调查报告被批准后7个工作日内向上一级住房和城乡建设主管部门提出行政处罚建议，并移送案件证据材料；省级住房和城乡建设主管部门收到下一级住房和城乡建设主管部门上报的处罚建议后，应当在7个工作日内向住房和城乡建设部提出行政处罚建议，并移送案件证据材料。

第九条 住房和城乡建设部收到省级住房和城乡建设主管部门的行政处罚建议和证据材料后，认为证据不够充分的，可以要求地方住房和城乡建设主管部门补充调查，也可以直接调查取证。

住房和城乡建设部收到省级住房和城乡建设主管部门的行政处罚建议后，应当及时将处理结果告知该省级住房和城乡建设主管部门。

第十条 住房和城乡建设部实施行政处罚，应当按照《住房城乡建设部关于印发集中行使部机关行政处罚权工作规程的通知》（建督〔2017〕96号）履行行政处罚程序。

行政处罚决定依法作出后，应当于7个工作日内在住房和城乡建设部门户网站办事大厅栏目公示，并记入全国建筑市场监管公共服务平台。

第十一条 行政处罚决定书中应当明确履行停业整顿处罚的起止日期，起算日期应当考虑必要的文书制作、送达、合理范围知悉等因素，但不得超过处罚决定作出后7个工作日。

发生安全事故的建筑施工企业已经受到暂扣安全生产许可证处罚的，对其实施责令停业整顿处罚时，应当在折抵暂扣安全生产许可证的期限后，确定停业整顿的履行期限。

第十二条 停业整顿期间，企业在全国范围内不得以承接发生违法行为的工程项目时所用资质类别承接新的工程项目；对于设计、监理综合类资质企业，在全国范围内不得以承接发生违法行为的工程项目时所用工程类别承接新的工程项目。

降低资质等级、吊销资质证书处罚的范围是企业承接发生违法行为的工程项目时所用资质类别。

责令停止执业、吊销执业资格证书处罚的范围是相应执业资格注册的全部专业。

第十三条 当事人有下列情形之一的，应当根据法律法规和《裁量基准》从轻或者减轻处罚：

（一）主动消除或者减轻违法行为危害后果的；

（二）受他人胁迫有违法行为的；

（三）配合行政机关查处违法行为有立功表现的；

（四）其他依法从轻或者减轻行政处罚的。

第十四条 当事人有下列情形之一的，应当依法在《裁量基准》相应档次内从重处罚。情节特别严重的，可以按高一档次处罚。

（一）工程勘察设计企业、建筑施工企业、工程监理企业在发生建设工程质量、安全事故后2年内再次发生建设工程质量、安全事故且负有事故责任的；

（二）工程勘察设计企业、建筑施工企业、工程监理企业对建设工程质量、安全事故负有责任且存在超越资质、转包（转让业务）、违法分包、挂靠、租借资质等行为的；

（三）注册执业人员对建设工程质量、安全事故负有责任且存在注册单位与实际工作单位不一致，或者买卖租借执业资格证书等“挂证”行为的；

（四）工程勘察设计企业、建筑施工企业、工程监理企业和注册执业人员多次实施违法行为，或在有关主管部门责令改正后，拒不改正，继续实施违法行为的。

第十五条 住房和城乡建设部成立规范工程建设行政处罚裁量权专家委员会，对重大的工程建设行政处罚提供咨询意见。

住房和城乡建设部适时对本办法和《裁量基准》的实施情况，以及规范工程建设行政处罚裁量权工作情况进行评估。

第十六条 地方住房和城乡建设主管部门根据权限实施责令停业整顿、降低资质等级、吊销资质证书以及停止执业、吊销执业资格证书等处罚，应当参照本办法和《裁量基准》制定相应基准。

第十七条 在依法查处工程建设违法行为中发现涉嫌犯罪的，应当及时移送有关国家机关依法处理。

第十八条 本办法自2019年11月1日起施行。《规范住房城乡建设部工程建设行政处罚裁量权实施办法（试行）》和《住房城乡建设部工程建设行政处罚裁量基准（试行）》（建法〔2011〕6号）同时废止。《住房城乡建设质量安全事故和其他重大突发事件督办处理办法》（建法〔2015〕37号）与本办法和《裁量基准》规定不一致的，以本办法和《裁量基准》为准。

3.《生态环境部关于进一步规范适用环境行政处罚自由裁量权的指导意见》

（2019年5月22日　环执法〔2019〕42号）

一、适用行政处罚自由裁量权的原则和制度

（一）基本原则。

1. 合法原则。生态环境部门应当在法律、法规、规章确定的裁量条件、种类、范围、幅度内行使行政处罚自由裁量权。

2. 合理原则。行使行政处罚自由裁量权，应当符合立法目的，充分考虑、全面衡量地区经济社会发展状况、执法对象情况、危害后果等相关因素，所采取的措施和手段应当必要、适当。

3. 过罚相当原则。行使行政处罚自由裁量权，必须以事实为依据，处罚种类和幅度应当与当事人违法过错程度相适应，与环境违法行为的性质、情节以及社会危害程度相当。

4. 公开公平公正原则。行使行政处罚自由裁量权，应当向社会公开裁量标准，向当事人告知裁量所基于的事实、理由、依据等内容；应当平等对待行政管理相对人，公平、公正实施处罚，对事实、性质、情节、后果相同的情况应当给予相同的处理。

（二）健全规范配套制度。

1. 查处分离制度。将生态环境执法的调查、审核、决定、执行等职能进行相对分离，使执法权力分段行使，执法人员相互监督，建立既相互协调、又相互制约的权力运行机制。

2. 执法回避制度。执法人员与其所管理事项或者当事人有直接利害关系、可能影响公平公正处理的，不得参与相关案件的调查和处理。

3. 执法公示制度。强化事前、事后公开，向社会主动公开环境保护法律法规、行政执法决定等信息。规范事中公示，行政执法人员在执法过程要主动表明身份，接受社会监督。

4. 执法全过程记录制度。对立案、调查、审查、决定、执行程序以及执法时间、地点、对象、事实、结果等做出详细记录，并全面系统归档保存，实现全过程留痕和可回溯管理。

5. 重大执法决定法制审核制度。对涉及重大公共利益，可能造成重大社会影响或引发社会风险，直接关系行政相对人或第三人重大权益，经过听证程序作出行政执法决定，以及案件情况疑难复杂、涉及多个法律关系的案件，设立专门机构和人员进行严格法制审核。

6. 案卷评查制度。上级生态环境部门可以结合工作实际，组织对下级生态环境部门的行政执法案卷评查，将案卷质量高低作为衡量执法水平的重要依据。

7. 执法统计制度。对本机构作出行政执法决定的情况进行全面、及时、准确的统计，认真分析执法统计信息，加强对信息的分析处理，注重分析成果的应用。

8. 裁量判例制度。生态环境部门可以针对常见环境违法行为，确定一批自由裁量权尺度把握适当的典型案例，为行政处罚自由裁量权的行使提供参照。

二、制定裁量规则和基准的总体要求

（三）制定的主体。省级生态环境部门应当根据本意见提供的制定方法，结合本地区法规和规章，制定本地区行政处罚自由裁量规则和基准。鼓励有条件的设区的市级生态环境部门对省级行政处罚自由裁量规则和基准进一步细化、量化。

（四）制定的原则。制定裁量规则和基准应当坚持合法、科学、公正、合理的原则，结合污染防治攻坚战的要求，充分考虑违法行为的特点，按照宽严相济的思路，突出对严重违法行为的惩处力度和对其他违法行为的震慑作用，鼓励和引导企业即时改正轻微违法行为，促进企业环境守法。

制定裁量规则和基准应当将主观标准与客观标准相结合，在法律、法规和规章规定的处罚种类、幅度内，细化裁量标准，压缩裁量空间，为严格执法、公正执法、精准执法提供有力支撑。

（五）制定的基本方法。制定裁量规则和基准，要在总结实践经验的基础上，根据违法行为构成要素和违法情节，科学设定裁量因子和运算规则，实现裁量额度与行政相对人违法行为相匹配，体现过罚相当的处罚原则。

制定自由裁量规则和基准，应当综合考虑以下因素：违法行为造成的环境污染、生态破坏以及社会影响；违法行为当事人的主观过错程度；违法行为的具体表现形式；违法行为危害的具体对象；违法行为当事人是初犯还是再犯；改正环境违法行为的态度和所采取的改正措施及效果。

制定裁量规则和基准，应当及时、全面贯彻落实新出台或修订法律法规规定，对主要违法行为对应的有处罚幅度的法律责任条款基本实现全覆盖。裁量规则和基准不应局限于罚款处罚，对其他种类行政处罚的具体适用也应加以规范。

严格按照环境保护法及其配套办法规定的适用范围和实施程序，进一步细化规定实施按日连续处罚、查封、扣押、限制生产、停产整治，以及移送公安机关适用行政拘留的案件类型和审查流程，统一法律适用。对符合上述措施实施条件的案件，严格按规定进行审查，依法、公正作出处理决定，并有充分的裁量依据和理由。对同类案件给予相同处理，避免执法的随意性、任意性。

有条件的生态环境部门可充分运用信息化手段，开发和运用电子化的自由裁量系统，严格按照裁量规则和基准设计并同步更新。有条件的省级生态环境部门，应当建立省级环境行政处罚管理系统，实现统一平台、统一系统、统一裁量，并与国家建立的环境行政处罚管理系统联网。

生态环境部将在“全国环境行政处罚案件办理系统”中设置“行政处罚自由裁量计算器”功能，通过输入有关裁量因子，经过内设函数运算，对处罚额度进行模拟裁量，供各地参考。

三、制定裁量规则和基准的程序

（六）起草和发布。生态环境部门负责行政处罚案件审查的机构具体承担裁量规则和基准的起草和发布工作。起草时应当根据法律法规的制定和修改以及国家生态文明政策的调整，结合地方实际，参考以往的处罚案例，深入调查研究，广泛征求意见，按照规范性文件的制定程序组织实施。

（七）宣传和实施。生态环境部门发布裁量规则和基准后，应当配套编制解读材料，就裁量规则和基准的使用进行普法宣传和解读。有条件的地区还可以提供模拟裁量的演示系统。

（八）更新和修订。生态环境部门应当建立快速、严谨的动态更新机制，对已制定的裁量规则和基准进行补充和完善，提升其科学性和实用性。

四、裁量规则和基准的适用

（九）调查取证阶段。环境违法案件调查取证过程中，执法人员应当以裁量规则和基准为指导，全面调取有关违法行为和情节的证据；在提交行政处罚案件调查报告时，不仅要附有违法行为的定性证据，还应根据裁量因子提供有关定量证据。开发使用移动执法平台的，应当与裁量系统相衔接，为执法人员现场全面收集证据、正确适用法律提供帮助。

（十）案件审查阶段。案件审查过程中，案件审查人员应当严格遵守裁量规则和使用裁量基准，对具体案件的处罚额度提出合理的裁量建议；经集体审议的案件也应当专门对案件的裁量情况进行审议，书面记录审议结果，并随案卷归档。

（十一）告知和听证阶段。生态环境部门应当在告知当事人行政处罚有关违法事实、证据、处罚依据时，一并告知行政处罚裁量权的适用依据，及其陈述申辩权利。当事人陈述申辩时对自由裁量适用提出异议的，应当对异议情况进行核查，对合理的意见予以采纳，不得因当事人的陈述申辩而加重处罚。

（十二）决定阶段。生态环境部门在作出处罚决定时，应当在处罚决定书中载明行政处罚自由裁量的适用依据和理由，以及对当事人关于裁量的陈述申辩意见的采纳情况和理由。

（十三）裁量的特殊情形。

1. 有下列情形之一的，可以从重处罚。

（1）两年内因同类环境违法行为被处罚3次（含3次）以上的；

（2）重污染天气预警期间超标排放大气污染物的；

（3）在案件查处中对执法人员进行威胁、辱骂、殴打、恐吓或者打击报复的；

（4）环境违法行为造成跨行政区域环境污染的；

（5）环境违法行为引起不良社会反响的；

（6）其他具有从重情节的。

2. 有下列情形之一的，应当依法从轻或者减轻行政处罚。

（1）主动消除或者减轻环境违法行为危害后果的；

（2）受他人胁迫有环境违法行为的；

（3）配合生态环境部门查处环境违法行为有立功表现的；

（4）其他依法从轻或者减轻行政处罚的。

3. 有下列情形之一的，可以免予处罚。

（1）违法行为（如“未批先建”）未造成环境污染后果，且企业自行实施关停或者实施停止建设、停止生产等措施的；

（2）违法行为持续时间短、污染小（如“超标排放水污染物不超过2小时，且超标倍数小于0.1倍、日污水排放量小于0.1吨的”；又如“不规范贮存危险废物时间不超过24小时、数量小于0.01吨，且未污染外环境的”）且当日完成整改的；

（3）其他违法行为轻微并及时纠正，没有造成危害后果的。

五、裁量权运行的监督和考评

（十四）信息公开。生态环境部门制定的裁量规则和基准规范性文件，应当按照上级生态环境部门和同级政府信息公开的要求，在政府网站发布，接受社会监督。

（十五）备案管理。生态环境部门应当在裁量规则和基准制发或变更后15日内报上一级生态环境部门备案。

（十六）适用监督。上级生态环境部门应当通过对行政处罚案卷的抽查、考评以及对督办案件的审查等形式，加强对下级生态环境部门裁量规则和基准适用的指导；发现裁量规则和基准设定明显不合理、不全面的，应当提出更新或者修改的建议。对不按裁量规则和基准进行裁量，不规范行使行政处罚自由裁量权构成违法违纪的，依法追究法律责任。

六、《关于印发有关规范行使环境行政处罚自由裁量权文件的通知》（环办〔2009〕107号）同时废止。

4.**《文化市场综合执法行政处罚裁量权适用办法》**（2021年2月9日 文旅综执发〔2021〕11号）

第一条 为进一步规范文化市场综合执法行政处罚裁量权的适用和监督，保障文化和旅游行政部门和文化市场综合执法机构（以下合并简称“执法部门”）合法、合理地行使行政处罚裁量权，保护公民、法人和其他组织的合法权益，根据《中华人民共和国行政处罚法》以及国务院有关规定，制定本办法。

第二条 本办法所称文化市场综合执法行政处罚裁量权（以下简称“行政处罚裁量权”），是指执法部门对文化市场综合执法领域发生的违法行为实施行政处罚时，在法律、法规、规章规定的处罚种类和幅度内，综合考量违法行为的事实、性质、情节和社会危害程度等因素，决定是否给予处罚、给予何种种类和幅度的处罚的权限。

第三条 执法部门行使行政处罚裁量权，适用本办法。法律、法规、规章另有规定的，从其规定。

第四条 行使行政处罚裁量权，应当以事实为依据，与违法行为的事实、性质、情节以及社会危害程度相当，与违法行为发生地的经济社会发展水平相适应。同一行政区域对违法行为相同、相近或者相似的案件，适用的法律依据、处罚种类、处罚幅度应当基本一致。

第五条 行使行政处罚裁量权，应当坚持处罚与教育相结合的原则，纠正违法行为，教育公民、法人或者其他组织自觉守法。

第六条 同一违法行为违反不同法律、法规、规章的，在适用法律、法规、规章时应当遵循上位法优先、特别法优先的原则。

第七条 文化和旅游部可以根据需要，针对特定的行政处罚事项制定裁量基准，规范统一裁量尺度。

第八条 法律、法规、规章对行政处罚事项规定有裁量空间的，省级执法部门应当根据本办法的规定，综合考虑裁量因素，制定本地区行政处罚裁量基准，供本地区执法部门实施行政处罚时参照执行。省级行政处罚裁量基准应当根据行政处罚裁量权依据的变动和执法工作实际，及时修订。

鼓励市县两级执法部门对省级行政处罚裁量基准进一步细化、量化。

各级执法部门应当在裁量基准正式印发后十五日内报上级执法部门和同级司法部门备案。

第九条 制定行政处罚裁量基准，应当参考既往行政处罚案例，对具备裁量基准条件的行政处罚事项的下列内容进行细化和量化：

（一）法律、法规、规章规定可以选择是否给予行政处罚的，应当明确是否处罚的具体适用情形；

（二）法律、法规、规章规定可以选择行政处罚种类的，应当明确适用不同处罚种类的具体适用情形；

（三）法律、法规、规章规定可以选择处罚幅度的，应当明确划分易于操作的裁量阶次，并对每一阶次行政处罚的具体适用情形及幅度等作出规定；

（四）法律、法规、规章规定可以单处或者并处行政处罚的，应当明确规定单处或者并处行政处罚的具体适用情形。

第十条 法律、法规、规章设定的处罚种类和罚款数额，在相应的幅度范围内分为从轻处罚、一般处罚、从重处罚。

除法律、法规、规章另有规定外，罚款处罚的数额按照以下标准确定：

（一）罚款为一定幅度的数额，应当在最高罚款数额与最低罚款数额之间合理划分三个区间，从轻处罚的数额应当介于最低区间范围，一般处罚应当介于中间区间范围，从重处罚应当介于最高区间范围；

（二）罚款为一定金额的倍数，应当在最高罚款倍数与最低罚款倍数之间合理划分三个区间，从轻处罚的倍数应当介于最低区间范围，一般处罚应当介于中间区间范围，从重处罚应当介于最高区间范围。

第十一条 同时具有两个以上从重情节且不具有从轻情节的，应当在违法行为对应的处罚幅度内按照最高档次实施行政处罚。

同时具有多种情节的，应当综合考虑违法行为的性质和主要情节，确定对应的处罚幅度实施行政处罚。

第十二条 有下列情形之一的，应当依法不予行政处罚：

（一）不满十四周岁的未成年人有违法行为的；

（二）精神病人、智力残疾人在不能辨认或者不能控制自己行为时有违法行为的；

（三）违法行为轻微并及时改正，没有造成危害后果的；

（四）当事人有证据足以证明没有主观过错的（法律、行政法规另有规定的，从其规定）；

（五）法律、法规、规章规定的其他情形。

初次违法且危害后果轻微并及时改正的，可以不予行政处罚。

对当事人的违法行为依法不予行政处罚的，执法部门应当对当事人进行教育；有第一款第（一）项规定情形的，应当责令其监护人加以管教；有第一款第（二）项规定情形的，应当责令其监护人严加看管和治疗。

违法行为在二年内未被发现的，不再给予行政处罚，法律另有规定的除外。

第十三条 有下列情形之一的，应当依法从轻或者减轻处罚：

（一）已满十四周岁不满十八周岁的未成年人有违法行为的；

（二）主动消除或者减轻违法行为危害后果的；

（三）受他人胁迫或者诱骗实施违法行为的；

（四）主动供述执法部门尚未掌握的违法行为的；

（五）配合执法部门查处违法行为有立功表现的；

（六）法律、法规、规章规定的其他情形。

尚未完全丧失辨认或者控制自己行为能力的精神病人、智力残疾人有违法行为的，可以从轻或者减轻行政处罚。

第十四条 有下列情形之一的，应当依法从重处罚：

（一）危害国家文化安全和意识形态安全，严重扰乱市场经营秩序的；

（二）在共同实施的违法行为中起主要作用或者教唆、胁迫、诱骗他人实施违法行为的；

（三）经执法部门通过新闻媒体、发布公告等方式禁止或者告诫后，继续实施违法行为的；

（四）经执法部门责令改正违法行为后，继续实施同一违法行为的；

（五）因同种违法行为一年内受到三次及以上行政处罚的；

（六）隐匿、破坏、销毁、篡改有关证据，或者拒不配合、阻碍、以暴力威胁执法人员依法执行职务的；

（七）对证人、举报人或者执法人员打击报复的；

（八）违法行为引起群众强烈反映、引发群体性事件或者造成其他不良社会影响的；

（九）违反未成年人保护相关规定且情节严重的；

（十）扰乱公共秩序、妨害公共安全和社会管理，情节严重、尚未构成犯罪的；

（十一）法律、法规、规章规定的其他情形。

第十五条 违法行为不具有从轻或者减轻、从重情形的，应当给予一般处罚。

第十六条 案件调查终结后，承办案件的执法人员应当在充分考虑当事人的陈述和申辩后，对拟作出行政处罚的种类和幅度提出建议，并说明行使行政处罚裁量权的理由和依据；案件审核人员应当对行使行政处罚裁量权的情况提出审核意见，并逐级报批。

第十七条 从事法制审核工作的执法人员应当对行政处罚裁量权的行使进行合法性、合理性审核。

对情节复杂或者重大违法行为给予行政处罚的，还应当履行集体讨论程序，并在集体讨论笔录中说明理由和依据。

第十八条 行政处罚事先告知书和行政处罚决定书应当具体说明行使行政处罚裁量权的理由和依据。

第十九条 除法律、法规、规章另有规定外，执法部门应当自立案之日起九十日内作出行政处罚决定。

执法部门在作出行政处罚决定前，依法需要公告、鉴定、听证的，所需时间不计算在前款规定的期限内。

第二十条 各级执法部门应当建立文化市场综合执法行政处罚典型案例指导、案卷评查、评议考核等制度，规范本地区行政处罚裁量权的行使。

第二十一条 执法部门应当应用文化市场综合执法信息化管理平台对行政处罚裁量权的行使情况实施监督检查。

第二十二条 执法部门发现本部门行政处罚裁量权行使不当的，应当及时、主动改正。

上级执法部门应当对下级执法部门行使行政处罚裁量权的情况进行指导、监督，发现下级执法部门行政处罚裁量权行使不当的，应当责令其及时改正。

第二十三条 执法人员滥用行政处罚裁量权的，依法追究行政责任；涉嫌违纪、犯罪的，移交纪检监察机关、司法机关依法依规处理。

第二十四条 县级以上执法部门制定的行政处罚裁量权基准，应当及时向社会公开。

第二十五条 本办法由文化和旅游部负责解释。

第二十六条 本办法自 2021 年 7 月 15 日起施行。原文化部 2012 年 12 月 18 日发布的《文化市场行政处罚自由裁量权适用办法（试行）》同时废止。

第三十五条 【刑罚的折抵】违法行为构成犯罪，人民法院判处拘役或者有期徒刑时，行政机关已经给予当事人行政拘留的，应当依法折抵相应刑期。

违法行为构成犯罪，人民法院判处罚金时，行政机关已经给予当事人罚款的，应当折抵相应罚金；行政机关尚未给予当事人罚款的，不再给予罚款。

【适用指南】

本条是关于刑事处罚与行政处罚如何折抵的规定。本次修法在原条文的基础上补充了内容。

在我国法律实践中，行政法律与刑事法律联系密切，行政违法与刑事犯罪的区别实质上主要是危害程度的区别，因此在案件调查过程中，经常会出现前期属于行政违法行为，由行政机关立案查处，予以罚款或者行政拘留处罚；后来调查发现案件涉嫌犯罪移送司法机关后，相关责任人被人民法院判处罚金、拘役或者有期徒刑。按照“禁止双重危险”“禁止双重处罚”“禁止重复追究法律责任”“一事不再罚原则”等法律原则，本条设定了折抵规则。

其一，自由罚的折抵。违法行为构成犯罪，人民法院判处拘役或者有期徒刑时，行政机关已经给予当事人行政拘留的，应当依法折抵相应刑期。这里需要注意的是，自由罚折抵只涉及拘役和有期徒刑，不涉及无期徒刑或者管制。

其二，财产罚的折抵。违法行为如构成犯罪被判处罚金，此前行政机关给予的罚款应当折抵相应罚金，行政机关尚未给予罚款的则不再给予罚款。后一情形是新增的规定，适用于财产罚，体现了重罚（刑事制裁的罚金）吸收轻罚（行政制裁的罚款）的原则。

● **法　律**

《刑法》（2020年12月26日）

第五十二条　判处罚金，应当根据犯罪情节决定罚金数额。

第五十三条　罚金在判决指定的期限内一次或者分期缴纳。期满不缴纳的，强制缴纳。对于不能全部缴纳罚金的，人民法院在任何时候发现被执行人有可以执行的财产，应当随时追缴。

由于遭遇不能抗拒的灾祸等原因缴纳确实有困难的，经人民法院裁定，可以延期缴纳、酌情减少或者免除。

第三十六条　【行政处罚的时效】违法行为在二年内未被发现的，不再给予行政处罚；涉及公民生命健康安全、金融安全且有危害后果的，上述期限延长至五年。法律另有规定的除外。

前款规定的期限，从违法行为发生之日起计算；违法行为有连续或者继续状态的，从行为终了之日起计算。

【适用指南】

本条是关于行政处罚时效制度的规定。其中的特殊领域事项违法的行政处罚时效延长至五年的规定系新增内容。

行政处罚时效制度的设立，有助于督促行政机关在一定期限内履行法定职责，查明案件事实，追究违法行为人的法律责任；有利于集中力量查处现行违法活动，提高办案效率，保护公共利益。

同时，对于违法行为人来讲，其行政违法行为社会危害性较轻，不构成犯罪，在一定期限内没有被追究，又没有实施新的违法行为，说明其可能已有改恶从善的表现，不致再危害社会，不再追究其法律责任，有助于其改过自新。设定处罚时效制度有利于稳定法律关系和社会秩序，也有利于督促依法办案和降低社会成本。

本条的要点有四：一是违法行为在二年内未被发现的，不再给予行政处罚，但是法律另有规定的除外；二是涉及公民生命健康安全、金融安全且有危害后果的，上述期限延长至五年，但是法律另有规定的除外；三是追究期限，从违法行为发生之日起计算；四是违法行为有连续或者继续状态的，从行为终了之日起计算。另外，违法行为被发现后为逃避处罚的，不适用本条关于处罚时效的规定。

本条的理解难点主要在于如何理解违法行为有连续或者继续状态。违法行为的连续或者继续状态，是否包括行为结果的考量因素？例如，生产不符合食品安全标准的白酒，五年后被发现是否予以行政处罚？肯定观点和否定观点各有道理和实例，造成执法的处理困难。此类争议问题需要有权机关结合实际予以明确。

● *法　律*

1.《**治安管理处罚法**》（2012 年 10 月 26 日）

第二十二条第一款　违反治安管理行为在六个月内没有被公安机关发现的，不再处罚。

2.《**税收征收管理法**》（2015 年 4 月 24 日）

第八十六条　违反税收法律、行政法规应当给予行政处罚的行为，在五年内未被发现的，不再给予行政处罚。

● *部门规章*

3.《**医疗保障行政处罚程序暂行规定**》（2021 年 6 月 11 日　国家医疗保障局令第 4 号）

第六条　违法行为在二年内未被发现的，不再给予行政处罚；涉及公民生命健康安全且有危害后果的，上述期限延长至五年。

前款规定的期限，从违法行为发生之日起计算；违法行为有连续或者继续状态的，从行为终了之日起计算。

4.《**海关办理行政处罚案件程序规定**》（2021 年 6 月 15 日　海关总署第 250 号令）

第六十条　违法行为在二年内未被发现的，不再给予行政处罚；涉及公民生命健康安全、金融安全且有危害后果的，上述期限延长至五年。法律另有规定的除外。

前款规定的期限，从违法行为发生之日起计算；违法行为有连续或者继续状态的，从行为终了之日起计算。

第三十七条　【法律适用的从旧兼从轻原则】实施行政处罚，适用违法行为发生时的法律、法规、规章的规定。但是，作出行政处罚决定时，法律、法规、规章已被修改或者废止，且新的规定处罚较轻或者不认为是违法的，适用新的规定。

【适用指南】

本条是关于法不溯及既往的规定。此系新增内容，体现了行政处罚“从旧兼从轻”的法律原则。

法不溯及既往是重要的法治原则，不仅完整地体现于本法，而且体现于各个法律部门。例如，《立法法》第九十三条规定：“法律、行政法规、地方性法规、自治条例和单行条例、规章不溯及既往，但为了更好地保护公民、法人和其他组织的权利和利益而作的特别规定除外。”《刑法》第十二条也确立了法不溯及既往原则，具体体现为三项原则：一是从旧原则，中华人民共和国成立以后本法施行以前的行为，如果当时的法律不认为是犯罪的，适用当时的法律；二是从旧兼从轻的原则，如果当时的法律认为是犯罪的，依照本法总则第四章第八节的规定应当追诉的，按照当时的法律追究刑事责任，但是如果本法不认为是犯罪或者处刑较轻的，适用本法；三是既判力原则，本法施行以前，依照当时的法律已经作出的生效判决，继续有效。《公职人员政务处分法》也确立了法不溯及既往的原则，其第六十七条规定：“本法施行前，已结案的案件如果需要复审、复核，适用当时的规定。尚未结案的案件，如果行为发生时的规定不认为是违法的，适用当时的规定；如果行为发生时的规定认为是违法的，依照当时的规定处理，但是如果本法不认为是违法或者根据本法处理较轻的，适用本法。”其他法律部门的上述制度规范和经验，可供行政处罚法治实践参考。

第三十八条　【行政处罚的无效】行政处罚没有依据或者实施主体不具有行政主体资格的，行政处罚无效。

违反法定程序构成重大且明显违法的，行政处罚无效。

【适用指南】

本条是关于行政处罚无效制度的规定，系由原《行政处罚法》第三条第二款移至此处，并增加了主体不适格处罚无效和限缩程序违法适用范围的规定。

《行政处罚法》第四条从正面对依法行政作了规定，公民、法人或者其他组织违反行政管理秩序的行为，应当给予行政处罚的，依照本法由法律、法规、规章规定，并由行政机关依照本法规定的程序实施。本条则是从不依法行政的行政处罚无效的角度作出规范，有三个要点：

其一，行政处罚没有依据的，行政处罚无效。此要点可以参考《行政诉讼法》第三十四条的规定："被告对作出的行政行为负有举证责任，应当提供作出该行政行为的证据和所依据的规范性文件。被告不提供或者无正当理由逾期提供证据，视为没有相应证据。但是，被诉行政行为涉及第三人合法权益，第三人提供证据的除外。"

其二，行政处罚实施主体不具有行政主体资格的，行政处罚无效。这是职权法定原则的要求。行政机关应当坚持法定职责必须为、法无授权不可为。行政机关不得在法外设定权力，没有法律依据不得作出减损公民、法人和其他组织合法权益或者增加其义务的决定。此要点可以参考《行政诉讼法》第七十五条的规定：行政行为有实施主体不具有行政主体资格或者没有依据等重大且明显违法情形，原告申请确认行政行为无效的，人民法院判决确认无效。

其三，违反法定程序构成重大且明显违法的，行政处罚无效。此规定比原法律规定，明显限缩了程序违法处罚无效的适用范围。[①] 此要点可以参考《行政诉讼法》第七十条的规定：行政行为违反法定程序的，人民法院判决撤销或者部分撤销，并可以判决被告重新作出行政行为。同时，《行政诉讼法》第七十四条也规定，行政行为程序轻微违法，但对原告权利不产生实际影响的，人民法院判决确认违法，但不撤销行政行为。

● 法　律

《行政诉讼法 》(2017 年 6 月 27 日)

第七十条　行政行为有下列情形之一的，人民法院判决撤销或者部分撤销，并可以判决被告重新作出行政行为：

（一）主要证据不足的；

（二）适用法律、法规错误的；

（三）违反法定程序的；

（四）超越职权的；

（五）滥用职权的；

（六）明显不当的。

第七十五条　行政行为有实施主体不具有行政主体资格或者没有依据等重大且明显违法情形，原告申请确认行政行为无效的，人民法院判决确认无效。

---

① 本次修法前，原第三条第二款中的规定是“不遵守法定程序的，行政处罚无效”，修法后的第三十八条第二款中的“违反法定程序”后增加了“重大且明显违法”的限制条件，无效适用的范围明显限缩。

第五章　行政处罚的决定

第一节　一 般 规 定

第三十九条　【行政处罚信息公示】 行政处罚的实施机关、立案依据、实施程序和救济渠道等信息应当公示。

【适用指南】

本条是关于行政处罚应予公示信息范围的规定。其以列举加概括的方式确立了行政处罚信息公示制度，是本次修法新增条文。

本条在适用中应注意以下方面：其一，行政处罚公示信息的内容。实施机关包括法定机关和法律、法规授权及委托组织等实施行政处罚的机关，各领域、各行业的具体实施机关也应及时、准确地向社会公示相关信息；立案依据包括实体和程序法律规定，除宪法、法律外，还包括地方性法规、行政法规及规章等；实施程序，除本法中关于行政处罚程序的规定外，不同领域实体法中的专项处罚程序也应当及时进行公示；救济渠道应主动、全面地予以公示，并且尽量实现一次性告知；其他与行政处罚相关或者社会公众应当知晓的信息也应当及时公示。

其二，行政处罚信息公示的有效方式。加强对行政执法的监督，既要强化行政权的自我约束，也要持续丰富监督的途径和方式，通过媒体、社会公众等多元化的外部主体推进问责，[①] 这就要求行政机关充分考虑社会公众的接受方式和程度，确保公示信息易于被社会公众所知晓，保证公示信息的全面、及时和有效。

其三，行政处罚信息未公示的后果。行政机关未公示行政处罚信息的，根据本法或其他相应行政法律规定，可能会面临不利的法律后果。

● *部门规章*

《市场监督管理行政处罚信息公示规定》（2021年7月30日　国家市场监督管理总局令第45号）

第二条　市场监督管理部门对适用普通程序作出行政处罚决定的相关信息，应当记录于国家企业信用信息公示系统，并向社会公示。

仅受到警告行政处罚的不予公示。法律、行政法规另有规定的除外。

依法登记的市场主体的行政处罚公示信息应当记于市场主体名下。

第三条　市场监督管理部门公示行政处罚信息，应当遵循合法、客观、及时、规范的原则。

第四条　依照本规定第二条公示的行政处罚信息主要包括行政处罚决定书和行政处罚信息摘要。

市场监督管理部门应当严格依照国家市场监督管理总局的有关规定制作行政处罚决定书，并制作行政处罚信息摘要附于行政处罚决定书之前。

行政处罚信息摘要的内容包括：行政处罚决定书文号、行政处罚当事人基本情况、违法行为类型、行政处罚内容、作出行政处罚决定的行政机关名称和日期。

第五条　市场监督管理部门应当依照《中华人民共和国保守国家秘密法》以及其他法律法规的有关规定，建立健全行政处罚信息保密审查机制。公示的行政处罚信息不得泄露国家秘密，不得危及国家安全、公共安全、经济安全和社会稳定。

第六条　市场监督管理部门公示行政处罚信息，应当遵守法律法规关于商业秘密和个人信息保护的有关规定，对信息进行必要的处理。

---

① 马怀德：《新时代法治政府建设的意义与要求》，载《中国高校社会科学》2018年第5期。

第七条 市场监督管理部门公示的行政处罚决定书，除依照本规定第六条的要求进行处理的以外，内容应当与送达行政处罚当事人的行政处罚决定书一致。

第四十条 【行政处罚应当查明事实】公民、法人或者其他组织违反行政管理秩序的行为，依法应当给予行政处罚的，行政机关必须查明事实；违法事实不清、证据不足的，不得给予行政处罚。

【适用指南】

本条是关于行政处罚须查明事实的规定。

本条遵循“以事实为依据，以法律为准绳”的基本法律原则，规定了行政处罚要以查明事实、证据充分为前提。本条明确规定，“违法事实不清、证据不足的，不得给予行政处罚”，这对行政处罚提出了更为严格规范的要求。行政处罚决定对公民、法人或其他组织的权益产生直接影响，因此，必须遵循严格的证明标准，行政机关在作出行政处罚决定前应查明违法事实，证据确凿，防止行政机关及执法人员恣意而为。

本条在适用中应当注意以下方面：其一，查明事实。“行政机关必须查明事实”是根据本法第五条规定的“设定和实施行政处罚必须以事实为依据，与违法行为的事实、性质、情节以及社会危害程度相当”原则对行政机关作出的约束性规定。违法事实包括：是否存在违法行为、谁实施了该行为、实施该行为的时间和地点、行为的具体情况和过程等、行为造成的结果、当事人举证证明自己不存在主观过错。[1]

---

① 晏山嵘：《行政处罚实务与判例解释（第二版）》，法律出版社 2019 年版，第 490 页。

其二，违法事实不清，不得给予行政处罚。事实审查标准应以证明标准为基础，以证明标准来确定是否满足“违法事实清楚”。完善的行政处罚证明标准，一方面，要有系统性、多层次的证明标准；[①] 另一方面，要兼顾效率与公平，不必事无巨细，坚持比例原则。[②] 如果违法事实没有查明或不能查明违法事实时，不得给予行政处罚。

其三，证据不足，不得给予行政处罚。行政处罚的证明对象包括实体事实和程序事实。一方面，行政处罚主体应当查明的事实，必须有符合证明标准的证据予以支撑。也就是说，如果认定案件主要事实的证据不符合证明标准，也即证据不足，不得对相对人进行行政处罚。另一方面，证据的取得也应符合法定程序，如通过非法手段获得的证据，不得作为认定行政处罚事实的证据。

● *案例指引*

某公司诉某市场监督管理局行政处罚案［北京市第三中级人民法院（2019）京03行终305号行政判决书］

案例要旨：“混有异物”应是指食品中混有与食品属性不同、影响食品质量安全且可能对人体健康造成伤害的物质。对于“混有异物”的判断，不能仅凭感官观察，应结合食品配料表中的食品原料属性及食品本身属性、加工工艺流程等因素综合判断，必要时应启动鉴定程序进行深入调查。同时，关于执法程序，行政执法机关应结合案件具体情况，采取合理方式赋予食品生产商就其生产食品涉嫌违法定性的陈述、申辩权利。本案中，被告的执法调查既未开瓶排除黑色点状物质存在于瓶体的可能性，又没有结合配料的属性及果酱生产加工工艺的国家标准对果酱中出现黑色点状物质是否属于合理范畴进行分析判断，在执法程序中也未以合理方式向公司开展调

---

① 应松年主编：《行政程序法》，法律出版社2009年版，第123页。

② “由于行政机关在调查时，原则上并无强制处分权，在证据之掌握上，向来不若司法机关之有效及完整，因此对其证据证明力之判断，不宜采用刑事诉讼法上之严格证据主义，此亦为比例原则之表现。”洪家毅：《论行政调查中职权调查之概念及范围——以行政程序法相关规定为中心》，载《东吴法律学报》第21卷第3期。

查，未出于查明案件事实的需要给予公司就涉案食品涉嫌违法的定性陈述、辩解的权利，即径行作出“混有异物”的事实认定。鉴于被诉行政处罚决定中的没收违法所得和罚款的处罚内容具有不可分性，应依法予以整体撤销。

第四十一条　【电子技术监控设备的适用】行政机关依照法律、行政法规规定利用电子技术监控设备收集、固定违法事实的，应当经过法制和技术审核，确保电子技术监控设备符合标准、设置合理、标志明显，设置地点应当向社会公布。

电子技术监控设备记录违法事实应当真实、清晰、完整、准确。行政机关应当审核记录内容是否符合要求；未经审核或者经审核不符合要求的，不得作为行政处罚的证据。

行政机关应当及时告知当事人违法事实，并采取信息化手段或者其他措施，为当事人查询、陈述和申辩提供便利。不得限制或者变相限制当事人享有的陈述权、申辩权。

【适用指南】

本条是关于行政机关如何规范、准确地使用电子技术监控设备收集、固定违法事实的规定。本条为新增内容，目的在于利用现代化电子信息技术创新管理方式与手段，满足行政执法的实际需求。

本条规定，在提高行政效率、缓解执法压力、强化执法秩序的同时，通过规范电子信息化执法手段，为当事人提供便利，并充分保障当事人陈述、申辩、查询等合法权益。《法治政府建设实施纲要（2021—2025 年）》提出："在行政执法中深入推进'互联网+监管'系统建设，加强信息化技术、装备的配置和应用。"

本条在适用中应当注意以下方面：其一，规范电子技术监控设备的应用。行政机关应当依据法律、行政法规的规定使用电子技术监控设备，并通过法制和技术审核，符合国家、地方制定的统一标准以及行业标准；满足合理性要求，在保护公民隐私权与维护社会公共利益之间寻求价值平衡；面向社会公开，满足公开性要求，实现行政执法目的正当性。

其二，电子技术监控设备记录违法事实的采信。实践中，行政执法机关运用非现场执法方式执法，进而作出行政处罚时，应保证记录内容真实、完整、清晰、准确，未经审核或不符合要求的，不得作为行政处罚的证据。[①]

其三，执法过程中充分保障当事人的合法权益。当事人在执法过程中有知情权，行政机关应及时告知当事人违法事实，避免当事人因不知情而多次重复违法。行政执法应当依托现代信息技术成果，加强现代信息技术在行政执法中的应用，[②] 通过信息化手段为当事人提供便利，便于当事人及时查询并进行陈述与申辩。

● *部门规章*

1. **《市场监督管理行政处罚程序规定》**（2021 年 7 月 2 日　国家市场监督管理总局令第 42 号）

第二十六条　收集、调取的电子数据应当是有关数据的原始载体。收集电子数据原始载体有困难的，可以采用拷贝复制、委托分析、书式固定、拍

---

① 茅铭晨：《从自定走向法定——我国〈行政处罚法〉修改背景下的非现场执法程序立法研究》，载《政治与法律》2020 年第 6 期。

② 程琥：《综合行政执法体制改革的价值冲突与整合》，载《行政法学研究》2021 年第 2 期，第 91 页。

照录像等方式取证，并注明制作方法、制作时间、制作人等。

市场监督管理部门可以利用互联网信息系统或者设备收集、固定违法行为证据。用来收集、固定违法行为证据的互联网信息系统或者设备应当符合相关规定，保证所收集、固定电子数据的真实性、完整性。

市场监督管理部门可以指派或者聘请具有专门知识的人员，辅助办案人员对案件关联的电子数据进行调查取证。

市场监督管理部门依照法律、行政法规规定利用电子技术监控设备收集、固定违法事实的，依照《中华人民共和国行政处罚法》有关规定执行。

2.**《证券期货违法行为行政处罚办法》**（2021年7月14日　中国证券监督管理委员会令第186号）

第十五条　电子数据原则上应当收集有关数据的原始载体。收集电子数据原始载体确有困难的，可以制作复制件，并以现场笔录或其他方式记录参与人员、技术方法、收集对象、步骤和过程等。具备条件的，可以采取拍照或录像等方式记录取证过程。对于电子数据的关键内容，可以直接打印或者截屏打印，并由证据提供人签字确认。

3.**《中国银保监会行政处罚办法》**（2020年6月15日　中国银行保险监督管理委员会令2020年第8号）

第三十六条　调查人员可以直接提取电子计算机管理业务数据库中的数据，也可以采用转换、计算、分解等方式形成新的电子数据。调查人员收集电子数据，应当提取电子数据原始载体，并附有数据内容、收集时间和地点、收集过程、收集方法、收集人、证明对象等情况的说明，由原始数据持有人签名或者盖章。

无法提取原始载体或者提取确有困难的，可以提供电子数据复制件，但是应当附有复制过程、复制人、原始载体存放地点等情况的说明。

4.**《道路交通安全违法行为处理程序规定》**（2020年4月7日　公安部令第157号）

第十五条　公安机关交通管理部门可以利用交通技术监控设备、执法记录设备收集、固定违法行为证据。

交通技术监控设备、执法记录设备应当符合国家标准或者行业标准，需要认定、检定的交通技术监控设备应当经认定、检定合格后，方可用于收集、固定违法行为证据。

交通技术监控设备应当定期维护、保养、检测，保持功能完好。

第四十二条　【公正文明执法】行政处罚应当由具有行政执法资格的执法人员实施。执法人员不得少于两人，法律另有规定的除外。

执法人员应当文明执法，尊重和保护当事人合法权益。

【适用指南】

本条是关于行政执法基本程序要求的规定。

本条规定了执法人员资格和文明执法的要求，体现了正当程序原则，明确了行政处罚中执法人员的资格问题，填补了立法漏洞。文明执法是对执法人员的职业素养提出的要求，这是执法者权威形象的重要基础，也是尊重当事人合法权益的重要保障。本条在适用中应当注意以下几个方面：

其一，行政执法资格。行政执法资格是实施行政处罚的前提。一方面，实施行政处罚的人员应当“持证上岗”，即具备良好的政治、业务素质，通过专业知识培训和考试，取得相应执法资格证件；另一方面，行政执法人员在执法实践中，应当及时主动向当事人出示执法证件，表明其合法身份。

其二，执法人员不得少于两人。这是行政处罚程序正当原则的基本要求，不仅适用于执法实践的全过程，还适用于简易、普通和听证程序。需要注意的是，本款中的“另有规定”仅限于法律，即执法人员的例外只能由法律规定。

其三，文明执法。本款将“文明执法”原则进行明确规定，确保行政执法的规范化与人性化。具体而言，文明执法至少包括：着装整齐规范、仪表整洁、仪容端庄、举止文明、言辞得体等。行政执法机关应当加强内部管理和外部监督，不断提高执法人员的综合素质，坚决杜绝暴力执法、违规执法等不当违法行为。

● ***法　律***

《行政强制法》（2011年6月30日）

第十七条　行政强制措施由法律、法规规定的行政机关在法定职权范围内实施。行政强制措施权不得委托。

依据《中华人民共和国行政处罚法》的规定行使相对集中行政处罚权的行政机关，可以实施法律、法规规定的与行政处罚权有关的行政强制措施。

行政强制措施应当由行政机关具备资格的行政执法人员实施，其他人员不得实施。

第四十三条　【回避制度】执法人员与案件有直接利害关系或者有其他关系可能影响公正执法的，应当回避。

当事人认为执法人员与案件有直接利害关系或者有其他关系可能影响公正执法的，有权申请回避。

当事人提出回避申请的，行政机关应当依法审查，由行政机关负责人决定。决定作出之前，不停止调查。

【适用指南】

本条是关于行政处罚过程中执法人员回避制度的规定。

本条细化了回避制度并新增了关于当事人申请回避、审查决定权、回避后果的规定。行政执法领域的回避制度，既要确保行政程序公正，也要保障行政处理实体结果的公正。

本条在适用中应当注意以下几个方面：其一，回避的形式。本条规定了执法人员回避和当事人申请回避两种形式。前者是执法人员具有回避情形的，既可以自行回避，也可以在未自行回避或者未被申请回避时，由行政机关负责人决定其回避；后者是新增加的规定，当事人认为执法人员具有应当回避情形的，有权申请其回避。

其二，回避的范围。回避适用的范围不仅包括具备行政执法资格的人员，还包括其他涉案相关的行政机关工作人员。

其三，回避的情形。本条规定的回避情形主要分为与案件有直接利害关系以及与案件有其他关系可能影响公正执法两种情形。因此，在认定“利害关系”时，要充分结合三大诉讼法中有关回避的规定，准确判定亲属关系或其他可能影响公正执法的社会关系。

其四，回避的审查。当事人申请回避的，既可以书面提出，也可以口头提出，口头提出的，行政机关应当进行记录并在合理的期限内进行处理。行政机关的负责人往往是回避的审查决定主体，而行政机关负责人的回避则是由上一级行政机关审查决定。

其五，回避的效力。本款规定回避决定作出之前，不停止调查，但这是针对当事人申请回避而言，若执法人员自行申请回避的，则应停止调查。

● ***部门规章***

1. **《国家外汇管理局行政处罚办法》**（2020 年 9 月 18 日　国家外汇管理局公告〔2020〕第 1 号）

第十一条　外汇局参与案件查处的工作人员有下列情形之一的，当事人有权申请其回避，相关人员应当主动申请回避：

（一）是本案当事人或者其代理人的近亲属；

（二）本人或者其近亲属与本案有直接利害关系；

（三）与本案或本案当事人及其代理人有其他关系，可能影响案件公正处理的；

（四）根据法律、行政法规或者其他规定应当回避的。

2.**《中国银保监会行政处罚办法》**（2020年6月15日　中国银行保险监督管理委员会令2020年第8号）

第九条　银保监会及其派出机构参与行政处罚的工作人员有下列情形之一的，本人应当申请回避，当事人及其代理人也有权申请其回避：

（一）是案件当事人或其代理人的近亲属的；

（二）与案件有直接利害关系的；

（三）与案件当事人或其代理人有其他关系，可能影响案件公正处理的；

（四）根据法律、行政法规或者其他规定应当回避的。

当事人及其代理人提出回避申请的，应当说明理由。回避决定作出前，有关工作人员应当暂停对案件的调查审理，有特殊情况的除外。

3.**《邮政行政处罚程序规定》**（2020年5月15日　国邮发〔2020〕43号）

第十八条　有下列情形之一的，办案人员、听证人员应当自行回避，当事人也有权申请他们回避：

（一）是本案当事人或者当事人、委托代理人的近亲属；

（二）与本案有利害关系；

（三）与本案当事人有其他关系，可能影响对案件公正处理的。

4.**《市场监督管理行政处罚程序规定》**（2021年7月2日　国家市场监督管理总局令第42号）

第四条　市场监督管理部门实施行政处罚实行回避制度。参与案件办理的有关人员与案件有直接利害关系或者有其他关系可能影响公正执法的，应当回避。

市场监督管理部门主要负责人的回避，由市场监督管理部门负责人集体讨论决定；市场监督管理部门其他负责人的回避，由市场监督管理部门主要负责人决定；其他有关人员的回避，由市场监督管理部门负责人决定。

回避决定作出之前，不停止案件调查。

第四十四条　【行政机关的告知义务】 行政机关在作出行政处罚决定之前，应当告知当事人拟作出的行政处罚内容及事实、理由、依据，并告知当事人依法享有的陈述、申辩、要求听证等权利。

【适用指南】

本条是关于行政机关告知义务的规定。

通过行政机关履行告知义务，可以弥补行政机关与行政相对人之间信息不对称的缺陷，并且使处罚相对人获知维护权益的途径，以便及时作出有效回应。本条在适用中应注意以下方面：

其一，告知的时间点是作出行政处罚前。告知程序的价值在于充分保障当事人依法享有陈述、申辩、要求听证等权利，因此行政机关履行告知义务的时间应当在作出行政处罚决定之前。

其二，告知内容。告知制度包括：表明身份制度、通知制度、教示制度和说明理由制度。[①] 本次修订增加了关于告知“拟作出行政处罚的内容”的要求，告知的内容是拟作出的初步行政处罚决定。同时，本条将“并告知当事人依法享有的权利”改为“并告知当事人依法享有的陈述、申辩、要求听证等权利”，以列举的方式阐明当事人依法享有的权利类别。修改后的告知内容更为精准、全面。行政机关一方面要将拟处罚内容具体化，如拟处罚的种类、金额等；另一方面要结合案件具体情况，告知当事人相应的救济权利，如当事人有要求听证、提起诉讼等权利。

其三，未告知的后果。根据本法第六十二条的规定，未依法履行告知义务的，不得作出行政处罚决定；而行政机关未全面履行告知义务的，可能会面临不利的法律后果。

---

① 国铁毅、王国聚：《论行政行为的告知》，载《法学杂志》2014 年第 1 期。

● *案例指引*

高某诉北京某职业学院行政处罚案［北京市通州区人民法院（2019）京0112行初351号行政判决书］

案例要旨：涉案处罚决定作出程序违法。该决定作出前未赋予原告陈述、申辩的权利，剥夺其程序参与权，不利于案件事实的全面把握与法律的准确适用，也违反了行政法律制度通过先陈述、申辩后作出决定的方式保护学生的合法权益的宗旨。同时，被告未告知原告救济权利，违反了《普通高等学校学生管理规定》等规定，法院不予认可。

第四十五条　【当事人的陈述、申辩权】当事人有权进行陈述和申辩。行政机关必须充分听取当事人的意见，对当事人提出的事实、理由和证据，应当进行复核；当事人提出的事实、理由或者证据成立的，行政机关应当采纳。

行政机关不得因当事人陈述、申辩而给予更重的处罚。

【适用指南】

本条是关于当事人享有陈述权和申辩权的规定。

这次修法将原来规定的“行政机关不得因当事人申辩而加重处罚”修改为“行政机关不得因当事人陈述、申辩而给予更重的处罚”。也即要求行政机关在作出行政处罚之前，尤其是对当事人权益产生不利影响时，必须给予当事人陈述和申辩的机会。陈述权和申辩权都是重要的程序性权利。“听取陈述和申辩制度的主要价值在于保证行政决定的正确性，保护相对人的权益，尊重相对人的人格尊严。"[①] 当事人陈述和申辩的内容包括行政机关拟认定的违法事实、处理结果、适用法律、行政主体资质、程序问题等。

当事人行使陈述和申辩的权利贯穿于行政处罚全过程。在简易程序中，执法人员当场作出处罚决定前应当听取当事人的陈述和申辩；在普通程序中，行政机关作出行政处罚决定前，当事人可以随时提出陈述和申辩并制作笔录，成为行政处罚的依据。

陈述和申辩作为一种权利，当事人有权放弃。常见的情形：一为明示放弃，如当事人认为辩解无实质意义，或当事人认为辩解对其无利，听任行政机关处罚；二为默示放弃，如行政机关通知当事人到场，宣读拟作出的行政处罚决定，当事人拒不到场。当事人选择放弃的，行政机关可以作出行政处罚决定。

行政机关不得因当事人陈述、申辩而给予更重的处罚。不得给予更重的处罚，既包括从重处罚，也包括加重处罚。本条既赋予了当事人陈述权、申辩权，又规定了行政机关有充分听取当事人陈述和申辩的义务。

● 法　律

1. **《治安管理处罚法》**（2012年10月26日）

第九十四条　公安机关作出治安管理处罚决定前，应当告知违反治安管理行为人作出治安管理处罚的事实、理由及依据，并告知违反治安管理行为人依法享有的权利。

违反治安管理行为人有权陈述和申辩。公安机关必须充分听取违反治安管理行为人的意见，对违反治安管理行为人提出的事实、理由和证据，应当进行复核；违反治安管理行为人提出的事实、理由或者证据成立的，公安机关应当采纳。

公安机关不得因违反治安管理行为人的陈述、申辩而加重处罚。

---

① 姜明安主编：《行政执法研究》，北京大学出版社2004年版，第200页。

● *部门规章*

2.《商务部行政处罚实施办法》（2022 年 2 月 11 日　商务部令 2022 年第 1 号）

第三条　商务部实施行政处罚应当遵循公正、公开的原则，并保障公民、法人或者其他组织的陈述权、申辩权、要求举行听证权、申请行政复议或行政诉讼的权利。

3.《市场监督管理行政处罚程序规定》（2021 年 7 月 2 日　国家市场监督管理总局令第 42 号）

第二十一条　办案人员应当全面、客观、公正、及时进行案件调查，收集、调取证据，并依照法律、法规、规章的规定进行检查。

首次向当事人收集、调取证据的，应当告知其享有陈述权、申辩权以及申请回避的权利。

第五十七条　拟给予行政处罚的案件，市场监督管理部门在作出行政处罚决定之前，应当书面告知当事人拟作出的行政处罚内容及事实、理由、依据，并告知当事人依法享有陈述权、申辩权。拟作出的行政处罚属于听证范围的，还应当告知当事人有要求听证的权利。法律、法规规定在行政处罚决定作出前需责令当事人退还多收价款的，一并告知拟责令退还的数额。

当事人自告知书送达之日起五个工作日内，未行使陈述、申辩权，未要求听证的，视为放弃此权利。

第五十八条　市场监督管理部门在告知当事人拟作出的行政处罚决定后，应当充分听取当事人的意见，对当事人提出的事实、理由和证据进行复核。当事人提出的事实、理由或者证据成立的，市场监督管理部门应当予以采纳，不得因当事人陈述、申辩或者要求听证而给予更重的行政处罚。

4.《海事行政处罚程序实施细则》（2019 年 7 月 25 日　海政法〔2019〕275 号）

第三十一条　本海事管理机构负责人批准案件调查报告后，拟对当事人予以行政处罚的，执法人员应当制作《海事违法行为通知书》送达当事人，告知当事人拟作出行政处罚的事实、理由、依据、处罚内容，并告知当事人有权在收到该通知书之日起三日内进行陈述和申辩，对依法应当听证的告知当事人有权在收到该通知书之日起三日内提出听证要求。

第三十二条　当事人要求陈述、申辩的，应当如实记录当事人的陈述、申辩意见。海事管理机构应当充分听取当事人的意见，对当事人提出的事实、理由、证据认真进行复核；

当事人提出的事实、理由或者证据成立的，应当予以采纳，修改完善调查报告，制作《陈述申辩、听证情况处理审批表》，并按照本章规定，重新提交审核。

当事人提出的事实、理由或者证据不成立的，应当根据《海事违法行为通知书》制作《海事行政处罚决定书》。

5. **《医疗保障行政处罚程序暂行规定》**（2021 年 6 月 11 日　国家医疗保障局令第 4 号）

第四十一条　根据调查情况，拟给予行政处罚的案件，医疗保障行政部门在作出行政处罚决定之前应当书面告知当事人拟作出行政处罚决定的事实、理由及依据，并告知当事人依法享有陈述权、申辩权。

医疗保障行政部门应当充分听取当事人陈述、申辩意见，对当事人提出的事实、理由和证据进行复核。

拟作出的行政处罚属于听证范围的，应当告知当事人有要求举行听证的权利，当事人要求听证的，医疗保障行政部门应当依法组织听证。

当事人提出的事实、理由或者证据成立的，医疗保障行政部门应当予以采纳，不得因当事人陈述、申辩或者申请听证而加重行政处罚。

6. **《海关办理行政处罚案件程序规定》**（2021 年 6 月 15 日　海关总署第 250 号令）

第六十九条　海关不得因当事人陈述、申辩、要求听证而给予更重的处罚，但是海关发现新的违法事实的除外。

● ***案例指引***

焦某诉某公安分局治安管理处罚决定行政纠纷案（《最高人民法院公报》2006 年第 9 期）

案例要旨：（1）依法作出的行政处罚决定一旦生效，其法律效力不仅及于行政相对人，也及于行政机关，不能随意被撤销。已经生效的行政处罚决定如果随意被撤销，不利于社会秩序的恢复和稳定。（2）错误的治安管理行政处罚决定只能依照法定程序纠正。《公安机关内部执法监督工作规定》是公安部为保障公安机关及其人民警察依法正确履行职责，防止和纠正违法和不当的执法行为，保护公民、法人和其他组织的合法权益而制定的内部规章，不能成为制作治安管理行政处罚决定的法律依据。(3) 在行政处罚程序中始终贯彻允许当事人陈述和申辩的原则，只能有利于事实的查明和法律的正确适用，不会混淆是非，更不会因此而使违法行为人逃脱应有的惩罚。

第四十六条 【证据种类及适用规则】 证据包括：

（一）书证；

（二）物证；

（三）视听资料；

（四）电子数据；

（五）证人证言；

（六）当事人的陈述；

（七）鉴定意见；

（八）勘验笔录、现场笔录。

证据必须经查证属实，方可作为认定案件事实的根据。

以非法手段取得的证据，不得作为认定案件事实的根据。

【适用指南】

本条是关于行政证据的规定。

本条在原法律基础上新增了行政处罚的证据种类、证据采信以及非法证据排除规则的规定。行政处罚证据是指用于证明行政行为违法案件真实情况的证据，包括行政机关调查收集的证据和当事人提供的证据。“以事实为依据”是行政处罚的基本原则，而事实需要证据加以证明。

本条第一款规定了八种证据，不但实现了与《行政诉讼法》证据制度的相互呼应和衔接，也与《民事诉讼法》《刑事诉讼法》的证据种类保持了一致，有利于提升实践中行政执法的可操作性。

本条第二款规定了证据采信规则，即证据须经查证属实，方可采信，才能作为认定案件事实的根据。证据的提供、调取、保全、质证、认证均须符合法定程序要求。行政机关审查后，运用逻辑推理、生活经验、理性判断，准确认定案件事实。

本条第三款系非法证据排除规则，这是《行政处罚法》中新增加的规定。该款只是规定“以非法手段取得的证据，不得作为认定案件事实的根据”，但并没有明确规定“非法手段”具体包括哪些。实践中要注意私自录制视听资料的效力问题。行政机关在调查时，未经行政相对人的同意，采取拍摄、录像方式获取的资料，不构成违法。但如果在没有法律、行政法规授权的情况下，窃听行政相对人的私人对话或偷录行政相对人在居所内的行为，侵害公民的人格权就应予排除。

● *案例指引*

某机动车检测场诉某市生态环境局行政处罚案［北京市第一中级人民法院（2019）京01行终1008号行政判决书］

案例要旨：针对环境违法行为的特殊性，环境保护主管部门利用联网在线监控、数据共享等技术监控手段能够更方便、准确、有效地实施监管。除非有足够的证据证明监控数据在形成过程中存在系统漏洞或者人为修改，环境保护主管部门通过联网在线监控手段获取的监控数据应可以作为认定违法事实的证据。

第四十七条　【行政处罚全过程记录】 行政机关应当依法以文字、音像等形式，对行政处罚的启动、调查取证、审核、决定、送达、执行等进行全过程记录，归档保存。

【适用指南】

本条是关于行政处罚全过程记录制度的规定，为新增内容。

“完善执法程序，建立执法程序全过程记录。”① “行政执法全过程记录是行政执法活动合法有效的重要保证。试点单位应当通过文字、音像等记录方式，对行政执法行为进行记录并归档，实现全过程留痕和可回溯管理。”②《行政许可法》第六十一条规定，行政机关依法对被许可人从事行政许可事项的活动进行监督检查时，应当将监督检查的情况和处理结果予以记录。《行政强制法》第三十六条规定，行政机关应当充分听取当事人的意见，对当事人提出的事实、理由和证据，应当进行记录、复核。

“文字记录”是指以纸质文件或电子文件形式对实施行政处罚进行记录的方式，要求合法、规范、客观、准确。“音像记录”是指通过照相机、录像机、执法记录仪、监控设备等记录行政处罚全过程的记录方式。要求实时记录、明示方式、与文字记录相互衔接，充分发挥音像记录的直观证明作用。“行政机关设置电子技术监控设备要确保符合标准、设置合理、标志明显。”③ 本条

---

① 《中共中央关于坚持和完善中国特色社会主义制度　推进国家治理体系和治理能力现代化若干重大问题的决定》，载中国政府网，http：//www.gov.cn/zhengce/2019-11/05/content_5449023.htm，最后访问时间：2022年3月2日。

② 《国务院办公厅关于全面推行行政执法公示制度执法全过程记录制度重大执法决定法制审核制度的指导意见》，载中国政府网，http：//www.gov.cn/zhengce/content/2019-01/03/content_5354528.htm，最后访问时间：2022年3月2日。

③ 《国务院关于进一步贯彻实施〈中华人民共和国行政处罚法〉的通知》。

将行政处罚全过程记录制度上升到法律层面。“归档保存”是指按照有关法律法规和档案管理相关规定，将行政处罚全过程进行记录、归档，有据可查。但涉及国家秘密、商业秘密、个人隐私的记录资料，归档时要严格执行国家有关规定。

执法全过程记录，执法机关的执法摄录仪所拍摄录像，应当从执法的起点，即发现当事人违法或者和当事人接触的第一时间开始，到执法活动的结束为止，不能只拍摄对自己有利的部分。本次修改的亮点在于增设了三项行政执法程序制度，即行政执法公示制度、执法全过程记录制度和重大执法决定法制审核制度。三项制度聚焦行政执法的源头、过程和结果三个关键环节，是提高政府治理效能的重要抓手，有利于切实保障人民群众合法权益、推进国家治理体系和治理能力现代化。[①]

● 部门规章

《市场监督管理行政处罚程序规定》（2021年7月2日　国家市场监督管理总局令第42号）

第七十八条　结案后，办案人员应当将案件材料按照档案管理的有关规定立卷归档。案卷归档应当一案一卷、材料齐全、规范有序。

案卷可以分正卷、副卷。正卷按照下列顺序归档：

（一）立案审批表；

（二）行政处罚决定书及送达回证；

（三）对当事人制发的其他法律文书及送达回证；

（四）证据材料；

（五）听证笔录；

（六）财物处理单据；

（七）其他有关材料。

副卷按照下列顺序归档：

（一）案源材料；

（二）调查终结报告；

---

① 胡建淼：《〈行政处罚法〉修订的若干亮点》，载《中国司法》2021年第5期。

（三）审核意见；

（四）听证报告；

（五）结案审批表；

（六）其他有关材料。

案卷的保管和查阅，按照档案管理的有关规定执行。

第七十九条 市场监督管理部门应当依法以文字、音像等形式，对行政处罚的启动、调查取证、审核、决定、送达、执行等进行全过程记录，依照本规定第七十八条的规定归档保存。

第四十八条 【行政处罚决定的公开与撤回】 具有一定社会影响的行政处罚决定应当依法公开。

公开的行政处罚决定被依法变更、撤销、确认违法或者确认无效的，行政机关应当在三日内撤回行政处罚决定信息并公开说明理由。

【适用指南】

本条是关于行政处罚信息公开范围的规定。

依法公开行政处罚决定是保障公民知情权、监督权的重要手段。处罚决定公开涉及当事人名誉权、信用权等，直接影响其名誉、商誉和信誉，从这个角度看，公开行政处罚决定比处罚决定本身更具有制裁效果。党的十九届四中全会通过的《中共中央关于坚持和完善中国特色社会主义制度　推进国家治理体系和治理能力现代化若干重大问题的决定》提出要“推行行政执法公示制度”。《国务院办公厅关于全面推行行政执法公示制度执法全过程记录制度重大执法决定法制审核制度的指导意见》强调要“加强事后公开”。《政府信息公开条例》第二十条第一款规定了主动公开本行政机关政府信息的情形，第六项涉及行政处罚决定，而本条是对《政府信息公开条例》的回应和衔接。

本条的难点是如何认定"具有一定社会影响"，可从如下几点加以考量：其一，是否涉及公共领域，对人身、健康、财产权益产生重大影响的，如食品药品安全、安全生产、环境保护、证券交易等领域，应认定为"具有一定社会影响"；其二，是否涉及公众监督，对司法裁判文书公开、行政政务公开等进行监督的，应认为"具有一定社会影响"；其三，是否涉及信用惩戒，在信用管理体制下，行政处罚信息也是信用信息的重要内容，已被纳入信用资料的行列，如行政机关对侵犯知识产权的行为作出行政处罚决定，也应纳入"具有一定社会影响"的范畴。

第二款规定了撤回行政处罚决定信息的范围和程序。规定时间在三日内撤回，并公开说明被撤销、变更、确认违法或确认无效的理由。

行政处罚信息公开制度存在如下例外情形：一是涉及国家秘密的；二是涉及商业秘密、个人隐私的；三是公开后可能会危及国家安全、公共安全、社会稳定等；四是被处罚人是未成年人；五是法律、法规规定的不予公开的其他情形。

● *部门规章*

《市场监督管理行政处罚程序规定》（2021 年 7 月 2 日　国家市场监督管理总局令第 42 号）

第六十三条　市场监督管理部门作出的具有一定社会影响的行政处罚决定应当按照有关规定向社会公开。

公开的行政处罚决定被依法变更、撤销、确认违法或者确认无效的，市场监督管理部门应当在三个工作日内撤回行政处罚决定信息并公开说明理由。

第四十九条　【突发事件应对】发生重大传染病疫情等突发事件，为了控制、减轻和消除突发事件引起的社会危害，行政机关对违反突发事件应对措施的行为，依法快速、从重处罚。

【适用指南】

本条是关于突发事件中对违法行为从快、从重实施行政处罚的法律依据，系新增条文。

本条的实施前提是发生重大传染病疫情等突发事件，事关社会稳定和国家长治久安，需要及时采取应急处置措施。行政处罚立足稳定公共秩序，通过简化程序迅速制裁违法行为，发挥应急处置功能，实现危机治理。[①]

所谓“依法快速”，是指行政机关在法律法规规定的实施行政处罚时效内，依照法定程序快速、高效作出行政处罚决定。发生重大传染病疫情等突发事件，行政机关对违反突发事件应对措施的行为依法快速、从重处罚时，也要依法合理保护当事人的合法权益，合理保护当事人的合法权益也是遵循的方向。[②] 处罚幅度是从重处罚，从重是在法定处罚种类和幅度内对行为人适用较重种类或者较高幅度的处罚。本条是对突发事件下行政违法行为裁量的普遍授权。

在讨论稿中曾有学者提出行政机关针对违反突发事件的应对措施可以简化程序，后在正式稿中删除了该内容，用“依法”替代。如果说“可以简化程序”会被理解为“法外授权”，容易造成行政处罚权的扩张甚至滥用，那么修改后的“依法”二字则强

---

① 参见韩大元、莫于川主编：《应急法制论——突发事件应对机制的法律问题研究》，法律出版社 2005 年版，第 5 页。

② 《国务院关于进一步贯彻实施〈中华人民共和国行政处罚法〉的通知》。

调了对突发事件应对期间行政处罚权行使的法律限制。[1]

● *部门规章*

《市场监督管理行政处罚程序规定》（2021年7月2日 国家市场监督管理总局令第42号）

第六十五条 发生重大传染病疫情等突发事件，为了控制、减轻和消除突发事件引起的社会危害，市场监督管理部门对违反突发事件应对措施的行为，依法快速、从重处罚。

第五十条 【保密条款】行政机关及其工作人员对实施行政处罚过程中知悉的国家秘密、商业秘密或者个人隐私，应当依法予以保密。

第五章

【适用指南】

本条是行政处罚保密制度的规定。立法目的是保护国家秘密、商业秘密、个人隐私。行政机关及其工作人员在实施行政处罚时必须遵循相关的保密法律规定。

其一，“国家秘密”关系着国家利益及安全，分为“绝密”“机密”“秘密”，密级一经确定，任何单位和个人都必须保守国家秘密。《保守国家秘密法》第二条和第九条明确了“国家秘密”的内涵、外延。

其二，“商业秘密”具有一定经济价值和实用性，与利益相连。关于“商业秘密”的界定可参照《反不正当竞争法》第九条的规定。

其三，“个人隐私”属于人格权保护的范畴。《民法典》第一

---

① 参见杨伟东主编：《中华人民共和国行政处罚法理解与适用》，中国法制出版社2021年版，第164页。

千零三十二条第一款规定："自然人享有隐私权。任何组织或者个人都不得以刺探、侵扰、泄露、公开等方式侵害他人的隐私权。"第一千零三十九条规定："国家机关、承担行政职能的法定机构及其工作人员对于履行职责过程中知悉的自然人的隐私和个人信息，应当予以保密，不得泄露或向他人非法提供。"

保密工作的特点在于：一是知悉范围最小化，最大限度保护涉密内容；二是全范围、全过程、全方位，即"三全"保密；三是依法定密，依法保密。这里须注意的是：首先，保护时间的全过程，保护贯穿始终；其次，保护方式的全方位，程序上不公开质证，手段上不随便滥用，结果上不对外公示，归档上不违反规定；最后，保密程度的全范围，要严格限制电子技术监控设备收集信息的使用范围，不得泄露或者向他人非法提供。①

● *部门规章*

1.**《国家外汇管理局行政处罚办法》**（2020 年 9 月 18 日　国家外汇管理局公告〔2020〕第 1 号）

第四条　查处外汇违法行为涉及国家秘密、商业秘密以及个人隐私的，应当遵守有关国家法律法规的规定。

2.**《中国银保监会行政处罚办法》**（2020 年 6 月 15 日　中国银行保险监督管理委员会令 2020 年第 8 号）

第十二条　银保监会及其派出机构参与行政处罚的工作人员应当保守案件查办中获悉的国家秘密、商业秘密和个人隐私。

3.**《市场监督管理行政处罚程序规定》**（2021 年 7 月 2 日　国家市场监督管理总局令第 42 号）

第五条　市场监督管理部门及参与案件办理的有关人员对实施行政处罚过程中知悉的国家秘密、商业秘密和个人隐私应当依法予以保密。

---

① 《国务院关于进一步贯彻实施〈中华人民共和国行政处罚法〉的通知》。

第二节 简易程序

第五十一条 【简易程序的适用条件】 违法事实确凿并有法定依据，对公民处以二百元以下、对法人或者其他组织处以三千元以下罚款或者警告的行政处罚的，可以当场作出行政处罚决定。法律另有规定的，从其规定。

【适用指南】

本条是行政处罚简易程序适用条件的规定。

行政简易程序是指行政主体在行政执法中适用的对行政事态进行快速、简捷、超常规处置的行政行为规则。[①] 本条在适用中应注意以下几个方面：其一，对公民和法人当场作出罚款的数额范围由原来的"五十元以下""一千元以下"分别扩大为"二百元以下""三千元以下"。随着我国近些年经济的快速发展，人民收入水平的提高，原条文规定的数额已经明显滞后，无法使简易程序的设立目的落到实处。因此，新法适应经济发展现实需要，提高简易程序的罚款额度，降低了简易程序适用门槛，使简易处罚更具有操作性，提高了行政处罚的效率。

其二，本条还增加了适用简易程序的例外规定。由原来的"当事人应当依照本法第四十六条、第四十七条、第四十八条的规定履行行政处罚决定"改为"法律另有规定的，从其规定"。本条拓宽了适用简易程序的范围，提高了行政处罚法中适用简易程序的灵活度，为法律适用以及后续立法预留了空间，是对立法

① 张淑芳：《论行政简易程序》，载《华东政法大学学报》2010 年第 2 期。

刚性约束的有效缓和，是我国立法技术完善和立法思想成熟的重要体现。

其三，本条的两处修改都是为了扩大行政处罚中简易程序的适用范围，简易程序的设立可以让案件得以“繁简分流”，使行政处罚类的案件得到迅速处理。无论是立法、司法还是行政程序，都要在追求其正当性的基础上实现效率的最大化，[①] 适应经济发展和社会管理实践的需求。实践中，这一改变有助于节约社会管理成本，使行政机关可以在重大疑难案件上投入更多的执法力量以便查清事实真相，是合理分配社会公共资源的体现。

● 法　律

1. **《道路交通安全法》**（2021 年 4 月 29 日）

第一百零七条第一款　对道路交通违法行为人予以警告、二百元以下罚款，交通警察可以当场作出行政处罚决定，并出具行政处罚决定书。

第一百零八条　当事人应当自收到罚款的行政处罚决定书之日起十五日内，到指定的银行缴纳罚款。

对行人、乘车人和非机动车驾驶人的罚款，当事人无异议的，可以当场予以收缴罚款。

罚款应当开具省、自治区、直辖市财政部门统一制发的罚款收据；不出具财政部门统一制发的罚款收据的，当事人有权拒绝缴纳罚款。

第一百零九条　当事人逾期不履行行政处罚决定的，作出行政处罚决定的行政机关可以采取下列措施：

（一）到期不缴纳罚款的，每日按罚款数额的百分之三加处罚款；

（二）申请人民法院强制执行。

2. **《治安管理处罚法》**（2012 年 10 月 26 日）

第一百条　违反治安管理行为事实清楚，证据确凿，处警告或者二百元以下罚款的，可以当场作出治安管理处罚决定。

第一百零一条　当场作出治安管理处罚决定的，人民警察应当向违反治安管理行为人出示工作证件，并填写处罚决定书。处罚决定书应当当场交

---

① 包菊兰：《行政处罚简易程序之完善》，载《行政与法》2004 年第 6 期。

付被处罚人；有被侵害人的，并将决定书副本抄送被侵害人。

前款规定的处罚决定书，应当载明被处罚人的姓名、违法行为、处罚依据、罚款数额、时间、地点以及公安机关名称，并由经办的人民警察签名或者盖章。

当场作出治安管理处罚决定的，经办的人民警察应当在二十四小时内报所属公安机关备案。

● *部门规章*

3.《**市场监督管理行政处罚程序规定**》（2021年7月2日　国家市场监督管理总局令第42号）

第六十六条　违法事实确凿并有法定依据，对自然人处以二百元以下、对法人或者其他组织处以三千元以下罚款或者警告的行政处罚的，可以当场作出行政处罚决定。法律另有规定的，从其规定。

第六十七条　适用简易程序当场查处违法行为，办案人员应当向当事人出示执法证件，当场调查违法事实，收集必要的证据，填写预定格式、编有号码的行政处罚决定书。

行政处罚决定书应当由办案人员签名或者盖章，并当场交付当事人。当事人拒绝签收的，应当在行政处罚决定书上注明。

第六十八条　当场制作的行政处罚决定书应当载明当事人的基本情况、违法行为、行政处罚依据、处罚种类、罚款数额、缴款途径和期限、救济途径和期限、部门名称、时间、地点，并加盖市场监督管理部门印章。

4.《**海事行政处罚程序实施细则**》（2019年7月25日　海政法〔2019〕275号）

第十六条　违法事实确凿并有法定依据，对自然人处以五十元以下、对法人或者其他组织处以一千元以下罚款或者警告的海事行政处罚的，可以适用简易程序，当场作出行政处罚决定。

第十七条　海事执法人员适用简易程序当场作出行政处罚的，应当按照下列步骤实施：

（一）向当事人出示海事行政执法证件并查明对方身份；

（二）按照《交通运输行政执法程序规定》《海事行政执法证据管理规定》，调查并收集必要的证据；

（三）口头告知当事人违法事实、处罚理由和依据；

（四）口头告知当事人享有的权利与义务；

（五）听取当事人的陈述和申辩并进行复核；当事人提出的事实、理由或者证据成立的，应当采纳；

（六）填写预定格式、统一编号的《当场海事行政处罚决定书》并当场交付当事人，告知当事人在法定期限内可以依法申请行政复议或者提起行政诉讼；《当场海事行政处罚决定书》应当由执法人员签名或者盖章；

（七）当事人在《当场海事行政处罚决定书》上签名或盖章；

（八）作出当场处罚决定之日起五日内，将《当场海事行政处罚决定书》副本提交所属海事管理机构备案。

5.**《海关办理行政处罚案件程序规定》**（2021年6月15日　海关总署第250号令）

第一百零一条　违法事实确凿并有法定依据，对公民处以二百元以下、对法人或者其他组织处以三千元以下罚款或者警告的行政处罚的，海关可以适用简易程序当场作出行政处罚决定。

第五十二条　【简易程序的适用要求】执法人员当场作出行政处罚决定的，应当向当事人出示执法证件，填写预定格式、编有号码的行政处罚决定书，并当场交付当事人。当事人拒绝签收的，应当在行政处罚决定书上注明。

前款规定的行政处罚决定书应当载明当事人的违法行为，行政处罚的种类和依据、罚款数额、时间、地点，申请行政复议、提起行政诉讼的途径和期限以及行政机关名称，并由执法人员签名或者盖章。

执法人员当场作出的行政处罚决定，应当报所属行政机关备案。

【适用指南】

本条是关于当场作出行政处罚的程序性规定。

本条细化了行政处罚决定书的内容，目的是规范当场处罚的行为，有效保障相对人权利，有利于违法者了解法律的有关规定，教育其严格遵守法律。[①]

本条在适用中应注意以下方面：其一，简易程序指适用简便的程序，但不得减损程序的规范性。为了保证处罚公正、准确，立法应规定某些必要、可行的简易程序。本条是“加快建设法治国家、法治政府、法治社会的高度，充分认识新修订的行政处罚法施行的重要意义，采取有效措施，作出具体部署，扎实做好贯彻实施工作”[②] 的产物。

其二，本条第一款细化了交付行政处罚书的规定，新增了在当事人拒绝签收的情况下，执法人员应在行政处罚决定书上注明的规定。在实践过程中，拒不签收行政处罚决定书的现象屡见不鲜，如若规定其他送达方式势必会增加工作成本，降低行政执法工作的效率，这与简易程序的效率价值背道而驰。因此，本条补充规定了“注明”规则，此变动进一步完善了行政处罚决定书中有关送达的规定。

其三，本条第二款将原法第三十五条的内容“申请行政复议或者提起行政诉讼”合并于此，使体例结构更加合理，进一步完善了行政处罚决定书的内容，特别是改变在行政处罚决定作出后另行告知申请行政复议或提起行政诉途径和期限的做法保证了当事人的复议和诉讼的权利，有利于切实保障当事人的合法权益。本条的修改主要集中在对于行政处罚过程中当场处罚程序的细化规定。在执法过程中，如若因简易程序涉及的权益微小而省略相

---

① 闫建功、杨世峰：《行政罚款的适用研究》，载《河北科技大学学报》2005 年第 2 期。

② 《国务院关于进一步贯彻实施〈中华人民共和国行政处罚法〉的通知》。

关要求，不仅侵犯了相对人的合法权益，也违背了简易程序建立的价值宗旨。[1] 可见，细化行政处罚简易程序规定，不但有利于防止权力寻租和滋生腐败现象发生，还有利于保障当事人权利得到充分救济。

● *部门规章*

1.**《市场监督管理行政处罚程序规定》**（2021 年 7 月 2 日　国家市场监督管理总局令第 42 号）

第六十九条　办案人员在行政处罚决定作出前，应当告知当事人拟作出的行政处罚内容及事实、理由、依据，并告知当事人有权进行陈述和申辩。当事人进行陈述和申辩的，办案人员应当记入笔录。

第七十条　适用简易程序查处案件的有关材料，办案人员应当在作出行政处罚决定之日起七个工作日内交至所在的市场监督管理部门归档保存。

2.**《海关办理行政处罚案件程序规定》**（2021 年 6 月 15 日　海关总署第 250 号令）

第一百零二条　执法人员当场作出行政处罚决定的，应当向当事人出示执法证件，填写预定格式、编有号码的行政处罚决定书，并当场交付当事人。当事人拒绝签收的，应当在行政处罚决定书上注明。

前款规定的行政处罚决定书应当载明当事人的违法行为，行政处罚的种类和依据、罚款数额、时间、地点，申请行政复议、提起行政诉讼的途径和期限以及海关名称，并由执法人员签名或者盖章。

执法人员当场作出的行政处罚决定，应当报所属海关备案。

第五十三条　【简易程序的履行】对当场作出的行政处罚决定，当事人应当依照本法第六十七条至第六十九条的规定履行。

① 金雪花：《行政简易程序研究》，载《云南行政学院学报》2014 年第 6 期。

【适用指南】

本条是关于当场作出的行政处罚决定如何履行的规定。

行政处罚决定依法作出后，当事人有履行处罚的义务，本条规定了当事人应当如何履行当场作出的行政处罚决定。本条在适用中应当注意以下方面：其一，本条规定对简易程序作出的行政处罚决定，当事人应当遵照本法第六十七条至第六十九条规定履行。第六十七条的内容为“作出罚款决定的行政机关应当与收缴罚款的机构分离”，第六十八条和第六十九条的内容为可以当场缴纳罚款的例外情形，也即以决定收缴相分离为原则、以当场收缴为例外。这体现了行政处罚决定执行过程中的制约监督意义，也体现了变通性和效率价值。

其二，简易程序在实行过程中，要加强对罚缴分离制度实施情况的监督，不得违法实施行政处罚，不得为了处罚而处罚，坚决杜绝逐利执法，严禁下达罚没指标。[①] 罚缴分离的制度适应了现代社会的需求，是形成行政体系内部监督的重要组成部分，可以有效防止“权力寻租”等腐败现象的发生，有利于维护公共利益和社会秩序，保护公民、法人或者其他组织的合法权益。

其三，把此条单列出来，充分体现了在执行过程中对简易程序的重视以及严格限制。行政简易程序在给行政相对人带来方便的同时，也有可能增加行政主体在行政执法中的自由裁量权。或是基于此种担心，我国立法对行政简易程序的设置采取了非常谨慎的态度，《行政处罚法》对简易程序适用的严格限制就是例证。[②]

---

① 《国务院关于进一步贯彻实施〈中华人民共和国行政处罚法〉的通知》。
② 张淑芳：《论行政简易程序》，载《华东政法大学学报》2010 年第 2 期。

第三节　普通程序

第五十四条　【取证与立案】除本法第五十一条规定的可以当场作出的行政处罚外，行政机关发现公民、法人或者其他组织有依法应当给予行政处罚的行为的，必须全面、客观、公正地调查，收集有关证据；必要时，依照法律、法规的规定，可以进行检查。

符合立案标准的，行政机关应当及时立案。

【适用指南】

本条是关于行政处罚普通程序中的调查取证、检查和立案的规定。

调查取证是行政处罚必不可少的环节。立案程序的引入，使得行政处罚程序更加正规化，完善了程序对行政处罚的控制。本条在适用中应当注意以下方面：其一，行政调查是必经程序。除可以当场作出的行政处罚外，所有行政处罚决定在作出之前，都必须经过调查程序。本条第一款规定明确了行政处罚“先取证、后裁决”的基本规则。行政处罚作为一种损益性行政行为，行政机关在作出处罚决定前，查清案件事实，获得足以证明案件事实、支撑处罚决定的证据材料是作出行政处罚决定的基础。调查程序必须坚持全面、客观、公正。

其二，检查非必经程序，要避免多头执法、重复检查。通过对特定的人员、物品、场所等进行直接检查，可以更为直观、确切地确定相关事实是否存在，确定事实的性质与程度，[①] 这是行政机关履行监管职责的重要方式，对于防范和制止违法行为具有重要作用。必须坚持必要时，依照法律、法规的规定，才可以进行检查。为了提高监管效能，减轻企业负担，国务院多次发文提出要控制和规范行政检查，大力推进“双随机、一公开”。

其三，新增立案程序。立案原为内部程序，本次修订新增本条第二款，立案制度成为外部程序，完善了行政处罚的程序。立案标志着行政处罚程序开始、完善处罚程序的意义，还具有防止违法处罚、拖延处罚、滥用处罚权等作用。[②] 但立案的条件或标准如何设置，《行政处罚法》未予明确。《国务院关于进一步贯彻实施〈中华人民共和国行政处罚法〉的通知》中指出，要建立健全立案制度、完善立案标准，按规定及时立案并严格遵守办案时限要求，确保案件得到及时有效查处。

● 法　律

1. **《治安管理处罚法》**（2012 年 10 月 26 日）

第七十九条　公安机关及其人民警察对治安案件的调查，应当依法进行。严禁刑讯逼供或者采用威胁、引诱、欺骗等非法手段收集证据。

以非法手段收集的证据不得作为处罚的根据。

● 部门规章

2. **《旅游行政处罚办法》**（2013 年 5 月 12 日　国家旅游局令第 38 号）

第二十三条　在现场检查中发现旅游违法行为时，认为证据以后难以取得的，可以先行调查取证，并在 10 日内决定是否立案和补办立案手续。

3. **《市场监督管理行政处罚程序规定》**（2021 年 7 月 2 日　国家市场监督管理总局令第 42 号）

第十八条　市场监督管理部门对依据监督检查职权或者通过投诉、举报、其他部门移送、上级交办等途径发现的违法行为线索，应当自发现线索

---

① 章剑生：《行政程序法学》，中国政法大学出版社 2004 年版，第 143 页。

② 应松年主编：《行政处罚法教程》，法律出版社 2012 年版，第 193 页。

或者收到材料之日起十五个工作日内予以核查，由市场监督管理部门负责人决定是否立案；特殊情况下，经市场监督管理部门负责人批准，可以延长十五个工作日。法律、法规、规章另有规定的除外。

检测、检验、检疫、鉴定以及权利人辨认或者鉴别等所需时间，不计入前款规定期限。

第十九条 经核查，符合下列条件的，应当立案：

（一）有证据初步证明存在违反市场监督管理法律、法规、规章的行为；

（二）依据市场监督管理法律、法规、规章应当给予行政处罚；

（三）属于本部门管辖；

（四）在给予行政处罚的法定期限内。

决定立案的，应当填写立案审批表，由办案机构负责人指定两名以上具有行政执法资格的办案人员负责调查处理。

第二十条 经核查，有下列情形之一的，可以不予立案：

（一）违法行为轻微并及时改正，没有造成危害后果；

（二）初次违法且危害后果轻微并及时改正；

（三）当事人有证据足以证明没有主观过错，但法律、行政法规另有规定的除外；

（四）依法可以不予立案的其他情形。

决定不予立案的，应当填写不予立案审批表。

第五十五条 【执法调查检查程序】执法人员在调查或者进行检查时，应当主动向当事人或者有关人员出示执法证件。当事人或者有关人员有权要求执法人员出示执法证件。执法人员不出示执法证件的，当事人或者有关人员有权拒绝接受调查或者检查。

当事人或者有关人员应当如实回答询问，并协助调查或者检查，不得拒绝或者阻挠。询问或者检查应当制作笔录。

【适用指南】

本条是关于行政处罚执法人员在调查、检查时出示证件义务以及当事人和有关人员协助义务的规定。

执法人员在执法时必须出示证件，向当事人公示权力来源，这是行政处罚正当程序的基本要求。当事人与相关人员有协助义务，目的在于查清案件事实、收集证据，提高办案效率、解决成本。本条在适用中应当注意以下方面：

其一，在调查、检查时出示执法证件是执法人员的义务。表明身份是调查的必经程序，行政机关需主动向当事人或有关人员出示执法证件，证明主体资格的合法性。当事人或有关人员要求执法人员出示执法证件是其享有的权利，意味着其拥有知悉执法人员身份的请求权。执法人员未表明身份构成程序瑕疵或违法，当事人或有关人员有权拒绝调查或检查。

其二，被调查人员的协助取证义务。基于现代公法原理，个人因为享有权利而需随附一定的公共责任，这种公共责任本质上可以成为其承担协助国家机关执行公务之义务的法理基础。[①] 在调查取证的过程中，当事人或有关人员有接受询问、配合取证的义务。当事人是案件的真实亲历者，其是否配合调查、检查，对行政机关全面掌握真实情况、确保调查顺利进行具有重要意义。

其三，执法人员有义务制作调查、检查笔录。制作笔录属于具有强制约束力的程序，行政机关将根据笔录内容作出行政处罚决定，对相对人的合法权益产生实质影响，这直接关系到行政行为的合法性。

● *部门规章*

1. **《市场监督管理行政处罚程序规定》**（2021 年 7 月 2 日　国家市场监督管理总局令第 42 号）

第二十二条　办案人员调查或者进行检查时不得少于两人，并应当主

① 章剑生：《论行政处罚中当事人之协助》，载《法学论坛》2006 年第 4 期。

第五章

动向当事人或者有关人员出示执法证件。

第二十八条 对有违法嫌疑的物品或者场所进行检查时，应当通知当事人到场。办案人员应当制作现场笔录，载明时间、地点、事件等内容，由办案人员、当事人签名或者盖章。

第二十九条 办案人员可以询问当事人及其他有关单位和个人。询问应当个别进行。询问应当制作笔录，询问笔录应当交被询问人核对；对阅读有困难的，应当向其宣读。笔录如有差错、遗漏，应当允许其更正或者补充。涂改部分应当由被询问人签名、盖章或者以其他方式确认。经核对无误后，由被询问人在笔录上逐页签名、盖章或者以其他方式确认。办案人员应当在笔录上签名。

第四十三条 办案人员在调查取证过程中，无法通知当事人，当事人不到场或者拒绝接受调查，当事人拒绝签名、盖章或者以其他方式确认的，办案人员应当在笔录或者其他材料上注明情况，并采取录音、录像等方式记录，必要时可以邀请有关人员作为见证人。

2.**《中国银保监会行政处罚办法》**（2020年6月15日　中国银行保险监督管理委员会令2020年第8号）

第二十六条 调查人员进行案件调查时不得少于二人，并应当向当事人或者有关单位和个人出示合法证件和调查（现场检查）通知书。

3.**《农业行政处罚程序规定》**（2021年12月21日　农业农村部令2021年第4号）

第三十二条 农业行政处罚机关对立案的农业违法行为，必须全面、客观、公正地调查，收集有关证据；必要时，按照法律、法规的规定，可以进行检查。

农业行政执法人员在调查或者收集证据、进行检查时，不得少于两人。当事人或者有关人员有权要求农业行政执法人员出示执法证件。执法人员不出示执法证件的，当事人或者有关人员有权拒绝接受调查或者检查。

第五十六条　【证据收集程序】行政机关在收集证据时，可以采取抽样取证的方法；在证据可能灭失或者以后难以取得的情况下，经行政机关负责人批准，可以先行登记保存，并应当在七日内及时作出处理决定，在此期间，当事人或者有关人员不得销毁或者转移证据。

【适用指南】

本条是调查程序中特殊证据采集方式的规定，其内容包括抽样取证和证据登记保存。

证据先行登记保存能确保违法行为及时得到查处，但也会对当事人的权益造成一定的限制或影响。因此，要严格把握证据登记保全的条件，规范证据保全的程序。行政机关抽样取证与先行登记保存要遵循合法、合理原则。鉴于行政处理行为有比较大的裁量空间，因此应当坚持比例原则，选择对相对人权益减损最小的方式。行政机关不能以扣留等措施代替对案件的实体处理，缺乏正当理由长期不处理的，构成滥用职权。本条在适用中应当注意以下方面：

其一，抽样取证应符合法定的条件和程序。抽样取证一般针对物证，需满足以下条件：一是物证数量较多，二是该类物品具有同质性。这是确保抽样取证成立的基础。

其二，先行登记保存与查封扣押的区别。先行登记保存依附于行政处罚行为，符合行政强制措施的行政性、服从性、物理性、依附性、保全性、暂时性、事前性等多个特点[①]。登记保存

① 乔晓阳主编：《中华人民共和国行政强制法解读》，中国法制出版社 2011 年版，第 8~9 页。

与查封、扣押的区别在于：首先，二者的实施目的不同。先行登记保存的目的在于收集证据。而查封、扣押的目的，则不限于此，还包括制止违法行为发生，保障行政决定得到有效作出等。其次，实施主体不同。先行登记保存是对具有行政执法权的行政机关普遍授权，但并非所有执法机关都具有查封、扣押权。最后，实施期限不同。先行登记保存的期限是 7 日，且不能延长。查封、扣押的一般期限不得超过 30 日，最长不超过 60 日。①

其三，登记保存后的处理决定与法律后果。行政机关应当在 7 日内及时作出处理决定。因此，若 7 日内行政机关没有作出处理决定的，应视为自动解除。②

● 部门规章

1.**《邮政行政处罚程序规定》**（2020 年 5 月 15 日　国邮发〔2020〕43 号）

第二十八条　办案人员在收集证据时，可以采取抽样取证的方法。抽样取证时，应当通知当事人或者有关人员到场。办案人员应当制作抽样取证记录，对样品加贴邮政管理部门封条，开具物品清单，由办案人员和当事人或者有关人员在封条和相关记录上签名或者盖章。物品清单应当交付当事人。当事人或者有关人员拒绝签章的，办案人员应当注明情况。

2.**《农业行政处罚程序规定》**（2021 年 12 月 21 日　农业农村部令 2021 年第 4 号）

第四十一条　农业行政处罚机关收集证据时，可以采取抽样取证的方法。农业行政执法人员应当制作抽样取证凭证，对样品加贴封条，并由执法人员和当事人在抽样取证凭证上签名或者盖章。当事人拒绝签名或者盖章的，应当采取拍照、录像或者其他方式记录抽样取证情况。

农业行政处罚机关抽样送检的，应当将抽样检测结果及时告知当事人，并告知当事人有依法申请复检的权利。

非从生产单位直接抽样取证的，农业行政处罚机关可以向产品标注生

---

① 《行政强制法》第二十五条第一款规定，查封、扣押的期限不得超过三十日；情况复杂的，经行政机关负责人批准，可以延长，但是延长期限不得超过三十日。法律、行政法规另有规定的除外。

② 袁雪石：《中华人民共和国行政处罚法释义》，中国法制出版社 2021 年版，第 308 页。

产单位发送产品确认通知书，对涉案产品是否为其生产的产品进行确认，并可以要求其在一定期限内提供相关证明材料。

3.《**市场监督管理行政处罚程序规定**》（2021年7月2日 国家市场监督管理总局令第42号）

第三十三条 在证据可能灭失或者以后难以取得的情况下，市场监督管理部门可以对与涉嫌违法行为有关的证据采取先行登记保存措施。采取或者解除先行登记保存措施，应当经市场监督管理部门负责人批准。

情况紧急，需要当场采取先行登记保存措施的，办案人员应当在二十四小时内向市场监督管理部门负责人报告，并补办批准手续。市场监督管理部门负责人认为不应当采取先行登记保存措施的，应当立即解除。

第三十四条 先行登记保存有关证据，应当当场清点，开具清单，由当事人和办案人员签名或者盖章，交当事人一份，并当场交付先行登记保存证据通知书。

先行登记保存期间，当事人或者有关人员不得损毁、销毁或者转移证据。

第三十五条 对于先行登记保存的证据，应当在七个工作日内采取以下措施：

（一）根据情况及时采取记录、复制、拍照、录像等证据保全措施；

（二）需要检测、检验、检疫、鉴定的，送交检测、检验、检疫、鉴定；

（三）依据有关法律、法规规定可以采取查封、扣押等行政强制措施的，决定采取行政强制措施；

（四）违法事实成立，应当予以没收的，作出行政处罚决定，没收违法物品；

（五）违法事实不成立，或者违法事实成立但依法不应当予以查封、扣押或者没收的，决定解除先行登记保存措施。

逾期未采取相关措施的，先行登记保存措施自动解除。

第五十七条　【处罚决定】 调查终结，行政机关负责人应当对调查结果进行审查，根据不同情况，分别作出如下决定：

（一）确有应受行政处罚的违法行为的，根据情节轻重及具体情况，作出行政处罚决定；

（二）违法行为轻微，依法可以不予行政处罚的，不予行政处罚；

（三）违法事实不能成立的，不予行政处罚；

（四）违法行为涉嫌犯罪的，移送司法机关。

对情节复杂或者重大违法行为给予行政处罚，行政机关负责人应当集体讨论决定。

【适用指南】

本条是关于行政机关负责人在对调查结果进行审查的基础上根据不同情况作出不同行政处罚决定的规定。

从行政处罚作出过程来看，行政处罚决定程序是一般程序的终结阶段，是一个“求是”的环节，关系到行政机关能否合理行使处罚权，制裁违法行为，保护公民、法人和其他组织合法权益，明确行政处罚的决定类型和程序有助于减少行政机关自由裁量。[①] 对调查结果进行审查，行政机关负责人应当注意区分四种情形。第一款第三项将“不得给予”修改为“不予”，直接明快地规定了“违法事实不能成立的”“不予行政处罚”。第四项将“已构成”改为“涉嫌”，降低了行政机关移送的门槛，与《刑事诉讼法》《行政执法机关移送涉嫌犯罪案件的规定》保持一致。

---

① 曹康泰主编：《行政处罚法教程》，中国法制出版社 2011 年版，第 145 页。

最终判断是否构成犯罪应当由人民法院负责，不能要求行政机关判断涉案行为是否已经构成犯罪。集体讨论是准司法程序，为的是通过合议的方式查清事实，准确适用法律。

本条第二款删除“较重”，降低了集体讨论的门槛。按照原条文规定，对情节复杂或者重大违法行为给予一般处罚的，不需要集体讨论。新条文则规定必须进行集体讨论，这是因为，未经讨论实际上并不能确认是否需要“给予较重的行政处罚”。集体讨论是法定程序，需要做好记录，记录由参加人签名，缺席的应注明事由。对于符合集体讨论条件的，如果不予讨论，则构成违反法定程序。

● *部门规章*

1. **《商务部行政处罚实施办法》**（2022 年 2 月 11 日　商务部令 2022 年第 1 号）

第十三条　有下列情形之一，在提请商务部负责人审查或集体讨论前，承办机构应将《案件调查报告》提交法制机构进行法制审核；未经法制审核或者审核未通过的，不得作出处罚决定：

（一）重大违法行为、涉及重大公共利益的；

（二）直接关系当事人或者第三人重大权益，经过听证程序的；

（三）案情复杂、涉及多个法律关系的；

（四）法律、法规规定应当进行法制审核的其他情形。

承办机构认为需要并提交法制审核的，法制机构应当进行法制审核。

第十四条　法制审核采取书面形式进行，包括：

（一）处罚事项是否属于商务部职能范围，执法人员是否具备执法资格；

（二）处罚程序是否合法；

（三）证据是否合法充分；

（四）适用法律、行政法规、规章是否准确，裁量是否存在明显不当；

（五）处罚文书是否完备、规范；

（六）违法行为是否涉嫌犯罪、需要移送司法机关等。

法制审核结束后，法制机构应当提出同意或者存在问题的书面审核意见。

第十五条 承办机构要对法制机构提出的存在问题的审核意见进行研究，研究后仍拟作出行政处罚的，应作出相应处理后再次报送法制审核。

法制审核通过后，承办机构应将法制审核意见、《案件调查报告》提请商务部负责人按第十二条规定审查处理。

2.**《市场监督管理行政处罚程序规定》**（2021年7月2日　国家市场监督管理总局令第42号）

第五十条 对情节复杂或者重大违法行为给予行政处罚的下列案件，在市场监督管理部门负责人作出行政处罚的决定之前，应当由从事行政处罚决定法制审核的人员进行法制审核；未经法制审核或者审核未通过的，不得作出决定：

（一）涉及重大公共利益的；

（二）直接关系当事人或者第三人重大权益，经过听证程序的；

（三）案件情况疑难复杂、涉及多个法律关系的；

（四）法律、法规规定应当进行法制审核的其他情形。

前款第二项规定的案件，在听证程序结束后进行法制审核。

县级以上市场监督管理部门可以对第一款的法制审核案件范围作出具体规定。

第六十条 市场监督管理部门负责人经对案件调查终结报告、审核意见、当事人陈述和申辩意见或者听证报告等进行审查，根据不同情况，分别作出以下决定：

（一）确有依法应当给予行政处罚的违法行为的，根据情节轻重及具体情况，作出行政处罚决定；

（二）确有违法行为，但有依法不予行政处罚情形的，不予行政处罚；

（三）违法事实不能成立的，不予行政处罚；

（四）不属于市场监督管理部门管辖的，移送其他行政管理部门处理；

（五）违法行为涉嫌犯罪的，移送司法机关。

对本规定第五十条第一款规定的案件，拟给予行政处罚的，应当由市场监督管理部门负责人集体讨论决定。

3.**《海关办理行政处罚案件程序规定》**（2021年6月15日　海关总署第250号令）

第五十三条 经调查，行政处罚案件有下列情形之一的，海关可以终结调查并提出处理意见：

（一）违法事实清楚、法律手续完备、据以定性处罚的证据充分的；

（二）违法事实不能成立的；

（三）作为当事人的自然人死亡的；

（四）作为当事人的法人或者其他组织终止，无法人或者其他组织承受其权利义务，又无其他关系人可以追查的；

（五）案件已经移送其他行政机关或者司法机关的；

（六）其他依法应当终结调查的情形。

4. **《交通运输行政执法程序规定》**（2021 年 6 月 30 日　交通运输部令 2021 年第 6 号）

第七十三条　执法部门负责人经审查，根据不同情况分别作出如下决定：

（一）确有应受行政处罚的违法行为的，根据情节轻重及具体情况，作出行政处罚决定；

（二）违法行为轻微，依法可以不予行政处罚的，不予行政处罚；

（三）违法事实不能成立的，不予行政处罚；

（四）违法行为涉嫌犯罪的，移送司法机关。

第七十四条　有下列情形之一的，依法不予行政处罚：

（一）违法行为轻微并及时改正，没有造成危害后果的，不予行政处罚；

（二）除法律、行政法规另有规定的情形外，当事人有证据足以证明没有主观过错的，不予行政处罚；

（三）精神病人、智力残疾人在不能辨认或者不能控制自己行为时有违法行为的，不予行政处罚，但应当责令其监护人严加看管和治疗；

（四）不满十四周岁的未成年人有违法行为的，不予行政处罚，但应责令监护人加以管教；

（五）其他依法不予行政处罚的情形。

初次违法且危害后果轻微并及时改正的，可以不予行政处罚。

违法行为在二年内未被处罚的，不再给予行政处罚；涉及公民生命健康安全、金融安全且有危害后果的，上述期限延长至五年。法律另有规定的除外。

对当事人的违法行为依法不予行政处罚的，执法部门应当对当事人进行教育。

第七十六条 行政处罚案件有下列情形之一的，应当提交执法部门重大案件集体讨论会议决定：

（一）拟作出降低资质等级、吊销许可证件、责令停产停业、责令关闭、限制从业、较大数额罚款、没收较大数额违法所得、没收较大价值非法财物的；

（二）认定事实和证据争议较大的，适用的法律、法规和规章有较大异议的，违法行为较恶劣或者危害较大的，或者复杂、疑难案件的执法管辖区域不明确或有争议的；

（三）对情节复杂或者重大违法行为给予较重的行政处罚的其他情形。

5.**《证券期货违法行为行政处罚办法》**（2021年7月14日　中国证券监督管理委员会令第186号）

第二十七条 案件调查终结，中国证监会及其派出机构根据案件不同情况，依法报单位负责人批准后，分别作出如下决定：

（一）确有应受行政处罚的违法行为的，根据情节轻重及具体情况，作出行政处罚决定；

（二）违法行为轻微，依法可以不予行政处罚的，不予行政处罚；

（三）违法事实不能成立的，不予行政处罚；

（四）违法行为涉嫌犯罪的，依法移送司法机关。

对情节复杂或者重大违法行为给予行政处罚，中国证监会及其派出机构负责人应当集体讨论决定。

第五十八条　【法制审核】有下列情形之一，在行政机关负责人作出行政处罚的决定之前，应当由从事行政处罚决定法制审核的人员进行法制审核；未经法制审核或者审核未通过的，不得作出决定：

（一）涉及重大公共利益的；

（二）直接关系当事人或者第三人重大权益，经过听证程序的；

（三）案件情况疑难复杂、涉及多个法律关系的；

（四）法律、法规规定应当进行法制审核的其他情形。

行政机关中初次从事行政处罚决定法制审核的人员，应当通过国家统一法律职业资格考试取得法律职业资格。

【适用指南】

本条是关于重大行政处罚法制审核制度的规定。

行政处罚决定法制审核制度通过推进专业化，实现内部职能分离、互相监督，规范行政处罚行为，确保行政合法。《法治政府建设实施纲要（2015—2020 年）》提出："严格执行重大行政执法决定法制审核制度，未经法制审核或者审核未通过的，不得作出决定。"国务院在试点行政执法三项制度后，从 2018 年开始全面推行重大行政执法决定法制审核制度。本条在适用中应当注意以下方面：

其一，审核人员。贯彻实施该制度最大的难点是法制审核人员的配置缺乏。解决这一问题有两条路径：一是增加专业审核人员，规定原则上不少于本单位执法人员总数的 5%。[①] 二是充分发挥法律顾问和公职律师的作用，必要时可以采取购买服务的方式。

其二，本次修订明确了法制审核范围。2017 年《行政处罚

① 《国务院办公厅关于全面推行行政执法公示制度执法全过程记录制度重大执法决定法制审核制度的指导意见》（国办发〔2018〕118 号）第（十一）项：加强法制审核队伍的正规化、专业化、职业化建设，把政治素质高、业务能力强、具有法律专业背景的人员调整充实到法制审核岗位，配强工作力量，使法制审核人员的配置与形势任务相适应，原则上各级行政执法机关的法制审核人员不少于本单位执法人员总数的 5%。

法》第三十八条第三款[①]的规定虽然对行政机关内部初次从事审核人员的资格提出了较高标准，但对于法制审核案件的程度类型未作细化区分；本次修法除了对初次从事法制审核人员的资格继续提出较高标准之外，新增规定将须经法制审核的案件范围聚焦为四种情形：一是涉及重大公共利益，二是关系重大权益且经过听证，三是疑难复杂案件，四是法律、法规规定的其他情形。

其三，相比于行政立法、重大行政决策等活动中适用的合法性审查的内容，法制审核的内容更加广泛。法制审核是一项全面审核工作，合法性审查仅是其中一项。法制审核需要对执法主体、权限、内容、程序等诸多要素开展审查，全面评估行政处罚的合法性与合理性。

其四，审核的效力。本次修订增加了“未经法制审核或者审核未通过的，不得作出决定”，对于应当进行法制审核而没有经过法制审核的，应认定属于“重大且明显违法”，可见法治要求更高了。

● 部门规章

1.**《市场监督管理行政处罚程序规定》**（2021年7月2日　国家市场监督管理总局令第42号）

第四十九条　办案机构应当将调查终结报告连同案件材料，交由市场监督管理部门审核机构进行审核。

审核分为法制审核和案件审核。

办案人员不得作为审核人员。

第五十条　对情节复杂或者重大违法行为给予行政处罚的下列案件，在市场监督管理部门负责人作出行政处罚的决定之前，应当由从事行政处罚决定法制审核的人员进行法制审核；未经法制审核或者审核未通过的，不得作出决定：

---

① 在行政机关负责人作出决定之前，应当由从事行政处罚决定审核的人员进行审核。行政机关中初次从事行政处罚决定审核的人员，应当通过国家统一法律职业资格考试取得法律职业资格。

（一）涉及重大公共利益的；

（二）直接关系当事人或者第三人重大权益，经过听证程序的；

（三）案件情况疑难复杂、涉及多个法律关系的；

（四）法律、法规规定应当进行法制审核的其他情形。

前款第二项规定的案件，在听证程序结束后进行法制审核。

县级以上市场监督管理部门可以对第一款的法制审核案件范围作出具体规定。

第五十一条 法制审核由市场监督管理部门法制机构或者其他机构负责实施。

市场监督管理部门中初次从事行政处罚决定法制审核的人员，应当通过国家统一法律职业资格考试取得法律职业资格。

2.**《海关办理行政处罚案件程序规定》**（2021年6月15日 海关总署第250号令）

第六十三条 海关对已经调查终结的行政处罚普通程序案件，应当由从事行政处罚决定法制审核的人员进行法制审核；未经法制审核或者审核未通过的，不得作出处理决定。但是依照本规定第六章第二节快速办理的案件除外。

海关初次从事行政处罚决定法制审核的人员，应当通过国家统一法律职业资格考试取得法律职业资格。

第六十四条 海关对行政处罚案件进行法制审核时，应当重点审核以下内容，并提出审核意见：

（一）执法主体是否合法；

（二）执法人员是否具备执法资格；

（三）执法程序是否合法；

（四）案件事实是否清楚，证据是否合法充分；

（五）适用法律、行政法规、海关规章等依据是否准确；

（六）自由裁量权行使是否适当；

（七）是否超越法定权限；

（八）法律文书是否完备、规范；

（九）违法行为是否依法应当移送其他行政机关或者司法机关处理。

第六十五条 经审核存在问题的，法制审核人员应当提出处理意见并退回调查部门。

仅存在本规定第六十四条第五项、第六项规定问题的，法制审核人员也可以直接提出处理意见，依照本章第三节、第四节规定作出处理决定。

3. **《交通运输行政执法程序规定》**（2021年6月30日　交通运输部令2021年第6号）

第七十一条　有下列情形之一，在执法部门负责人作出行政处罚的决定之前，应当由从事行政处罚决定法制审核的人员进行法制审核：

（一）涉及重大公共利益的；

（二）直接关系当事人或者第三人重大权益，经过听证程序的；

（三）案件情况疑难复杂、涉及多个法律关系的；

（四）法律、法规规定应当进行法制审核的其他情形。

初次从事行政处罚决定法制审核的人员，应当通过国家统一法律职业资格考试取得法律职业资格。

第七十二条　从事行政处罚决定法制审核的人员主要从下列方面进行合法性审核，并提出书面审核意见：

（一）行政执法主体是否合法，行政执法人员是否具备执法资格；

（二）行政执法程序是否合法；

（三）案件事实是否清楚，证据是否合法充分；

（四）适用法律、法规、规章是否准确，裁量基准运用是否适当；

（五）执法是否超越执法部门的法定权限；

（六）行政执法文书是否完备、规范；

（七）违法行为是否涉嫌犯罪、需要移送司法机关。

● 案例指引

毛某诉某市自然资源局行政处罚案［湖南省湘潭市中级人民法院（2020）湘03行终125号行政判决书］

案例要旨：行政机关中初次从事行政处罚决定审核的人员，应当通过国家统一法律职业资格考试取得法律职业资格。本案中，行政机关从事法制审核的人员系初次从事行政处罚决定法制审核的人员，其未通过国家统一法律职业资格考试取得法律职业资格，不具有法制审核的资格，故行政机关作出的涉案行政处罚决定违反法定程序。

第五十九条　【处罚决定书的内容】行政机关依照本法第五十七条的规定给予行政处罚，应当制作行政处罚决定书。行政处罚决定书应当载明下列事项：

（一）当事人的姓名或者名称、地址；

（二）违反法律、法规、规章的事实和证据；

（三）行政处罚的种类和依据；

（四）行政处罚的履行方式和期限；

（五）申请行政复议、提起行政诉讼的途径和期限；

（六）作出行政处罚决定的行政机关名称和作出决定的日期。

行政处罚决定书必须盖有作出行政处罚决定的行政机关的印章。

【适用指南】

本条是关于行政处罚决定书内容的规定。

决定书的必备要件是为了保证正确作出行政处罚，保护当事人程序权利。本次修订删除了原第三十九条第一款第五项“不服行政处罚决定，申请行政复议或者提起行政诉讼的途径和期限”中的“不服行政处罚决定”字样，表述更简洁。

行政行为以是否必须具备某种法定形式为标准，可以分为要式行政行为与非要式行政行为。要式行政行为是指法律、法规规定必须具备某种方式或形式才能产生法律效力的行政行为。行政处罚属于典型的要式行政行为，行政处罚只有具备行政处罚决定书这种法定形式，才会发生行政机关想要产生的法律效果。要式行政行为作为必须具备某种书面文字或具有特定意义符号的行政行为，有利于准确地载明行政主体的意思表示，体现行政行为的严肃性，分清责任，促进依法行政。[1] 行政处罚决定书代表着行政机关正式作出的意思表示，标志着行政处罚决定的成立。

行政处罚决定书除内容需符合法定要求外，还需要加盖作出处罚决定的行政机关的印章。行政处罚决定书上的印章明确了实施处罚的行政机关，也标志着行政处罚决定的最终形成。没有行政机关的印章，就不能认定行政处罚成立。[2] 加盖印章表明行政机关的意思表示正式作出，缺少印章视为行政处罚决定不成立。行政处罚决定书上加盖的印章必须与作出处罚决定的行政机关的名称保持一致、与处罚权限相匹配，不能以内设机构或派出机构的印章来代替。

● 法　律

1.**《治安管理处罚法》**（2012 年 10 月 26 日）

第九十六条　公安机关作出治安管理处罚决定的，应当制作治安管理处罚决定书。决定书应当载明下列内容：

（一）被处罚人的姓名、性别、年龄、身份证件的名称和号码、住址；

（二）违法事实和证据；

（三）处罚的种类和依据；

（四）处罚的执行方式和期限；

（五）对处罚决定不服，申请行政复议、提起行政诉讼的途径和期限；

（六）作出处罚决定的公安机关的名称和作出决定的日期。

决定书应当由作出处罚决定的公安机关加盖印章。

● 部门规章

2.**《道路交通安全违法行为处理程序规定》**（2020 年 4 月 7 日　公安部令第 157 号）

第四十九条　行政处罚决定书应当载明被处罚人的基本情况、车辆牌号、车辆类型、违法事实和证据、处罚的依据、处罚的内容、履行方式、期

---

① 姜明安主编：《行政法与行政诉讼法》，北京大学出版社、高等教育出版社 2005 年版，第 181 页。

② 曹康泰主编：《行政处罚法教程》，中国法制出版社 2011 年版，第 146 页。

限、处罚机关名称及被处罚人依法享有的行政复议、行政诉讼权利等内容。

3.**《市场监督管理行政处罚程序规定》**（2021年7月2日　国家市场监督管理总局令第42号）

第六十二条　市场监督管理部门作出行政处罚决定，应当制作行政处罚决定书，并加盖本部门印章。行政处罚决定书的内容包括：

（一）当事人的姓名或者名称、地址等基本情况；

（二）违反法律、法规、规章的事实和证据；

（三）当事人陈述、申辩的采纳情况及理由；

（四）行政处罚的内容和依据；

（五）行政处罚的履行方式和期限；

（六）申请行政复议、提起行政诉讼的途径和期限；

（七）作出行政处罚决定的市场监督管理部门的名称和作出决定的日期。

第六十三条　市场监督管理部门作出的具有一定社会影响的行政处罚决定应当按照有关规定向社会公开。

公开的行政处罚决定被依法变更、撤销、确认违法或者确认无效的，市场监督管理部门应当在三个工作日内撤回行政处罚决定信息并公开说明理由。

4.**《安全生产违法行为行政处罚办法》**（2015年4月2日　国家安全生产监督管理总局令第77号）

第三十条　安全监管监察部门依照本办法第二十九条的规定给予行政处罚，应当制作行政处罚决定书。行政处罚决定书应当载明下列事项：

（一）当事人的姓名或者名称、地址或者住址；

（二）违法事实和证据；

（三）行政处罚的种类和依据；

（四）行政处罚的履行方式和期限；

（五）不服行政处罚决定，申请行政复议或者提起行政诉讼的途径和期限；

（六）作出行政处罚决定的安全监管监察部门的名称和作出决定的日期。

行政处罚决定书必须盖有作出行政处罚决定的安全监管监察部门的印章。

5.**《海事行政处罚程序实施细则》**（2019年7月25日　海政法〔2019〕275号）

第三十五条　海事管理机构作出海事行政处罚决定，应当制作《海事行政处罚决定书》。

海事行政处罚决定书的内容包括：

（一）当事人的姓名或者名称、地址等基本情况；

（二）违反法律、法规或者规章的事实和证据；

（三）行政处罚的种类和依据；

（四）行政处罚的履行方式和期限；

（五）责令当事人改正或者限期改正违法行为的方式（如有）；

（六）不服行政处罚决定，申请行政复议或者提起行政诉讼的途径和期限；

（七）作出行政处罚决定的海事管理机构名称和作出决定的日期。

6.**《国家外汇管理局行政处罚办法》**（2020年9月18日　国家外汇管理局公告〔2020〕第1号）

第六十二条　对外汇违法行为拟作出行政处罚的，外汇局应当制作行政处罚决定书印送当事人。行政处罚决定书应当至少载明下列内容：

（一）当事人的基本情况；

（二）外汇违法事实和证据；

（三）行政处罚的依据、种类和幅度；

（四）行政处罚的履行方式和期限；

（五）当事人的权利，包括行政复议途径和期限；

（六）作出行政处罚决定的外汇局名称、日期和印章。

7.**《海关办理行政处罚案件程序规定》**（2021年6月15日　海关总署第250号令）

第七十四条　行政处罚决定书应当载明以下内容：

（一）当事人的基本情况，包括当事人姓名或者名称、地址等；

（二）违反法律、行政法规、海关规章的事实和证据；

（三）行政处罚的种类和依据；

（四）行政处罚的履行方式和期限；

（五）申请行政复议或者提起行政诉讼的途径和期限；

（六）作出行政处罚决定的海关名称和作出决定的日期，并且加盖作出行政处罚决定海关的印章。

第六十条　【行政处罚决定作出期限】 行政机关应当自行政处罚案件立案之日起九十日内作出行政处罚决定。法律、法规、规章另有规定的，从其规定。

【适用指南】

本条是关于行政处罚案件办理时间的规定，是新增条款。

本条规定了行政处罚决定作出的期限，能够有效地提高行政效率，防止案件久拖不办、使经济社会秩序长期处于不确定状态、影响当事人的合法权益。90日是基本办理时限，是总结实践经验、考虑各方意见后作出的规定。但公安、证券、生态环境等案件各自具有特殊性，本条也为例外规定留下余地。

行政处罚决定期限是对行政机关展开处罚程序提出的时限要求。从现有立法情况来看，《行政处罚法》修订之前，仅其他法律、法规、规章对处罚作出的时限有涉及。因此，确立行政处罚决定期限制度，能够督促行政机关及时查处违法行为，促使行政机关尽快作出行政处罚决定，提高行政效率；也能够及时追究行为人的法律责任，恢复被违法行为侵害的权益，让社会秩序尽快稳定。为了防止行政机关发现违法行为或者立案之后怠于作为，维护法律安定性，提高行政效率，需要对决定期限加以明确，同时规定在特殊情况下的延长期限，以符合行政实践需求①。

● 法　律

《治安管理处罚法》（2012年10月26日）

第九十九条　公安机关办理治安案件的期限，自受理之日起不得超过三十日；案情重大、复杂的，经上一级公安机关批准，可以延长三十日。

---

① 李洪雷：《论我国行政处罚制度的完善——兼评〈中华人民共和国行政处罚法〉修订草案》，载《法商研究》2020年第6期。

为了查明案情进行鉴定的期间，不计入办理治安案件的期限。

第六十一条　【行政处罚决定书的送达】行政处罚决定书应当在宣告后当场交付当事人；当事人不在场的，行政机关应当在七日内依照《中华人民共和国民事诉讼法》的有关规定，将行政处罚决定书送达当事人。

当事人同意并签订确认书的，行政机关可以采用传真、电子邮件等方式，将行政处罚决定书等送达当事人。

【适用指南】

本条是行政处罚决定书送达制度的规定。

行政处罚决定书的送达，是指行政机关依照法定期间和方式将行政处罚决定书交付当事人的一种法律行为。[①] 处罚决定书送达是行政行为生效的标志。送达是行政处罚的重要程序，目的是使被送达人了解行政处罚决定书的内容，及时履行义务，并知悉应有的行政救济途径。行政处罚决定书以当场交付为原则，不能当场交付的，采取其他送达方式交付。

本条在适用中应当注意以下方面：其一，行政处罚决定书应当在宣告后当场交付当事人；其二，对于不在场的当事人，可以按照《民事诉讼法》规定的送达方式送达，包括直接送达、留置送达、电子送达、委托送达、邮寄送达、转交送达、公告送达等方式；其三，电子送达的前提条件是当事人同意并签订确认书。实践中，送达难问题较为突出，随着电子政务的发展，行政机关

① 曹康泰主编:《行政处罚法教程》，中国法制出版社 2011 年版，第 147 页。

通过电子送达方式向行政相对人送达相关文书的情况逐步增加，提高了文书送达效率，降低了送达成本。

法　律

1.《**治安管理处罚法**》（2012 年 10 月 26 日）

第九十七条　公安机关应当向被处罚人宣告治安管理处罚决定书，并当场交付被处罚人；无法当场向被处罚人宣告的，应当在二日内送达被处罚人。决定给予行政拘留处罚的，应当及时通知被处罚人的家属。

有被侵害人的，公安机关应当将决定书副本抄送被侵害人。

2.《**民事诉讼法**》（2021 年 12 月 24 日）

第八十七条　送达诉讼文书必须有送达回证，由受送达人在送达回证上记明收到日期，签名或者盖章。

受送达人在送达回证上的签收日期为送达日期。

第八十八条　送达诉讼文书，应当直接送交受送达人。受送达人是公民的，本人不在交他的同住成年家属签收；受送达人是法人或者其他组织的，应当由法人的法定代表人、其他组织的主要负责人或者该法人、组织负责收件的人签收；受送达人有诉讼代理人的，可以送交其代理人签收；受送达人已向人民法院指定代收人的，送交代收人签收。

受送达人的同住成年家属，法人或者其他组织的负责收件的人，诉讼代理人或者代收人在送达回证上签收的日期为送达日期。

第八十九条　受送达人或者他的同住成年家属拒绝接收诉讼文书的，送达人可以邀请有关基层组织或者所在单位的代表到场，说明情况，在送达回证上记明拒收事由和日期，由送达人、见证人签名或者盖章，把诉讼文书留在受送达人的住所；也可以把诉讼文书留在受送达人的住所，并采用拍照、录像等方式记录送达过程，即视为送达。

第九十条　经受送达人同意，人民法院可以采用能够确认其收悉的电子方式送达诉讼文书。通过电子方式送达的判决书、裁定书、调解书，受送达人提出需要纸质文书的，人民法院应当提供。

采用前款方式送达的，以送达信息到达受送达人特定系统的日期为送达日期。

第九十一条　直接送达诉讼文书有困难的，可以委托其他人民法院代为送达，或者邮寄送达。邮寄送达的，以回执上注明的收件日期为送达日期。

第九十二条 受送达人是军人的，通过其所在部队团以上单位的政治机关转交。

第九十三条 受送达人被监禁的，通过其所在监所转交。

受送达人被采取强制性教育措施的，通过其所在强制性教育机构转交。

第九十四条 代为转交的机关、单位收到诉讼文书后，必须立即交受送达人签收，以在送达回证上的签收日期，为送达日期。

第九十五条 受送达人下落不明，或者用本节规定的其他方式无法送达的，公告送达。自发出公告之日起，经过三十日，即视为送达。

公告送达，应当在案卷中记明原因和经过。

● *部门规章*

3. **《市场监督管理行政处罚程序规定》**（2021年7月2日 国家市场监督管理总局令第42号）

第八十一条 市场监督管理部门送达行政处罚决定书，应当在宣告后当场交付当事人。当事人不在场的，应当在七个工作日内按照本规定第八十二条、第八十三条的规定，将行政处罚决定书送达当事人。

第八十二条 市场监督管理部门送达执法文书，应当按照下列方式进行：

（一）直接送达的，由受送达人在送达回证上注明签收日期，并签名或者盖章，受送达人在送达回证上注明的签收日期为送达日期。受送达人是自然人的，本人不在时交其同住成年家属签收；受送达人是法人或者其他组织的，应当由法人的法定代表人、其他组织的主要负责人或者该法人、其他组织负责收件的人签收；受送达人有代理人的，可以送交其代理人签收；受送达人已向市场监督管理部门指定代收人的，送交代收人签收。受送达人的同住成年家属，法人或者其他组织负责收件的人，代理人或者代收人在送达回证上签收的日期为送达日期。

（二）受送达人或者其同住成年家属拒绝签收的，市场监督管理部门可以邀请有关基层组织或者所在单位的代表到场，说明情况，在送达回证上载明拒收事由和日期，由送达人、见证人签名或者以其他方式确认，将执法文书留在受送达人的住所；也可以将执法文书留在受送达人的住所，并采取拍照、录像等方式记录送达过程，即视为送达。

（三）经受送达人同意并签订送达地址确认书，可以采用手机短信、传真、电子邮件、即时通讯账号等能够确认其收悉的电子方式送达执法文书，市场监督管理部门应当通过拍照、截屏、录音、录像等方式予以记录，手机短信、传真、电子邮件、即时通讯信息等到达受送达人特定系统的日期为送达日期。

（四）直接送达有困难的，可以邮寄送达或者委托当地市场监督管理部门、转交其他部门代为送达。邮寄送达的，以回执上注明的收件日期为送达日期；委托、转交送达的，受送达人的签收日期为送达日期。

（五）受送达人下落不明或者采取上述方式无法送达的，可以在市场监督管理部门公告栏和受送达人住所地张贴公告，也可以在报纸或者市场监督管理部门门户网站等刊登公告。自公告发布之日起经过六十日，即视为送达。公告送达，应当在案件材料中载明原因和经过。在市场监督管理部门公告栏和受送达人住所地张贴公告的，应当采取拍照、录像等方式记录张贴过程。

第八十三条 市场监督管理部门可以要求受送达人签署送达地址确认书，送达至受送达人确认的地址，即视为送达。受送达人送达地址发生变更的，应当及时书面告知市场监督管理部门；未及时告知的，市场监督管理部门按原地址送达，视为依法送达。

因受送达人提供的送达地址不准确、送达地址变更未书面告知市场监督管理部门，导致执法文书未能被受送达人实际接收的，直接送达的，执法文书留在该地址之日为送达之日；邮寄送达的，执法文书被退回之日为送达之日。

4.**《交通运输行政执法程序规定》**（2021年6月30日　交通运输部令2021年第6号）

第十八条 执法部门应当按照下列规定送达执法文书：

（一）直接送交受送达人，由受送达人记明收到日期，签名或者盖章，受送达人的签收日期为送达日期。受送达人是公民的，本人不在交其同住的成年家属签收；受送达人是法人或者其他组织的，应当由法人的法定代表人、该组织的主要负责人或者办公室、收发室、值班室等负责收件的人签收或者盖章，当事人指定代收人的，交代收人签收。受送达人的同住成年家属，法人或者其他组织的负责收件的人或者代收人在《送达回证》上签收的日期为送达日期；

（二）受送达人或者他的同住成年家属拒绝接收的，可以邀请受送达人住所地的居民委员会、村民委员会的工作人员或者受送达人所在单位的工作人员作见证人，说明情况，在《送达回证》上记明拒收事由和日期，由执法人员、见证人签名或者盖章，将执法文书留在受送达人的住所；也可以把执法文书留在受送达人的住所，并采取拍照、录像等方式记录送达过程，即视为送达；

（三）经受送达人同意，可以采用传真、电子邮件、移动通信等能够确认其即时收悉的特定系统作为送达媒介电子送达执法文书。受送达人同意采用电子方式送达的，应当在送达地址确认书中予以确认。采取电子送达方式送达的，以执法部门对应系统显示发送成功的日期为送达日期，但受送达人证明到达其确认的特定系统的日期与执法部门对应系统显示发送成功的日期不一致的，以受送达人证明到达其特定系统的日期为准；

（四）直接送达有困难的，可以邮寄送达或者委托其他执法部门代为送达。委托送达的，受委托的执法部门按照直接送达或者留置送达方式送达执法文书，并及时将《送达回证》交回委托的执法部门。邮寄送达的，以回执上注明的收件日期为送达日期。执法文书在期满前交邮的，不算过期；

（五）受送达人下落不明或者用上述方式无法送达的，采取公告方式送达，说明公告送达的原因，并在案卷中记明原因和经过。公告送达可以在执法部门的公告栏和受送达人住所地张贴公告，也可以在报纸、信息网络等媒体上刊登公告，发出公告日期以最后张贴或者刊登的日期为准，经过六十日，即视为送达。在受送达人住所地张贴公告的，应当采取拍照、录像等方式记录张贴过程。

5.**《海关办理行政处罚案件程序规定》**（2021年6月15日　海关总署第250号令）

第二十四条　海关法律文书的送达程序，《中华人民共和国行政处罚法》《中华人民共和国行政强制法》和本规定均未明确的，适用《中华人民共和国民事诉讼法》的相关规定。

第二十五条　经当事人或者其代理人书面同意，海关可以采用传真、电子邮件、移动通信、互联网通讯工具等方式送达行政处罚决定书等法律文书。

采取前款方式送达的，以传真、电子邮件、移动通信、互联网通讯工具等到达受送达人特定系统的日期为送达日期。

第二十六条 海关可以要求当事人或者其代理人书面确认法律文书送达地址。

当事人及其代理人提供的送达地址，应当包括邮政编码、详细地址以及受送达人的联系电话或者其确认的电子送达地址等。

海关应当书面告知送达地址确认书的填写要求和注意事项以及提供虚假地址或者提供地址不准确的法律后果，并且由当事人或者其代理人确认。

当事人变更送达地址，应当以书面方式告知海关。当事人未书面变更的，以其确认的地址为送达地址。

因当事人提供的送达地址不准确、送达地址变更未书面告知海关，导致法律文书未能被受送达人实际接收的，直接送达的，法律文书留在该地址之日为送达之日；邮寄送达的，法律文书被退回之日为送达之日。

第二十七条 海关邮寄送达法律文书的，应当附送达回证并且以送达回证上注明的收件日期为送达日期；送达回证没有寄回的，以挂号信回执、查询复单或者邮寄流程记录上注明的收件日期为送达日期。

第二十八条 海关依法公告送达法律文书的，应当将法律文书的正本张贴在海关公告栏内。行政处罚决定书公告送达的，还应当在报纸或者海关门户网站上刊登公告。

第七十七条 行政处罚决定书应当在宣告后当场交付当事人；当事人不在场的，海关应当在七个工作日内将行政处罚决定书送达当事人。

第六十二条　【行政机关不履行告知义务不得作出处罚】行政机关及其执法人员在作出行政处罚决定之前，未依照本法第四十四条、第四十五条的规定向当事人告知拟作出的行政处罚内容及事实、理由、依据，或者拒绝听取当事人的陈述、申辩，不得作出行政处罚决定；当事人明确放弃陈述或者申辩权利的除外。

【适用指南】

本条是行政机关的告知义务和听取陈述、申辩义务的规定，本次修法作出了许多精细和重要的修改。

本条是从法律后果的角度对当事人程序权利作出的保障，第四十四条、第四十五条规定的告知、陈述、申辩属于重要法定程序，不履行法定义务将承担法律后果。此次修改，将“不依照”修改为“未依照”，点到了行政机关不作为的要害，对于执法者的要求更高；将“告知给予处罚的事实、理由和依据”修改为“告知拟作出的行政处罚内容及事实、理由、依据”，对于执法者公开行政处罚的要求也更高，还兼顾了法条表述的规范性；将法律后果修正为“不得作出行政处罚决定”，较之原条文的“行政处罚决定不能成立”，显然更加严厉；将“当事人放弃陈述或者申辩权利的除外”修改为“当事人明确放弃陈述或者申辩权利的除外”，增加“明确”二字，意旨当然是规范行政相对人放弃权利的意思表示，但同时也对行政执法主体提出了更高要求，即不能模糊随意地认为行政相对人放弃了陈述或者申辩的权利。

一般而言，看待法律程序有两种观点。一种是工具主义的程序观，认为法律程序有助于产生好的实体结果，程序附属于实体价值存在。另一种是本位主义的程序观，认为法律程序具有独立的价值，它具有独立于实体结果的功能。作为法律制度中的程序，是交涉过程的制度化，[①] 法律程序本身具有促进民主、实现程序正义等独立价值，也被视为人治与法治的分水岭。正当程序原则作为行政法的一项基本原则，对于约束行政权力、体现程序正义具有重要意义。《行政处罚法》更严格地规定了违反正当程序的法律后果，也即在作出行政处罚决定之前，未按规定向当事人告知相关内容，行政机关不得作出行政处罚决定，行政处罚决

---

① 季卫东:《法律程序的意义》，载《中国社会科学》1993 年第 1 期。

定即使作出，效力也会受到否定。这一规定体现了正当程序的独立价值。

● *部门规章*

《海关办理行政处罚案件程序规定》（2021年6月15日　海关总署第250号令）

第六十六条　海关在作出行政处罚决定或者不予行政处罚决定前，应当告知当事人拟作出的行政处罚或者不予行政处罚内容及事实、理由、依据，并且告知当事人依法享有的陈述、申辩、要求听证等权利。

海关未依照前款规定履行告知义务，或者拒绝听取当事人的陈述、申辩，不得作出行政处罚决定或者不予行政处罚决定。

在履行告知义务时，海关应当制发行政处罚告知单或者不予行政处罚告知单，送达当事人。

第四节　听 证 程 序

第六十三条　【听证的适用范围】行政机关拟作出下列行政处罚决定，应当告知当事人有要求听证的权利，当事人要求听证的，行政机关应当组织听证：

（一）较大数额罚款；

（二）没收较大数额违法所得、没收较大价值非法财物；

（三）降低资质等级、吊销许可证件；

（四）责令停产停业、责令关闭、限制从业；

（五）其他较重的行政处罚；

（六）法律、法规、规章规定的其他情形。

当事人不承担行政机关组织听证的费用。

【适用指南】

本条是听证程序适用范围和费用的规定。

听证是行政机关在作出影响行政相对人合法权益的决定前，由行政机关告知决定理由和听证权利，行政相对人表达意见、提供证据以及行政机关听取意见、认定证据的程序所构成的一种法律制度。① 听证制度的设立有利于保护行政相对人的合法权益，同时也可以最大程度地限制行政主体对于权力的滥用，可以接受公众的监督，作出公正的，让当事人、公众信服的行政决定。本条在适用中应当注意以下几个方面：

其一，本条第一款规定了告知程序，行政机关拟作出上述六项行政处罚决定的，行政机关应当告知当事人具有听证的权利。这有利于维护行政程序的正当性，当行政机关拟作出的决定影响到行政相对人的法律权利时，应当赋予当事人一个公平听证的机会。②

其二，听证程序因当事人要求听证而启动，行政机关应当组织听证；不满足听证程序的适用范围的、当事人不要求听证的以及其他不符合组织听证的情形的，行政机关可以不组织听证。

其三，本条较修订前扩大了听证程序的范围，对于较大的影响行政相对人合法利益的行为进行列举，但并未穷尽列举，增加第一款第六项的规定，即法律、法规、规章规定的其他情形，在立法上保证了逻辑的完整性，以应对随着社会的发展可能产生的其他应当进行组织听证的情形。

其四，本条对行政拘留作了调整，删除了行政机关限制人身自由的限制，有观点认为行政拘留不应纳入听证程序，有利于完善本法条文间和法律条文间的协调性。③ 当事人对限制人身自由处罚决定不服，可以申请行政复议或者提起行政诉讼，有其他的救济方式；如果也纳入听证范围，行政机关的效率无法保障，不能较快地作出行政处罚决定，行政相对人对于处罚没有合理的预

---

① 章剑生：《行政程序法比较研究》，浙江大学出版社 2010 年版，第 2~3 页。
② 马怀德：《论听证程序的适用范围》，载《中外法学》1998 年第 2 期。
③ 王洪芳：《行政拘留不适用听证程序的主要理由反思》，载《社科纵横》2009 年第 1 期。

期，不利于行政相对人的合法权益的维护。

其五，本条第二款规定当事人无需承担行政机关组织听证的费用，组织听证是履行行政管理职能的行为，是行政机关履行行政职能的部分工作内容，应当由政府财政去承担听证费用，而不应当由当事人承担，这也利于保护行政相对人的听证权利，在行使听证权利时没有后顾之忧。

● *法　律*

1.《**治安管理处罚法**》（2012 年 10 月 26 日）

第九十八条　公安机关作出吊销许可证以及处二千元以上罚款的治安管理处罚决定前，应当告知违反治安管理行为人有权要求举行听证；违反治安管理行为人要求听证的，公安机关应当及时依法举行听证。

● *行政法规及文件*

2.《**海关行政处罚实施条例**》（2004 年 9 月 19 日　国务院令第 420 号）

第四十九条　海关作出暂停从事有关业务、暂停报关执业、撤销海关注册登记、取消报关从业资格、对公民处 1 万元以上罚款、对法人或者其他组织处 10 万元以上罚款、没收有关货物、物品、走私运输工具等行政处罚决定之前，应当告知当事人有要求举行听证的权利；当事人要求听证的，海关应当组织听证。

海关行政处罚听证办法由海关总署制定。

● *部门规章*

3.《**市场监督管理行政处罚听证办法**》（2021 年 7 月 2 日　国家市场监督管理总局令第 42 号）

第五条　市场监督管理部门拟作出下列行政处罚决定，应当告知当事人有要求听证的权利：

（一）责令停产停业、责令关闭、限制从业；

（二）降低资质等级、吊销许可证件或者营业执照；

（三）对自然人处以一万元以上、对法人或者其他组织处以十万元以上罚款；

（四）对自然人、法人或者其他组织作出没收违法所得和非法财物价值总额达到第三项所列数额的行政处罚；

（五）其他较重的行政处罚；

（六）法律、法规、规章规定的其他情形。

各省、自治区、直辖市人大常委会或者人民政府对前款第三项、第四项所列罚没数额有具体规定的，可以从其规定。

第六条 向当事人告知听证权利时，应当书面告知当事人拟作出的行政处罚内容及事实、理由、依据。

第七条 当事人要求听证的，可以在告知书送达回证上签署意见，也可以自收到告知书之日起五个工作日内提出。当事人以口头形式提出的，办案人员应当将情况记入笔录，并由当事人在笔录上签名或者盖章。

当事人自告知书送达之日起五个工作日内，未要求听证的，视为放弃此权利。

当事人在规定期限内要求听证的，市场监督管理部门应当依照本办法的规定组织听证。

4.《交通运输行政执法程序规定》（2021年6月30日　交通运输部令2021年第6号）

第八十条 执法部门在作出下列行政处罚决定前，应当在送达《违法行为通知书》时告知当事人有要求举行听证的权利：

（一）责令停产停业、责令关闭、限制从业；

（二）降低资质等级、吊销许可证件；

（三）较大数额罚款；

（四）没收较大数额违法所得、没收较大价值非法财物；

（五）其他较重的行政处罚；

（六）法律、法规、规章规定的其他情形。

前款第（三）、（四）项规定的较大数额，地方执法部门按照省级人大常委会或者人民政府规定或者其授权部门规定的标准执行。海事执法部门按照对自然人处1万元以上、对法人或者其他组织10万元以上的标准执行。

第八十一条 执法部门不得因当事人要求听证而加重处罚。

5.《中国银保监会行政处罚办法》（2020年6月15日　中国银行保险监督管理委员会令2020年第8号）

第六十条 银保监会及其派出机构拟作出以下行政处罚决定前，应当在行政处罚事先告知书中告知当事人有要求举行听证的权利：

（一）作出较大数额的罚款；

（二）没收较大数额的违法所得；

（三）限制保险业机构业务范围、责令停止接受新业务；

（四）责令停业整顿；

（五）吊销金融、业务许可证；

（六）取消、撤销任职资格；

（七）撤销外国银行代表处、撤销外国保险机构驻华代表机构或要求撤换外国银行首席代表、责令撤换外国保险机构驻华代表机构的首席代表；

（八）禁止从事银行业工作或者禁止进入保险业。

前款所称较大数额的罚款是指：

（一）银保监会对实施银行业违法行为的单位作出的五百万元以上（不含本数，下同）罚款、对实施银行业违法行为的个人作出的五十万元以上罚款，对实施保险业违法行为的单位作出的一百五十万元以上罚款、对实施保险业违法行为的个人作出的十万元以上罚款；

（二）银保监局对实施银行业违法行为的单位作出的三百万元以上罚款、对实施银行业违法行为的个人作出的三十万元以上罚款，对实施保险业违法行为的单位作出的五十万元以上罚款、对实施保险业违法行为的个人作出的七万元以上罚款；

（三）银保监分局对实施银行业违法行为的单位作出的一百万元以上罚款、对实施银行业违法行为的个人作出的十万元以上罚款，对实施保险业违法行为的单位作出的三十万元以上罚款、对实施保险业违法行为的个人作出的五万元以上罚款。

本条第一款所称没收较大数额的违法所得是指银保监会作出的没收五百万元以上违法所得，银保监局作出的没收一百万元以上违法所得，银保监分局作出的没收五十万元以上违法所得。

6. **《海关办理行政处罚案件程序规定》**（2021 年 6 月 15 日　海关总署第 250 号令）

第八十二条 海关拟作出下列行政处罚决定，应当告知当事人有要求听证的权利，当事人要求听证的，海关应当组织听证：

（一）对公民处一万元以上罚款、对法人或者其他组织处十万元以上罚款；

（二）对公民处没收一万元以上违法所得、对法人或者其他组织处没收十万元以上违法所得；

（三）没收有关货物、物品、走私运输工具；

（四）降低资质等级、吊销许可证件；

（五）责令停产停业、责令关闭、限制从业；

（六）其他较重的行政处罚；

（七）法律、行政法规、海关规章规定的其他情形。

当事人不承担组织听证的费用。

● *案例指引*

黄某富、何某琼、何某诉四川省成都市金堂工商行政管理局行政处罚案（最高人民法院指导案例6号）

案例要旨：为了保证行政相对人充分行使陈述权和申辩权，保障行政处罚决定的合法性和合理性，对没收较大数额财产的行政处罚，也应当根据《行政处罚法》的规定适用听证程序。金堂工商局没收黄某富等三人32台电脑主机的行政处罚决定，应属没收较大数额的财产，对黄某富等三人的利益产生重大影响的行为，金堂工商局在作出行政处罚前应当告知被处罚人有要求听证的权利。本案中，金堂工商局在作出处罚决定前只按照行政处罚一般程序告知黄某富等三人有陈述、申辩的权利，而没有告知听证权利，违反了法定程序，依法应予撤销。

第六十四条　【听证的基本程序】听证应当依照以下程序组织：

（一）当事人要求听证的，应当在行政机关告知后五日内提出；

（二）行政机关应当在举行听证的七日前，通知当事人及有关人员听证的时间、地点；

（三）除涉及国家秘密、商业秘密或者个人隐私依法予以保密外，听证公开举行；

（四）听证由行政机关指定的非本案调查人员主持；当事人认为主持人与本案有直接利害关系的，有权申请回避；

（五）当事人可以亲自参加听证，也可以委托一至二人代理；

（六）当事人及其代理人无正当理由拒不出席听证或者未经许可中途退出听证的，视为放弃听证权利，行政机关终止听证；

（七）举行听证时，调查人员提出当事人违法的事实、证据和行政处罚建议，当事人进行申辩和质证；

（八）听证应当制作笔录。笔录应当交当事人或者其代理人核对无误后签字或者盖章。当事人或者其代理人拒绝签字或者盖章的，由听证主持人在笔录中注明。

【适用指南】

本条是关于听证组织程序的规定。

行政机关在组织听证时，要严格遵循听证程序，坚守正当程序原则，否则会使当事人或代理人丧失对听证的合法期待，违背听证程序设立的初衷。本条在适用中应当注意以下几个方面：

其一，当事人要求听证的期限。此次修法进行了期限的修改，由原来的三日改为五日，当事人应当在行政机关告知后的五日内，向该行政机关提出要求听证的请求。这里的“五日内”是一个不变的期限，本法没有作出可以中断、中止和延长的规定。当事人只能在五日内要求听证，超过期限行使权利将不受到法律保护，有助于提升当事人的维权的意识和降低行政机关组织听证的成本。

其二，听证主持人应保持中立地位，在主持人的选择上由行政机关指定非本案调查人，以防止有先入为主的事实倾向态度，在主持工作中有失公允；当事人认为主持人与本案有直接利害关系，不能够保持公正的，具有提出其回避的权利。有学者认为，在司法实践中主持人的选任缺乏中立性和专业性，主持人在主持听证会的职权并不明确，在本法中并未有明确的规定。[①] 在实践中应注意保证听证主持人的中立地位，在实践中探究和明确主持人的职责，保证其专业性，以更好地完成听证工作。

其三，第六项内容为新增加的，当事人及其代理人无正当理由拒不出席或者未经许可中途退出听证产生的后果，视为放弃听证的权利，行政机关终止听证。行政机关依法作出行政处罚的决定，体现了行政机关的工作效率，当事人及其代理人放弃听证权利，应为自己的行为负责。

其四，举行听证时，针对调查人员提出的当事人的违法事实、证据和行政处罚的建议，当事人有权利进行申辩和质证，以维护自己的合法利益。

其五，第八项有改动，规定了制作听证笔录的要求。制作完成听证笔录应当交由当事人或者代理人核对无误后签字或者盖章，以保证听证笔录真实无误；增加了当事人或者代理人拒不签字或者盖章的情形，听证主持人在笔录中注明听证笔录没有签名或者盖章的原因，以保证听证笔录的真实性和完整性。

① 武戈、周云：《论我国行政处罚的听证程序》，载《学术探索》2008 年第 3 期。

● *部门规章*

1.**《市场监督管理行政处罚听证办法》**（2021年7月2日　国家市场监督管理总局令第42号）

第八条　听证由市场监督管理部门法制机构或者其他机构负责组织。

第九条　听证人员包括听证主持人、听证员和记录员。

第十条　听证参加人包括当事人及其代理人、第三人、办案人员、证人、翻译人员、鉴定人以及其他有关人员。

第十一条　听证主持人由市场监督管理部门负责人指定。必要时，可以设一至二名听证员，协助听证主持人进行听证。

记录员由听证主持人指定，具体承担听证准备和听证记录工作。

办案人员不得担任听证主持人、听证员和记录员。

第十二条　听证主持人在听证程序中行使下列职责：

（一）决定举行听证的时间、地点；

（二）审查听证参加人资格；

（三）主持听证；

（四）维持听证秩序；

（五）决定听证的中止或者终止，宣布听证结束；

（六）本办法赋予的其他职责。

听证主持人应当公开、公正地履行主持听证的职责，不得妨碍当事人、第三人行使陈述权、申辩权。

第十三条　要求听证的自然人、法人或者其他组织是听证的当事人。

第十四条　与听证案件有利害关系的其他自然人、法人或者其他组织，可以作为第三人申请参加听证，或者由听证主持人通知其参加听证。

第十五条　当事人、第三人可以委托一至二人代为参加听证。

委托他人代为参加听证的，应当向市场监督管理部门提交由委托人签名或者盖章的授权委托书以及委托代理人的身份证明文件。

授权委托书应当载明委托事项及权限。委托代理人代为撤回听证申请或者明确放弃听证权利的，必须有委托人的明确授权。

第十六条　办案人员应当参加听证。

第十七条　与听证案件有关的证人、鉴定人等经听证主持人同意，可以到场参加听证。

第十八条 市场监督管理部门应当自收到当事人要求听证的申请之日起三个工作日内，确定听证主持人。

第十九条 办案人员应当自确定听证主持人之日起三个工作日内，将案件材料移交听证主持人，由听证主持人审阅案件材料，准备听证提纲。

第二十条 听证主持人应当自接到办案人员移交的案件材料之日起五个工作日内确定听证的时间、地点，并应当于举行听证的七个工作日前将听证通知书送达当事人。

听证通知书中应当载明听证时间、听证地点及听证主持人、听证员、记录员、翻译人员的姓名，并告知当事人有申请回避的权利。

第三人参加听证的，听证主持人应当在举行听证的七个工作日前将听证的时间、地点通知第三人。

第二十一条 听证主持人应当于举行听证的七个工作日前将听证的时间、地点通知办案人员，并退回案件材料。

第二十二条 除涉及国家秘密、商业秘密或者个人隐私依法予以保密外，听证应当公开举行。

公开举行听证的，市场监督管理部门应当于举行听证的三个工作日前公告当事人的姓名或者名称、案由以及举行听证的时间、地点。

第二十三条 听证开始前，记录员应当查明听证参加人是否到场，并向到场人员宣布以下听证纪律：

（一）服从听证主持人的指挥，未经听证主持人允许不得发言、提问；

（二）未经听证主持人允许不得录音、录像和摄影；

（三）听证参加人未经听证主持人允许不得退场；

（四）不得大声喧哗，不得鼓掌、哄闹或者进行其他妨碍听证秩序的活动。

第二十四条 听证主持人核对听证参加人，说明案由，宣布听证主持人、听证员、记录员、翻译人员名单，告知听证参加人在听证中的权利义务，询问当事人是否提出回避申请。

第二十五条 听证按下列程序进行：

（一）办案人员提出当事人违法的事实、证据、行政处罚建议及依据；

（二）当事人及其委托代理人进行陈述和申辩；

（三）第三人及其委托代理人进行陈述；

（四）质证；

（五）辩论；

（六）听证主持人按照第三人、办案人员、当事人的先后顺序征询各方最后意见。

当事人可以当场提出证明自己主张的证据，听证主持人应当接收。

第二十六条 有下列情形之一的，可以中止听证：

（一）当事人因不可抗力无法参加听证的；

（二）当事人死亡或者终止，需要确定相关权利义务承受人的；

（三）当事人临时提出回避申请，无法当场作出决定的；

（四）需要通知新的证人到场或者需要重新鉴定的；

（五）其他需要中止听证的情形。

中止听证的情形消失后，听证主持人应当恢复听证。

第二十七条 有下列情形之一的，可以终止听证：

（一）当事人撤回听证申请或者明确放弃听证权利的；

（二）当事人无正当理由拒不到场参加听证的；

（三）当事人未经听证主持人允许中途退场的；

（四）当事人死亡或者终止，并且无权利义务承受人的；

（五）其他需要终止听证的情形。

第二十八条 记录员应当如实记录，制作听证笔录。听证笔录应当载明听证时间、地点、案由，听证人员、听证参加人姓名，各方意见以及其他需要载明的事项。

听证会结束后，听证笔录应当经听证参加人核对无误后，由听证参加人当场签名或者盖章。当事人、第三人拒绝签名或者盖章的，应当在听证笔录中记明情况。

第二十九条 听证结束后，听证主持人应当在五个工作日内撰写听证报告，由听证主持人、听证员签名，连同听证笔录送办案机构，由其连同其他案件材料一并上报市场监督管理部门负责人。

市场监督管理部门应当根据听证笔录，结合听证报告提出的意见建议，依照《市场监督管理行政处罚程序规定》的有关规定，作出决定。

第三十条 听证报告应当包括以下内容：

（一）听证案由；

（二）听证人员、听证参加人；

（三）听证的时间、地点；

（四）听证的基本情况；

（五）处理意见和建议；

（六）需要报告的其他事项。

2.**《交通运输行政执法程序规定》**（2021年6月30日　交通运输部令2021年第6号）

第八十二条　当事人要求听证的，应当自收到《违法行为通知书》之日起五日内以书面或者口头形式提出。当事人以口头形式提出的，执法部门应当将情况记入笔录，并由当事人在笔录上签名或者盖章。

第八十三条　执法部门应当在举行听证的七日前向当事人及有关人员送达《听证通知书》，将听证的时间、地点通知当事人和其他听证参加人。

第八十四条　听证设听证主持人一名，负责组织听证；记录员一名，具体承担听证准备和制作听证笔录工作。

听证主持人由执法部门负责人指定；记录员由听证主持人指定。

本案调查人员不得担任听证主持人或者记录员。

第八十五条　听证主持人在听证活动中履行下列职责：

（一）决定举行听证的时间、地点；

（二）决定听证是否公开举行；

（三）要求听证参加人到场参加听证、提供或者补充证据；

（四）就案件的事实、理由、证据、程序、处罚依据和行政处罚建议等相关内容组织质证和辩论；

（五）决定听证的延期、中止或者终止，宣布结束听证；

（六）维持听证秩序。对违反听证会场纪律的，应当警告制止；对不听制止，干扰听证正常进行的旁听人员，责令其退场；

（七）其他有关职责。

第八十六条　听证参加人包括：

（一）当事人及其代理人；

（二）本案执法人员；

（三）证人、检测、检验及技术鉴定人；

（四）翻译人员；

（五）其他有关人员。

第八十七条 要求举行听证的公民、法人或者其他组织是听证当事人。当事人在听证活动中享有下列权利：

（一）申请回避；

（二）参加听证，或者委托一至二人代理参加听证；

（三）进行陈述、申辩和质证；

（四）核对、补正听证笔录；

（五）依法享有的其他权利。

第八十八条 与听证案件处理结果有利害关系的其他公民、法人或者其他组织，作为第三人申请参加听证的，应当允许。为查明案情，必要时，听证主持人也可以通知其参加听证。

第八十九条 委托他人代为参加听证的，应当向执法部门提交由委托人签名或者盖章的授权委托书以及委托代理人的身份证明文件。

授权委托书应当载明委托事项及权限。委托代理人代为放弃行使陈述权、申辩权和质证权的，必须有委托人的明确授权。

第九十条 听证主持人有权决定与听证案件有关的证人、检测、检验及技术鉴定人等听证参加人到场参加听证。

第九十一条 听证应当公开举行，涉及国家秘密、商业秘密或者个人隐私依法予以保密的除外。

公开举行听证的，应当公告当事人姓名或者名称、案由以及举行听证的时间、地点等。

第九十二条 听证按下列程序进行：

（一）宣布案由和听证纪律；

（二）核对当事人或其代理人、执法人员、证人及其他有关人员是否到场，并核实听证参加人的身份；

（三）宣布听证员、记录员和翻译人员名单，告知当事人有申请主持人回避、申辩和质证的权利；对不公开听证的，宣布不公开听证的理由；

（四）宣布听证开始；

（五）执法人员陈述当事人违法的事实、证据，拟作出行政处罚的建议和法律依据；执法人员提出证据时，应当向听证会出示。证人证言、检测、检验及技术鉴定意见和其他作为证据的文书，应当当场宣读；

（六）当事人或其代理人对案件的事实、证据、适用法律、行政处罚意见等进行陈述、申辩和质证，并可以提供新的证据；第三人可以陈述事实，提供证据；

（七）听证主持人可以就案件的有关问题向当事人或其代理人、执法人员、证人询问；

（八）经听证主持人允许，当事人、执法人员就案件的有关问题可以向到场的证人发问。当事人有权申请通知新的证人到会作证，调取新的证据。当事人提出申请的，听证主持人应当当场作出是否同意的决定；申请重新检测、检验及技术鉴定的，按照有关规定办理；

（九）当事人、第三人和执法人员可以围绕案件所涉及的事实、证据、程序、适用法律、处罚种类和幅度等问题进行辩论；

（十）辩论结束后，听证主持人应当听取当事人或其代理人、第三人和执法人员的最后陈述意见；

（十一）中止听证的，听证主持人应当宣布再次听证的有关事宜；

（十二）听证主持人宣布听证结束，听证笔录交当事人或其代理人核对。当事人或其代理人认为听证笔录有错误的，有权要求补充或改正。当事人或其代理人核对无误后签名或者盖章；当事人或其代理人拒绝的，在听证笔录上写明情况。

第九十三条　有下列情形之一的，听证主持人可以决定延期举行听证：

（一）当事人因不可抗拒的事由无法到场的；

（二）当事人临时申请回避的；

（三）其他应当延期的情形。

延期听证，应当在听证笔录中写明情况，由听证主持人签名。

第九十四条　听证过程中，有下列情形之一的，应当中止听证：

（一）需要通知新的证人到会、调取新的证据或者证据需要重新检测、检验及技术鉴定的；

（二）当事人提出新的事实、理由和证据，需要由本案调查人员调查核实的；

（三）当事人死亡或者终止，尚未确定权利、义务承受人的；

（四）当事人因不可抗拒的事由，不能继续参加听证的；

（五）因回避致使听证不能继续进行的；

（六）其他应当中止听证的情形。

中止听证，应当在听证笔录中写明情况，由听证主持人签名。

第九十五条 延期、中止听证的情形消失后，听证主持人应当及时恢复听证，并将听证的时间、地点通知听证参加人。

第九十六条 听证过程中，有下列情形之一的，应当终止听证：

（一）当事人撤回听证申请的；

（二）当事人或其代理人无正当理由不参加听证或者未经听证主持人允许，中途退出听证的；

（三）当事人死亡或者终止，没有权利、义务承受人的；

（四）听证过程中，当事人或其代理人扰乱听证秩序，不听劝阻，致使听证无法正常进行的；

（五）其他应当终止听证的情形。

听证终止，应当在听证笔录中写明情况，由听证主持人签名。

第九十七条 记录员应当将举行听证的全部活动记入《听证笔录》，经听证参加人审核无误或者补正后，由听证参加人当场签名或者盖章。当事人或其代理人、证人拒绝签名或盖章的，由听证主持人在《听证笔录》中注明情况。

《听证笔录》经听证主持人审阅后，由听证主持人和记录员签名。

第九十八条 听证结束后，执法部门应当根据听证笔录，依照本规定第七十三条的规定，作出决定。

3.**《中国银保监会行政处罚办法》**（2020年6月15日　中国银行保险监督管理委员会令2020年第8号）

第六十一条 当事人申请听证的，应当自收到行政处罚事先告知书之日起五个工作日以内，向银保监会或其派出机构提交经本人签字或盖章的听证申请书。听证申请书中应当载明下列内容：

（一）申请人的基本情况；

（二）具体的听证请求；

（三）申请听证的主要事实、理由和证据；

（四）申请日期和申请人签章。

当事人逾期不提出申请的，视为放弃听证权利。

当事人对违法事实有异议的，应当在提起听证申请时提交相关证据材料。

第六十二条 银保监会或者派出机构收到听证申请后，应依法进行审查，符合听证条件的，应当组织举行听证，并在举行听证七个工作日前，书面通知当事人举行听证的时间、地点。

第六十三条 行政处罚委员会办公室可以成立至少由三人组成的听证组进行听证。其中，听证主持人由行政处罚委员会办公室主任或其指定的人员担任，听证组其他成员由行政处罚委员会办公室的工作人员或者其他相关人员担任。

听证组应当指定专人作为记录员。

第六十四条 听证主持人履行下列职责：

（一）主持听证会，维持听证秩序；

（二）询问听证参加人；

（三）决定听证的延期、中止或终止；

（四）法律、行政法规和规章赋予的其他职权。

第六十五条 当事人在听证中享有下列权利：

（一）使用本民族的语言文字参加听证；

（二）申请不公开听证；

（三）申请回避；

（四）参加听证或者委托代理人参加听证；

（五）就听证事项进行陈述、申辩和举证、质证；

（六）听证结束前进行最后陈述；

（七）核对听证笔录；

（八）依法享有的其他权利。

第六十六条 当事人和其他听证参加人应当承担下列义务：

（一）按时参加听证；

（二）依法举证和质证；

（三）如实陈述和回答询问；

（四）遵守听证纪律；

（五）在核对无误的听证笔录上签名或盖章。

第六十七条 当事人可以委托一至二名代理人参加听证。

第六十八条 代理人参加听证的，应当提交授权委托书、委托人及代理人身份证明等相关材料。授权委托书应当载明如下事项：

（一）委托人及其代理人的基本情况；

（二）代理人的代理权限；

（三）委托日期及委托人签章。

第六十九条 调查人员应当参加听证，提出当事人违法的事实、证据和行政处罚建议，并进行质证。

第七十条 需要证人、鉴定人、勘验人、翻译人员等参加听证的，调查人员、当事人应当提出申请，并提供相关人员的基本情况。经听证主持人同意的，方可参加听证。

证人、鉴定人、勘验人不能亲自到场作证的，调查人员、当事人或其代理人可以提交相关书面材料，并当场宣读。

第七十一条 听证应当公开举行，但涉及国家秘密、商业秘密、个人隐私或影响金融稳定的除外。听证不公开举行的，应当由银保监会及其派出机构行政处罚委员会主任委员决定。

第七十二条 听证公开举行的，银保监会或者派出机构应当通过张贴纸质公告、网上公示等适当方式先期公告当事人姓名或者名称、案由、听证时间和地点。

公民、法人或者非法人组织可以申请参加旁听公开举行的听证；银保监会或其派出机构可以根据场地等条件，确定旁听人数。

第七十三条 听证开始前，记录员应当查明听证当事人和其他听证参加人是否到场，并宣布听证纪律。

对违反听证纪律的，听证主持人有权予以制止；情节严重的，责令其退场。

第七十四条 听证应当按照下列程序进行：

（一）听证主持人宣布听证开始，宣布案由；

（二）听证主持人核对听证参加人身份，宣布听证主持人、听证组成员、听证记录员名单，告知听证参加人在听证中的权利义务，询问当事人是否申请回避；

（三）案件调查人员陈述当事人违法的事实、证据、行政处罚的依据和建议等；

（四）当事人及其代理人就调查人员提出的违法事实、证据、行政处罚的依据和建议进行申辩，并可以出示无违法事实、违法事实较轻或者减轻、免除行政处罚的证据材料；

（五）经听证主持人允许，案件调查人员和当事人可以就有关证据相互质证，也可以向到场的证人、鉴定人、勘验人发问；

（六）当事人、案件调查人员作最后陈述；

（七）听证主持人宣布听证结束。

第七十五条 记录员应当制作听证笔录，听证笔录当场完成的，应当交由当事人核对；当事人核对无误后，应当逐页签名或盖章。

当事人认为听证笔录有差错、遗漏的，可以当场更正或补充；听证笔录不能当场完成的，听证主持人应指定日期和场所核对。

当事人拒绝在听证笔录上签名或盖章的，记录员应当在听证笔录中注明，并由听证主持人签名确认。

第七十六条 出现下列情形的，可以延期或者中止举行听证：

（一）当事人或其代理人因不可抗拒的事由无法参加听证的；

（二）当事人或其代理人在听证会上提出回避申请的；

（三）需要通知新的证人到场，调取新的证据，需要重新鉴定、调查，需要补充调查的；

（四）其他应当延期或者中止听证的情形。

第七十七条 延期、中止听证的情形消失后，应当恢复听证，并将听证的时间、地点通知听证参加人。

第七十八条 出现下列情形之一的，应当终止听证：

（一）当事人撤回听证要求的；

（二）当事人无正当理由不参加听证，或者未经听证主持人允许中途退场的；

（三）其他应当终止听证的情形。

当事人撤回听证要求的，听证记录员应当在听证笔录上记明，并由当事人签名或者盖章。

第七十九条 银保监会及其派出机构应当对当事人陈述、申辩或者听证意见进行研究。需要补充调查的，进行补充调查。

第八十条 采纳当事人陈述、申辩或者听证意见，对拟处罚决定作出重大调整的，应当重新对当事人进行行政处罚事先告知。

4.**《海关办理行政处罚案件程序规定》**（2021年6月15日 海关总署第250

号令）

第八十三条　听证由海关负责行政处罚案件法制审核的部门组织。

第八十四条　听证应当由海关指定的非本案调查人员主持。听证主持人履行下列职权：

（一）决定延期、中止听证；

（二）就案件的事实、拟作出行政处罚的依据与理由进行提问；

（三）要求听证参加人提供或者补充证据；

（四）主持听证程序并维持听证秩序，对违反听证纪律的行为予以制止；

（五）决定有关证人、检测、检验、检疫、技术鉴定人是否参加听证。

第八十五条　听证参加人包括当事人及其代理人、第三人及其代理人、案件调查人员；其他人员包括证人、翻译人员、检测、检验、检疫、技术鉴定人。

第八十六条　与案件处理结果有直接利害关系的公民、法人或者其他组织要求参加听证的，可以作为第三人参加听证；为查明案情，必要时，听证主持人也可以通知其参加听证。

第八十七条　当事人、第三人可以委托一至二名代理人参加听证。

第八十八条　案件调查人员是指海关负责行政处罚案件调查取证并参加听证的执法人员。

在听证过程中，案件调查人员陈述当事人违法的事实、证据、拟作出的行政处罚决定及其法律依据，并同当事人进行质证、辩论。

第八十九条　经听证主持人同意，当事人及其代理人、第三人及其代理人、案件调查人员可以要求证人、检测、检验、检疫、技术鉴定人参加听证，并在举行听证的一个工作日前提供相关人员的基本情况。

第九十条　当事人要求听证的，应当在海关告知其听证权利之日起五个工作日内向海关提出。

第九十一条　海关决定组织听证的，应当自收到听证申请之日起二十个工作日以内举行听证，并在举行听证的七个工作日前将举行听证的时间、地点通知听证参加人和其他人员。

第九十二条　有下列情形之一的，海关应当作出不予听证的决定：

（一）申请人不是本案当事人或者其代理人；

（二）未在收到行政处罚告知单之日起五个工作日内要求听证的；

（三）不属于本规定第八十二条规定范围的。

决定不予听证的，海关应当在收到听证申请之日起三个工作日以内制作海关行政处罚不予听证通知书，并及时送达申请人。

第九十三条 听证参加人及其他人员应当遵守以下听证纪律：

（一）听证参加人及其他人员应当遵守听证秩序，经听证主持人同意后，才能进行陈述和辩论；

（二）旁听人员不得影响听证的正常进行；

（三）准备进行录音、录像、摄影和采访的，应当事先报经听证主持人批准。

第九十四条 听证应当按照下列程序进行：

（一）听证主持人核对当事人及其代理人、第三人及其代理人、案件调查人员的身份；

（二）听证主持人宣布听证参加人、翻译人员、检测、检验、检疫、技术鉴定人名单，询问当事人及其代理人、第三人及其代理人、案件调查人员是否申请回避；

（三）宣布听证纪律；

（四）听证主持人宣布听证开始并介绍案由；

（五）案件调查人员陈述当事人违法事实，出示相关证据，提出拟作出的行政处罚决定和依据；

（六）当事人及其代理人陈述、申辩，提出意见和主张；

（七）第三人及其代理人陈述，提出意见和主张；

（八）听证主持人就案件事实、证据、处罚依据进行提问；

（九）当事人及其代理人、第三人及其代理人、案件调查人员相互质证、辩论；

（十）当事人及其代理人、第三人及其代理人、案件调查人员作最后陈述；

（十一）宣布听证结束。

第九十五条 有下列情形之一的，应当延期举行听证：

（一）当事人或者其代理人因不可抗力或者有其他正当理由无法到场的；

（二）临时决定听证主持人、听证员或者记录员回避，不能当场确定更换人选的；

（三）作为当事人的法人或者其他组织有合并、分立或者其他资产重组情形，需要等待权利义务承受人的；

（四）其他依法应当延期举行听证的情形。

延期听证的原因消除后，由听证主持人重新确定举行听证的时间，并在举行听证的三个工作日前书面告知听证参加人及其他人员。

第九十六条 有下列情形之一的，应当中止举行听证：

（一）需要通知新的证人到场或者需要重新检测、检验、检疫、技术鉴定、补充证据的；

（二）当事人因不可抗力或者有其他正当理由暂时无法继续参加听证的；

（三）听证参加人及其他人员不遵守听证纪律，造成会场秩序混乱的；

（四）其他依法应当中止举行听证的情形。

中止听证的原因消除后，由听证主持人确定恢复举行听证的时间，并在举行听证的三个工作日前书面告知听证参加人及其他人员。

第九十七条 有下列情形之一的，应当终止举行听证：

（一）当事人及其代理人撤回听证申请的；

（二）当事人及其代理人无正当理由拒不出席听证的；

（三）当事人及其代理人未经许可中途退出听证的；

（四）当事人死亡或者作为当事人的法人、其他组织终止，没有权利义务承受人的；

（五）其他依法应当终止听证的情形。

第九十八条 听证应当制作笔录，听证笔录应当载明下列事项：

（一）案由；

（二）听证参加人及其他人员的姓名或者名称；

（三）听证主持人、听证员、记录员的姓名；

（四）举行听证的时间、地点和方式；

（五）案件调查人员提出的本案的事实、证据和拟作出的行政处罚决定及其依据；

（六）陈述、申辩和质证的内容；

（七）证人证言；

（八）按规定应当载明的其他事项。

第九十九条 听证笔录应当由听证参加人及其他人员确认无误后逐页进行签字或者盖章。对记录内容有异议的可以当场更正后签字或者盖章确认。

听证参加人及其他人员拒绝签字或者盖章的，由听证主持人在听证笔录上注明。

第一百条 听证结束后，海关应当根据听证笔录，依照本规定第六十八条至第七十二条的规定进行复核及作出决定。

第六十五条 【听证结束后的处理】 听证结束后，行政机关应当根据听证笔录，依照本法第五十七条的规定，作出决定。

【适用指南】

本条是关于听证笔录效力的规定。

在听证结束后，行政机关应当根据听证笔录，依法作出决定。本条在适用中应当注意以下几个方面：

其一，本条突出听证笔录的效力，行政机关组织听证需要进行笔录，笔录成为依法作出决定的重要依据，以防止听证程序流于形式，以保证程序的正当性。在此之前有学者认为，应增加听证笔录对于行政机关的约束力，借鉴域外立法的案卷排他性原则。案卷排他性原则，指行政机关的决定必须根据案卷作出，不能在案卷之外，以当事人不知道或没有论证的事实作为根据，否则行政裁决无效。[①] 这既保障了行政相对人对于行政决定作出的

① 罗利丹：《听证笔录的效力“两分法”——从价格听证的困境说起》，载《法制与社会》2008 年第 6 期。

抗辩权，也可以保证行政机关作出处罚决定公平、公正、透明。

其二，听证笔录是作出行政决定的依据，听证笔录记录了全面的听证过程，行政机关作出决定，应当依据行政机关对拟作出决定的说明、行政相对人的陈述申辩、查明的事实等听证笔录的内容，依照本法第五十七条的规定，根据不同的情况作出行政处罚的决定。未经过听证质证，未被听证笔录固定的证据不能成为行政机关作出行政处罚决定的依据。

其三，在司法实践中，行政机关在作出行政处罚时，应当更加重视行政相对人的听证权。听证程序需要解决的问题是行政相对人得到的行政处罚是否公正、事实如何、双方提供的证据如何，通过听证笔录将其固定住，作为后续行政机关作出行政处罚的依据。并非只要经过听证程序作出的处罚就是合理、合法的行政处罚，要真正做到尊重和保护行政相对人的合法权益，行政机关作出行政处罚决定时更应遵守程序正义原则。

第六章　行政处罚的执行

第六十六条　【处罚决定的自行履行】 行政处罚决定依法作出后，当事人应当在行政处罚决定书载明的期限内，予以履行。

当事人确有经济困难，需要延期或者分期缴纳罚款的，经当事人申请和行政机关批准，可以暂缓或者分期缴纳。

【适用指南】

本条是对当事人自觉履行行政处罚决定的规定。

行政机关依法作出的行政处罚决定，应当得到执行，这是严格规范公正文明执法的必然要求。[①] 落实执行需要依靠当事人的自觉履行，本条进一步明确当事人履行行政处罚决定的期限并规定了暂缓或分期缴纳。本条在适用中应当注意以下几个方面：

其一，关于当事人的自觉履行。行政行为自当事人收到通知之日起发生法律效力，对当事人产生拘束力，当事人应依法自觉履行行政处罚决定。当事人在履行行政处罚决定中要做到自觉、按时、完全履行，否则行政机关可以申请强制执行。其中“按时”对应的是本条中的“在行政处罚决定书载明的期限内”，因此当事人在履行过程中不得超期。

其二，暂缓或分期缴纳需要满足一定条件。首先，当事人确有经济困难应该具体情况具体分析，行政机关应该根据当事人的

---

① 黄海华：《新行政处罚法的若干制度发展》，载《中国法律评论》2021 年第 3 期。

实际情况作出判断。其次，能够实现暂缓或分期缴纳的行政处罚仅限于罚款，其他行政处罚不适用本条第二款且罚款不具有人身专属性，可以由第三人代为缴纳。最后，行政机关在作出行政处罚决定时不了解当事人的财产状况，当事人为实现暂缓或分期缴纳需主动申请，这也表明行政机关在此问题上的被动性，只能依申请作出行为。

其三，实践中会出现自然人死亡或法人终止前未执行行政处罚决定的情况，应该根据不同情况进行处理。如果当事人有遗产，可以继续执行行政处罚决定；如果当事人无财产可供执行且无义务承受人的，终结强制执行。

● *部门规章*

1.**《海事行政处罚程序实施细则》**（2019年7月25日　海政法〔2019〕275号）

第四十条　当事人确有经济困难，经当事人申请和作出处罚决定的海事管理机构批准，可以暂缓或者分期缴纳罚款。执法人员应当制作并向当事人送达《分期（延期）缴纳罚款通知书》。

2.**《海关办理行政处罚案件程序规定》**（2021年6月15日　海关总署第250号令）

第一百零七条　海关作出行政处罚决定后，当事人应当在行政处罚决定书载明的期限内，予以履行。

海关作出罚款决定的，当事人应当自收到行政处罚决定书之日起十五日内，到指定的银行或者通过电子支付系统缴纳罚款。

第一百零八条　当事人确有经济困难向海关提出延期或者分期缴纳罚款的，应当以书面方式提出申请。

海关收到当事人延期、分期缴纳罚款的申请后，应当在十个工作日内作出是否准予延期、分期缴纳罚款的决定，并且制发通知书送达申请人。

3.**《市场监督管理行政处罚程序规定》**（2021年7月2日　国家市场监督管理总局令第42号）

第七十四条　当事人确有经济困难，需要延期或者分期缴纳罚款的，应当提出书面申请。经市场监督管理部门负责人批准，同意当事人暂缓或者分期缴纳罚款的，市场监督管理部门应当书面告知当事人暂缓或者分期的期限。

第六十七条　【罚款的缴纳】作出罚款决定的行政机关应当与收缴罚款的机构分离。

除依照本法第六十八条、第六十九条的规定当场收缴的罚款外，作出行政处罚决定的行政机关及其执法人员不得自行收缴罚款。

当事人应当自收到行政处罚决定书之日起十五日内，到指定的银行或者通过电子支付系统缴纳罚款。银行应当收受罚款，并将罚款直接上缴国库。

【适用指南】

本条是关于罚缴分离制度的程序规定。第一款和第二款的内容没有变化，第三款增加了“通过电子支付系统缴纳罚款”的内容。

罚缴分离制度自1996年《行政处罚法》确立，设计初衷就是避免行政执法和部门利益、个人利益产生关联，防止执法腐败，保证行政执法公平和公正，维护政府形象。[①] 本条在适用过程中应注意以下方面：

其一，罚款机关必须与收缴罚款的机关相分离。为了保证行政机关依法履行职责，避免违法或滥用行政权力，立法设置了罚缴分离原则、不得自行收缴原则和可以当场收缴罚款的特殊情形

① 寇秉辉：《罚缴分离原则的适用》，载《人民司法》2019年第8期。

等一系列制度以使罚款得到有效规范和执行。[①] 收缴的罚款必须上缴国库，让罚缴分离制度落到实处。

其二，当事人对罚款的救济。罚款包括行政处罚决定书中确定的罚款数额和当事人不及时履行被加收罚款的情形。当事人对罚款和加收罚款有异议的，可以申请复议或提起行政诉讼，申请复议或提起诉讼不影响行政处罚决定的执行，但加处罚款的数额在行政复议或提起诉讼期间不予计算。

其三，使用电子支付系统缴纳罚款。根据《国务院关于进一步贯彻实施〈中华人民共和国行政处罚法〉的通知》，在行政处罚的执行中要大力推进通过电子支付系统缴纳罚款，加强信息安全保障和技术支撑。电子支付的具体操作主要包括两种方式：一是当事人扫描行政处罚决定书上的电子支付码；二是行政机关将支付链接发送至当事人手机，由当事人自行缴纳。使用电子支付系统缴纳罚款，顺应社会发展，便利人民生活。

● *行政法规及文件*

1.**《罚款决定与罚款收缴分离实施办法》**（1997 年 11 月 17 日　国务院令第 235 号）

第一条　为了实施罚款决定与罚款收缴分离，加强对罚款收缴活动的监督，保证罚款及时上缴国库，根据《中华人民共和国行政处罚法》（以下简称行政处罚法）的规定，制定本办法。

第二条　罚款的收取、缴纳及相关活动，适用本办法。

第三条　作出罚款决定的行政机关应当与收缴罚款的机构分离；但是，依照行政处罚法的规定可以当场收缴罚款的除外。

第四条　罚款必须全部上缴国库，任何行政机关、组织或者个人不得以任何形式截留、私分或者变相私分。

行政机关执法所需经费的拨付，按照国家有关规定执行。

第五条　经中国人民银行批准有代理收付款项业务的商业银行、信用

---

① 解止起、侯单利：《论行政法上的罚款行为》，载《行政与法》2013 年第 4 期。

合作社（以下简称代收机构），可以开办代收罚款的业务。

具体代收机构由县级以上地方人民政府组织本级财政部门、中国人民银行当地分支机构和依法具有行政处罚权的行政机关共同研究，统一确定。海关、外汇管理等实行垂直领导的依法具有行政处罚权的行政机关作出罚款决定的，具体代收机构由财政部、中国人民银行会同国务院有关部门确定。依法具有行政处罚权的国务院有关部门作出罚款决定的，具体代收机构由财政部、中国人民银行确定。

代收机构应当具备足够的代收网点，以方便当事人缴纳罚款。

第六条 行政机关应当依照本办法和国家有关规定，同代收机构签订代收罚款协议。

代收罚款协议应当包括下列事项：

（一）行政机关、代收机构名称；

（二）具体代收网点；

（三）代收机构上缴罚款的预算科目、预算级次；

（四）代收机构告知行政机关代收罚款情况的方式、期限；

（五）需要明确的其他事项。

自代收罚款协议签订之日起15日内，行政机关应当将代收罚款协议报上一级行政机关和同级财政部门备案；代收机构应当将代收罚款协议报中国人民银行或者其当地分支机构备案。

第七条 行政机关作出罚款决定的行政处罚决定书应当载明代收机构的名称、地址和当事人应当缴纳罚款的数额、期限等，并明确对当事人逾期缴纳罚款是否加处罚款。

当事人应当按照行政处罚决定书确定的罚款数额、期限，到指定的代收机构缴纳罚款。

第八条 代收机构代收罚款，应当向当事人出具罚款收据。

罚款收据的格式和印制，由财政部规定。

第九条 当事人逾期缴纳罚款，行政处罚决定书明确需要加处罚款的，代收机构应当按照行政处罚决定书加收罚款。

当事人对加收罚款有异议的，应当先缴纳罚款和加收的罚款，再依法向作出行政处罚决定的行政机关申请复议。

第十条 代收机构应当按照代收罚款协议规定的方式、期限，将当事人的姓名或者名称、缴纳罚款的数额、时间等情况书面告知作出行政处罚决定的行政机关。

第十一条 代收机构应当按照行政处罚法和国家有关规定，将代收的罚款直接上缴国库。

第十二条 国库应当按照《中华人民共和国国家金库条例》的规定，定期同财政部门和行政机关对账，以保证收受的罚款和上缴国库的罚款数额一致。

第十三条 代收机构应当在代收网点、营业时间、服务设施、缴款手续等方面为当事人缴纳罚款提供方便。

第十四条 财政部门应当向代收机构支付手续费，具体标准由财政部制定。

第十五条 法律、法规授权的具有管理公共事务职能的组织和依法受委托的组织依法作出的罚款决定与罚款收缴，适用本办法。

2.《违反行政事业性收费和罚没收入收支两条线管理规定行政处分暂行规定》（2000年2月12日 国务院令第281号）

第一条 为了严肃财经纪律，加强廉政建设，落实行政事业性收费和罚没收入“收支两条线”管理，促进依法行政，根据法律、行政法规和国家有关规定，制定本规定。

第二条 国家公务员和法律、行政法规授权行使行政事业性收费或者罚没职能的事业单位的工作人员有违反“收支两条线”管理规定行为的，依照本规定给予行政处分。

第三条 本规定所称“行政事业性收费”，是指下列属于财政性资金的收入：

（一）依据法律、行政法规、国务院有关规定、国务院财政部门与计划部门共同发布的规章或者规定以及省、自治区、直辖市的地方性法规、政府规章或者规定和省、自治区、直辖市人民政府财政部门与计划（物价）部门共同发布的规定所收取的各项收费；

（二）法律、行政法规和国务院规定的以及国务院财政部门按照国家有关规定批准的政府性基金、附加。

事业单位因提供服务收取的经营服务性收费不属于行政事业性收费。

第四条 本规定所称“罚没收入”，是指法律、行政法规授权的执行处罚的部门依法实施处罚取得的罚没款和没收物品的折价收入。

第五条 违反规定，擅自设立行政事业性收费项目或者设置罚没处罚的，对直接负责的主管人员和其他直接责任人员给予降级或者撤职处分。

第六条 违反规定，擅自变更行政事业性收费或者罚没范围、标准的，对直接负责的主管人员和其他直接责任人员给予记大过处分；情节严重的，给予降级或者撤职处分。

第七条 对行政事业性收费项目审批机关已经明令取消或者降低标准的收费项目，仍按原定项目或者标准收费的，对直接负责的主管人员和其他直接责任人员给予记大过处分；情节严重的，给予降级或者撤职处分。

第八条 下达或者变相下达罚没指标的，对直接负责的主管人员和其他直接责任人员给予降级或者撤职处分。

第九条 违反《收费许可证》规定实施行政事业性收费的，对直接负责的主管人员和其他直接责任人员给予警告处分；情节严重的，给予记过或者记大过处分。

第十条 违反财政票据管理规定实施行政事业性收费、罚没的，对直接负责的主管人员和其他直接责任人员给予降级或者撤职处分；以实施行政事业性收费、罚没的名义收取钱物，不出具任何票据的，给予开除处分。

第十一条 违反罚款决定与罚款收缴分离的规定收缴罚款的，对直接负责的主管人员和其他直接责任人员给予记大过或者降级处分。

第十二条 不履行行政事业性收费、罚没职责，应收不收、应罚不罚，经批评教育仍不改正的，对直接负责的主管人员和其他直接责任人员给予警告处分；情节严重的，给予记过或者记大过处分。

第十三条 不按照规定将行政事业性收费纳入单位财务统一核算、管理的，对直接负责的主管人员和其他直接责任人员给予记过处分；情节严重的，给予记大过或者降级处分。

第十四条 不按照规定将行政事业性收费缴入国库或者预算外资金财政专户的，对直接负责的主管人员和其他直接责任人员给予记大过处分；情节严重的，给予降级或者撤职处分。

不按照规定将罚没收入上缴国库的，依照前款规定给予处分。

第十五条 违反规定，擅自开设银行账户的，对直接负责的主管人员和其他直接责任人员给予降级处分；情节严重的，给予撤职或者开除处分。

第十六条 截留、挪用、坐收坐支行政事业性收费、罚没收入的，对直接负责的主管人员和其他直接责任人员给予降级处分；情节严重的，给予撤职或者开除处分。

第十七条 违反规定，将行政事业性收费、罚没收入用于提高福利补贴标准或者扩大福利补贴范围、滥发奖金实物、挥霍浪费或者有其他超标准支出行为的，对直接负责的主管人员和其他直接责任人员给予记大过处分；情节严重的，给予降级或者撤职处分。

第十八条 不按照规定编制预算外资金收支计划、单位财务收支计划和收支决算的，对直接负责的主管人员和其他直接责任人员给予记过处分；情节严重的，给予记大过或者降级处分。

第十九条 不按照预算和批准的收支计划核拨财政资金，贻误核拨对象正常工作的，对直接负责的主管人员和其他直接责任人员给予记过处分；情节严重的，给予记大过或者降级处分。

第二十条 对坚持原则抵制违法违纪的行政事业性收费、罚没行为的单位或者个人打击报复的，给予降级处分；情节严重的，给予撤职或者开除处分。

第二十一条 实施行政处分的权限以及不服行政处分的申诉，按照国家有关规定办理。

第二十二条 违反本规定，构成犯罪的，依法追究刑事责任。

第二十三条 本规定自发布之日起施行。

第六十八条 【当场收缴罚款】依照本法第五十一条的规定当场作出行政处罚决定，有下列情形之一，执法人员可以当场收缴罚款：

（一）依法给予一百元以下罚款的；

（二）不当场收缴事后难以执行的。

【适用指南】

本条是关于当场收缴罚款的程序规定。

为适应行政执法实际需要，本条将当场收缴二十元以下的罚款数额提高至一百元以下。当场收缴罚款是“罚缴分离”制度的例外情况，目的是降低行政成本，减轻当事人负担，提高行政效率，确保行政处罚的执行。本条充分体现了高效便民原则。本条在适用中应注意以下方面：

其一，当场收缴不等于当场作出处罚决定。本法第五十一条规定的当场作出处罚决定的情形，包括违法事实确凿并有法定依据，对公民处以二百元以下、对法人或其他组织处以三千元以下罚款或警告，但当场收缴的情形包括依法给予一百元以下罚款和不当场收缴事后难以执行，适用中应注意区分。当场收缴后，行政机关依照本法第七十条、第七十一条办理，避免行政机关及执法人员截留、私分或变相私分罚款。

其二，不当场收缴事后难以执行的当事人，主要是流动人口和流动摊贩。流动人口具有不稳定因素，当场收缴可以节约行政成本，便利当事人。这在某些单行法中也早有规定，例如，《治安管理处罚法》第一百零四条规定了可以当场收缴罚款的情形。部分不法摊贩流动经营，逃避监管，执法人员不当场收缴，可能会使行政处罚决定书成为一纸空文，因此规定执法人员当场收缴罚款十分必要。另外需要注意的是，在此种情形下，当场收缴罚款的数额与当场作出处罚决定的数额是一致的。

● *法　律*

1.**《治安管理处罚法》**（2012 年 10 月 26 日）

第一百零四条　受到罚款处罚的人应当自收到处罚决定书之日起十五日内，到指定的银行缴纳罚款。但是，有下列情形之一的，人民警察可以当场收缴罚款：

（一）被处五十元以下罚款，被处罚人对罚款无异议的；

（二）在边远、水上、交通不便地区，公安机关及其人民警察依照本法的规定作出罚款决定后，被处罚人向指定的银行缴纳罚款确有困难，经被处罚人提出的；

（三）被处罚人在当地没有固定住所，不当场收缴事后难以执行的。

● *部门规章*

2.《交通运输行政执法程序规定》（2021年6月30日　交通运输部令2021年第6号）

第九十九条　执法部门对当事人作出罚款处罚的，当事人应当自收到处罚决定书之日起十五日内，到指定的银行缴纳罚款；具备条件的，也可以通过电子支付系统缴纳罚款。具有下列情形之一的，执法人员可以当场收缴罚款：

（一）依法当场作出行政处罚决定，处一百元以下的罚款或者不当场收缴事后难以执行的；

（二）在边远、水上、交通不便地区，当事人到指定的银行或者通过电子支付系统缴纳罚款确有困难，经当事人提出的。

当场收缴罚款的，应当向当事人出具国务院财政部门或者省、自治区、直辖市人民政府财政部门统一制发的专用票据。

3.《市场监督管理行政处罚程序规定》（2021年7月2日　国家市场监督管理总局令第42号）

第七十二条　市场监督管理部门对当事人作出罚款、没收违法所得行政处罚的，当事人应当自收到行政处罚决定书之日起十五日内，通过指定银行或者电子支付系统缴纳罚没款。有下列情形之一的，可以由办案人员当场收缴罚款：

（一）当场处以一百元以下罚款的；

（二）当场对自然人处以二百元以下、对法人或者其他组织处以三千元以下罚款，不当场收缴事后难以执行的；

（三）在边远、水上、交通不便地区，当事人向指定银行或者通过电子支付系统缴纳罚款确有困难，经当事人提出的。

办案人员当场收缴罚款的，必须向当事人出具国务院财政部门或者省、自治区、直辖市财政部门统一制发的专用票据。

第六十九条 【可以当场收缴罚款的特殊规定】 在边远、水上、交通不便地区，行政机关及其执法人员依照本法第五十一条、第五十七条的规定作出罚款决定后，当事人到指定的银行或者通过电子支付系统缴纳罚款确有困难，经当事人提出，行政机关及其执法人员可以当场收缴罚款。

【适用指南】

本条是关于行政机关及其执法人员当场收缴罚款的规定，适用于在特殊地区因特定情况而作出的特别规定，体现了便民原则。

本法为适应信息网络时代的发展趋势，增加规定了通过电子支付系统缴纳罚款的方式。除本法第六十八条规定外，由于地理条件因素影响，当事人到指定银行缴纳罚款存在诸多困难，或因网络信号不通畅等问题无法通过电子支付系统缴纳罚款，为了便利当事人，减轻当事人的额外负担，经当事人申请，可以适当突破罚缴分离制度，依据实际情况当场收缴。本条在适用中应当注意以下方面：

其一，环境影响因素。当事人的住所地或违法行为发生地位于山区、林区、草原、海上等交通不便的地区时，因网络原因或自身客观因素影响无法通过电子支付系统缴纳罚款的，为便利当事人，执法人员可当场收缴罚款。

其二，适用的程序条件。行政机关及其执法人员依据本法第五十一条、第五十七条的规定作出处罚决定，可以看出本条款既适用于依简易程序作出的处罚规定，也适用于依据普通程序作出的处罚决定，适用程序范围较为广泛。

其三，主观意识因素。适用当场缴纳罚款的必要条件之一是当事人应主动提出当场缴纳罚款的要求。如当事人未提及，自愿到指定银行或通过电子支付系统进行缴纳的，执法人员不得要求当场缴纳，且不得以此条款为依据，强制要求或“变相”要求当事人当场缴纳。

其四，由于当场缴纳罚款的执行主体为行政机关及其执法人员，因此除满足上述条件外，还应经过行政机关及其执法人员的同意方可实施当场缴纳罚款。

● 法　律

1.《治安管理处罚法》（2012 年 10 月 26 日）

第一百零四条　受到罚款处罚的人应当自收到处罚决定书之日起十五日内，到指定的银行缴纳罚款。但是，有下列情形之一的，人民警察可以当场收缴罚款：

（一）被处五十元以下罚款，被处罚人对罚款无异议的；

（二）在边远、水上、交通不便地区，公安机关及其人民警察依照本法的规定作出罚款决定后，被处罚人向指定的银行缴纳罚款确有困难，经被处罚人提出的；

（三）被处罚人在当地没有固定住所，不当场收缴事后难以执行的。

2.《海警法》（2021 年 1 月 22 日）

第二十九条　违法事实确凿，并有下列情形之一，海警机构执法人员可以当场作出处罚决定：

（一）对个人处五百元以下罚款或者警告、对单位处五千元以下罚款或者警告的；

（二）罚款处罚决定不在海上当场作出，事后难以处罚的。

当场作出的处罚决定，应当及时报所属海警机构备案。

第七十条　【行政机关出具专用票据的义务】 行政机关及其执法人员当场收缴罚款的，必须向当事人出具国务院财政部门或者省、自治区、直辖市人民政府财政部门统一制发的专用票据；不出具财政部门统一制发的专用票据的，当事人有权拒绝缴纳罚款。

【适用指南】

本条是当场收缴罚款应出具统一制发的专用票据的规定。

本条增加规定财政专用票据的制发主体是“国务院财政部门”，规范了“专用票据”的称谓。当场收缴罚款是罚缴分离制度的例外规定，由于当场缴纳罚款易出现监管不足、执法腐败等问题，为规范当场缴纳罚款的行为，防止行政机关或执法人员出现截留、私分罚款等行为，要求行政机关及执法人员罚款后出具专用票据。如未能出具或所出具的票据不是上述机关提供的专用票据时，当事人有权拒绝缴纳罚款。本条在适用中应当注意以下方面：

其一，专用票据由国务院财政部门或省、自治区、直辖市人民政府财政部门统一制发，其他行政机关无权制发专用票据。统一制发有利于集中管理、有效监管，有效减少滥用罚款、截留罚款等现象。

其二，行政机关未出具专用票据的，当事人有权拒绝缴纳罚款。专用票据是行政机关及其执法人员当场收缴罚款的凭证，是财政、审计及上级行政制发机关进行检查监督的主要依据，也是当事人申请行政复议或提起行政诉讼的主要证据，行政机关有出具专用票据的义务。[1] 当行政机关及其执法人员当场收缴罚款时，未出具由专门机关指定的统一专用票据或使用其他票据时，此违法行为当事人有权拒绝缴纳。

第七十一条　【当场收缴罚款的缴纳期限】 执法人员当场收缴的罚款，应当自收缴罚款之日起二日内，交至行政机关；在水上当场收缴的罚款，应当自抵岸之日起二日内交至行政机关；行政机关应当在二日内将罚款缴付指定的银行。

【适用指南】

本条是关于行政机关及其执法人员当场收缴罚款上缴程序及期限的规定，本次修法对此条未作修改。

为规范当场收缴罚款的行为，本条对当场收缴罚款后的上缴程序及期限进行严格的控制，目的在于控制并隔断行政机关与收缴罚款之间的利益关联，防止行政机关及其执法人员出现滥用职权、贪污挪用、中饱私囊等违法行为，以禁绝"小金库"现象。本条在适用中应当注意以下方面：

其一，明确当场收缴罚款后执法人员的上缴程序及期限。执法人员当场收缴罚款后，应尽快上交至行政机关，但由于实践中执法人员工作量大，任务繁重，存在无法及时上缴的情形，因此延长了缴纳罚款的期限，增强了执法人员的可操作性。针对水上执法的特殊情形，由于执法人员受水上工作性质影响，工作周期长，更难以在短时间内上交至行政机关，因此规定当场收缴的罚

① 江必新、夏道虎主编：《中华人民共和国行政处罚法条文解读与法律适用》，中国法制出版社2021年版，第233页。

款上缴行政机关的起算点为抵岸之日起二日内，该规定可操纵性强，较为人性化。

其二，规定了执法人员上缴罚款后行政机关的上缴程序及期限。防止当场收缴的罚款在行政机关及执法人员之间相互流转，无法进入国库，出现“小金库”、贪污腐败等违法现象。行政机关在收到执法人员上缴的罚款后，应及时上缴国库，不得长时间扣留、挪用。依据本条规定，行政机关自收到罚款二日内将罚款缴付至指定银行，这与财政部制定的《罚没财物管理办法》第二十九条规定[①]相契合。

● 法　律

1.《**治安管理处罚法**》（2012 年 10 月 26 日）

第一百零五条　人民警察当场收缴的罚款，应当自收缴罚款之日起二日内，交至所属的公安机关；在水上、旅客列车上当场收缴的罚款，应当自抵岸或者到站之日起二日内，交至所属的公安机关；公安机关应当自收到罚款之日起二日内将罚款缴付指定的银行。

● 部门规章

2.《**交通运输行政执法程序规定**》（2021 年 6 月 30 日　交通运输部令 2021 年第 6 号）

第一百条　执法人员当场收缴的罚款，应当自收缴罚款之日起二日内，交至其所属执法部门。在水上当场收缴的罚款，应当自抵岸之日起二日内交至其所属执法部门。执法部门应当在二日内将罚款缴付指定的银行。

3.《**市场监督管理行政处罚程序规定**》（2021 年 7 月 2 日　国家市场监督管理总局令第 42 号）

第七十三条　办案人员当场收缴的罚款，应当自收缴罚款之日起二个工作日内交至所在市场监督管理部门。在水上当场收缴的罚款，应当自抵岸

---

① 罚没收入的缴库，按下列规定执行：（一）执法机关取得的罚没收入，除当场收缴的罚款和财政部另有规定外，应当在取得之日缴入财政专户或者国库；（二）执法人员依法当场收缴罚款的，执法机关应当自收到款项之日起 2 个工作日内缴入财政专户或者国库；（三）委托拍卖机构拍卖罚没物品取得的变价款，由委托方自收到款项之日起 2 个工作日内缴入财政专户或者国库。

之日起二个工作日内交至所在市场监督管理部门。市场监督管理部门应当在二个工作日内将罚款缴付指定银行。

第七十二条　【执行措施】当事人逾期不履行行政处罚决定的，作出行政处罚决定的行政机关可以采取下列措施：

（一）到期不缴纳罚款的，每日按罚款数额的百分之三加处罚款，加处罚款的数额不得超出罚款的数额；

（二）根据法律规定，将查封、扣押的财物拍卖、依法处理或者将冻结的存款、汇款划拨抵缴罚款；

（三）根据法律规定，采取其他行政强制执行方式；

（四）依照《中华人民共和国行政强制法》的规定申请人民法院强制执行。

行政机关批准延期、分期缴纳罚款的，申请人民法院强制执行的期限，自暂缓或者分期缴纳罚款期限结束之日起计算。

【适用指南】

本条是关于逾期不履行处罚决定的行政强制执行措施和法院强制执行期限的规定。

第一款细致地规定了当事人逾期不履行行政处罚决定的，行政机关可采取的具体措施。第二款规定了行政机关批准暂缓或者分期缴纳罚款时申请人民法院强制执行的期限计算方式，力图解决超期无法强制执行的尴尬局面。

本条规定与《行政强制法》有效链接，以完善行政处罚的强制执行程序，解决实践中行政处罚决定无法执行的困境，保障行政处罚决定的顺利执行。本条在适用中应当注意以下方面：

其一，当事人不履行行政处罚决定时，行政执行的具体措施包含以下几种：一是加处罚款。加处罚款是执行罚的主要方式之一，是间接强制执行方式，加处罚款是在不免除原罚款义务的基础上增加的新的金钱给付义务。[①] 本条解决实践中执行罚金超出罚款数额的问题，与《行政强制法》第四十五条[②]保持一致，同时避免当事人因“天价执行罚”而怠于履行义务的情况发生，提高行政效率。[③] 二是拍卖、依法处理、划拨等直接行政强制执行方式，当间接执行方式无法产生作用时，可以选择直接强制执行方式，确保行政处罚的顺利进行。三是增加依据法律规定的其他行政强制执行方式，为依据法律规定完善行政处罚强制执行方式保留空间。

其二，在延期或者分期缴纳罚款的情形下，明确了申请人民法院强制执行的期限，自暂缓或者分期缴纳罚款期限结束之日起计算。申请法院强制执行的期限起算点不再是《行政强制法》规定的申请行政复议或者提起行政诉讼法定期限期满之日。主要原因为当事人提出延期或分期缴纳罚款，表明当事人对此罚款无异议，因此无需等待复议或诉讼的法定期限届满。后当事人没有如约缴纳罚款的，属于“分期缴纳罚款期限结束”不缴纳罚款的情形。[④]

---

① 胡建淼：《论作为行政执行罚的“加处罚款”——基于〈中华人民共和国行政强制法〉》，载《行政法学研究》2016 年第 1 期。

② 行政机关依法作出金钱给付义务的行政决定，当事人逾期不履行的，行政机关可以依法加处罚款或者滞纳金。加处罚款或者滞纳金的标准应当告知当事人。

③ 乔晓阳主编：《中华人民共和国行政强制法解读》，中国法制出版社 2011 年版，第 150 页。

④ 黄海华：《新行政处罚法的若干制度发展》，载《中国法律评论》2021 年第 3 期。

● *部门规章*

1. **《市场监督管理行政处罚程序规定》**（2021 年 7 月 2 日　国家市场监督管理总局令第 42 号）

第七十五条　当事人逾期不缴纳罚款的，市场监督管理部门可以每日按罚款数额的百分之三加处罚款，加处罚款的数额不得超出罚款的数额。

第七十六条　当事人在法定期限内不申请行政复议或者提起行政诉讼，又不履行行政处罚决定，且在收到催告书十个工作日后仍不履行行政处罚决定的，市场监督管理部门可以在期限届满之日起三个月内依法申请人民法院强制执行。

市场监督管理部门批准延期、分期缴纳罚款的，申请人民法院强制执行的期限，自暂缓或者分期缴纳罚款期限结束之日起计算。

2. **《海事行政处罚程序实施细则》**（2019 年 7 月 25 日　海政法〔2019〕275 号）

第四十三条　海事管理机构实施加处罚款超过三十日，经催告当事人仍不履行的，作出行政处罚决定的海事管理机构应当依法向所在地有管辖权的人民法院申请强制执行。但是，当事人在法定期限内不申请行政复议或者提起行政诉讼，经催告仍不履行行政处罚决定、加处罚款决定的，在实施行政执法过程中已经采取扣押措施的执法部门，可以将扣押的财物依法拍卖抵缴罚款。

3. **《中国银保监会行政处罚办法》**（2020 年 6 月 15 日　中国银行保险监督管理委员会令 2020 年第 8 号）

第九十一条　当事人逾期不履行行政处罚决定的，作出行政处罚决定的机构可以采取下列措施：

（一）到期不缴纳罚款的，每日按照罚款数额的百分之三加处罚款；

（二）经依法催告后当事人仍未履行义务的，申请人民法院强制执行；

（三）法律、行政法规规定的其他措施。

加处罚款的数额不得超出罚款数额。

4. **《海关办理行政处罚案件程序规定》**（2021 年 6 月 15 日　海关总署第 250 号令）

第一百零九条　当事人逾期不履行行政处罚决定的，海关可以采取下列措施：

（一）到期不缴纳罚款的，每日按照罚款数额的百分之三加处罚款，加处罚款的数额不得超出罚款的数额；

（二）当事人逾期不履行海关的处罚决定又不申请复议或者向人民法院提起诉讼的，海关可以将其保证金抵缴或者将其被扣留的货物、物品、运输工具依法变价抵缴，也可以申请人民法院强制执行；

（三）根据法律规定，采取其他行政强制执行方式。

第一百一十条 受海关处罚的当事人或者其法定代表人、主要负责人在出境前未缴清罚款、违法所得和依法追缴的货物、物品、走私运输工具等值价款的，也未向海关提供相当于上述款项担保的，海关可以依法制作阻止出境协助函，通知出境管理机关阻止其出境。

阻止出境协助函应当随附行政处罚决定书等相关法律文书，并且载明被阻止出境人员的姓名、性别、出生日期、出入境证件种类和号码。被阻止出境人员是外国人、无国籍人员的，应当注明其英文姓名。

第一百一十一条 当事人或者其法定代表人、主要负责人缴清罚款、违法所得和依法追缴的货物、物品、走私运输工具等值价款的，或者向海关提供相当于上述款项担保的，海关应当及时制作解除阻止出境协助函通知出境管理机关。

5.**《交通运输行政执法程序规定》**（2021年6月30日　交通运输部令2021年第6号）

第一百零三条 当事人未在规定期限内缴纳罚款的，作出行政处罚决定的执法部门可以依法加处罚款。加处罚款的标准应当告知当事人。

加处罚款的数额不得超出原罚款的数额。

第一百零四条 执法部门实施加处罚款超过三十日，经催告当事人仍不履行的，作出行政处罚决定的执法部门应当依法向所在地有管辖权的人民法院申请强制执行。但是，当事人在法定期限内不申请行政复议或者提起行政诉讼，经催告仍不履行行政处罚决定、加处罚款决定的，在实施行政执法过程中已经采取扣押措施的执法部门，可以将扣押的财物依法拍卖抵缴罚款。

第七十三条　【申请复议、提起诉讼不停止处罚执行及例外】 当事人对行政处罚决定不服，申请行政复议或者提起行政诉讼的，行政处罚不停止执行，法律另有规定的除外。

当事人对限制人身自由的行政处罚决定不服，申请行政复议或者提起行政诉讼的，可以向作出决定的机关提出暂缓执行申请。符合法律规定情形的，应当暂缓执行。

当事人申请行政复议或者提起行政诉讼的，加处罚款的数额在行政复议或者行政诉讼期间不予计算。

【适用指南】

本条是关于不停止执行、申请暂缓执行、不计入加处罚款的程序规定。

本条第一款是原《行政处罚法》第四十五条的内容；第二款增加了关于限制人身自由的行政处罚可申请暂缓执行的规则；第三款增加规定了不计入加处罚款的特殊情形。

本条款依法合理保护当事人的合法权益，规定了复议、诉讼阶段不停止执行的原则与例外。由于生效的行政行为具有确定力，约束各方当事人，即使进入诉讼阶段，为了维护法律关系的稳定性，兼顾公正与效力，原则上也不停止执行，但仍存在例外情形。本条在适用中应当注意以下方面：

其一，复议、诉讼期间不停止处罚的原则与例外。为了保障行政机关行政权的有效行使，保障行政管理活动的顺利进行，《行政复议法》《行政诉讼法》都规定了不停止行政行为的执行制度。但当错误的行政行为可能损害当事人及社会公共利益时，法律法规也规定了一些例外情形。

其二，针对限制人身自由行政处罚的特殊规定。不停止执行原则的初衷是保障行政行为效率与维护社会公共利益，一旦限制人身自由的行政处罚出现问题，会极大损害当事人的合法权益，经审查符合法律规定的，可暂缓执行。该规定与《治安管理处罚法》第一百零七条[①]有效衔接，以保障当事人的合法权益。

其三，复议、诉讼期间加处罚款不予计算。加处罚款的目的是督促当事人履行行政处罚决定，但当当事人针对行政行为不服，提起行政复议或行政诉讼时，加处罚款失去其强制执行作用，故在此期间不予计算。

● *法　律*

1. **《行政诉讼法》**（2017 年 6 月 27 日）

第五十六条　诉讼期间，不停止行政行为的执行。但有下列情形之一的，裁定停止执行：

（一）被告认为需要停止执行的；

（二）原告或者利害关系人申请停止执行，人民法院认为该行政行为的执行会造成难以弥补的损失，并且停止执行不损害国家利益、社会公共利益的；

（三）人民法院认为该行政行为的执行会给国家利益、社会公共利益造成重大损害的；

（四）法律、法规规定停止执行的。

当事人对停止执行或者不停止执行的裁定不服的，可以申请复议一次。

2. **《行政复议法》**（2017 年 9 月 1 日）

第二十一条　行政复议期间具体行政行为不停止执行；但是，有下列情形之一的，可以停止执行：

（一）被申请人认为需要停止执行的；

---

① 被处罚人不服行政拘留处罚决定，申请行政复议、提起行政诉讼的，可以向公安机关提出暂缓执行行政拘留的申请。公安机关认为暂缓执行行政拘留不致发生社会危险的，由被处罚人或者其近亲属提出符合本法第一百零八条规定条件的担保人，或者按每日行政拘留二百元的标准交纳保证金，行政拘留的处罚决定暂缓执行。

（二）行政复议机关认为需要停止执行的；

（三）申请人申请停止执行，行政复议机关认为其要求合理，决定停止执行的；

（四）法律规定停止执行的。

第七十四条　【依法没收非法财物的处理】 除依法应当予以销毁的物品外，依法没收的非法财物必须按照国家规定公开拍卖或者按照国家有关规定处理。

罚款、没收的违法所得或者没收非法财物拍卖的款项，必须全部上缴国库，任何行政机关或者个人不得以任何形式截留、私分或者变相私分。

罚款、没收的违法所得或者没收非法财物拍卖的款项，不得同作出行政处罚决定的行政机关及其工作人员的考核、考评直接或者变相挂钩。除依法应当退还、退赔的外，财政部门不得以任何形式向作出行政处罚决定的行政机关返还罚款、没收的违法所得或者没收非法财物拍卖的款项。

【适用指南】

本条是关于罚款、没收非法所得及非法财务处置的规定。本次修法增加了关于行政处罚的款项不得与考核、考评挂钩的要求，以防止行政机关滥用行政处罚职权等现象发生。

罚没财物的所有权归属于国家，不属于实施行政处罚的机关，规定罚没财物的处置制度能有效避免行政机关为了考核而趋利处罚，侵害公民、法人和其他组织的合法权益。[1] 本条在适用中应当注意以下方面：

其一，非法财物依法处理。行政机关没收的财物主要包括金钱和物品，行政机关没收非法财物后应当按照法律法规的规定及时进行处理。依据 2020 年财政部发布的《罚没财物管理办法》规定，没收财物应遵循公开公平公正处置原则，依法分类、依法处理，实现处置价值最大化。主要包含：销毁、拍卖或依照国家有关规定处理等方式。

其二，罚没款项属于政府非税收入，应按照国库集中收缴管理的有关规定上缴国库，不得变相截留、私分。

其三，确保罚没财物的独立性。为确保罚没财物的独立性，要严格按照收支两条线的管理方式进行优化管理，各级监督管理部门履行自身职责，相互配合，不得将罚没财物款项与行政执法考评制度挂钩。依据《罚没财物管理办法》第三十条的规定[2]，不得将罚没收入作为任务指标下达，执法机关经费预算不得与罚没收入挂钩。行政执法考评制度是评价执法工作情况，检验执法部门和执法人员是否正确行使职权、履行义务的重要机制，将罚没款项与考评制度相关联，会产生过度执法、选择性执法等不良现象，影响执法公正，无法保障行政处罚的公正实施。

第七十五条　【行政处罚的监督】行政机关应当建立健全对行政处罚的监督制度。县级以上人民政府应当定期组织开展行政执法评议、考核，加强对行政处罚的监督检查，规范和保障行政处罚的实施。

---

① 王均：《罚没财物处置过程中应该注意的事项》，载《财会学习》2016 年第 10 期。

② 政府预算收入中罚没收入预算为预测性指标，不作为收入任务指标下达。执法机关的办案经费由本级政府预算统筹保障，执法机关经费预算安排不得与该单位任何年度上缴的罚没收入挂钩。

行政机关实施行政处罚应当接受社会监督。公民、法人或者其他组织对行政机关实施行政处罚的行为，有权申诉或者检举；行政机关应当认真审查，发现有错误的，应当主动改正。

【适用指南】

本条是关于行政处罚监督制度的规定。本次修法增加了关于行政处罚的评议、考核制度，以完善行政处罚的内部监督制度，强化社会监督体系。

行政处罚权作为行政权的重要组成部分，具有管理事务宽泛、自由裁量空间大等特点，滥用行政权将损害公民的基本权利，影响国家公权力的实施，因此，对行政处罚权的制约与监督是行政处罚法的重要内容。[①] 根据《国务院关于进一步贯彻实施〈中华人民共和国行政处罚法〉的通知》，要加强对实施行政处罚的监督，并通过创新监督方式、强化监督流程来提升行政执法质量。本条在适用中应当注意以下方面：

其一，完善对行政处罚权的内部监督制度。行政处罚的内部监督是行政机关内部实施的自上而下或自下而上对行政机关及其工作人员进行的监督活动。[②] 通过建立完备详尽的监督体系，以问题为导向进行规范，完善考核评议制度，不断加强行政执法的监督检查，规范和保障行政处罚的实施。

其二，高度重视对行政处罚权的社会监督。社会监督是社会治理体系和治理能力现代化的必然要求。公民、法人或非法人组织对

---

① 应松年、张晓莹：《〈行政处罚法〉二十四年：回望与前瞻》，载《国家检察官学院学报》2020 年第 5 期。

② 江必新、夏道虎主编：《中华人民共和国行政处罚法条文解读与法律适用》，中国法制出版社 2021 年版，第 251 页。

于行政机关实施行政处罚行为，通过申诉或检举等方式进行社会监督，打通社会监督实践中的痛点与堵点。[①] 行政机关收到申诉、控告后应认真审查核实，针对确有错误的行政处罚行为，应当进行改正和自我纠错；因违法处罚行为给当事人造成损害的，应当予以赔偿。

① 程琥:《综合行政执法体制改革的价值冲突与整合》，载《行政法学研究》2021 年第 2 期。

第七章　法律责任

第七十六条　【违法实施行政处罚的法律责任】 行政机关实施行政处罚，有下列情形之一，由上级行政机关或者有关机关责令改正，对直接负责的主管人员和其他直接责任人员依法给予处分：

（一）没有法定的行政处罚依据的；

（二）擅自改变行政处罚种类、幅度的；

（三）违反法定的行政处罚程序的；

（四）违反本法第二十条关于委托处罚的规定的；

（五）执法人员未取得执法证件的。

行政机关对符合立案标准的案件不及时立案的，依照前款规定予以处理。

【适用指南】

本条是对行政机关违法实施行政处罚应当承担的法律责任的规定。

行政机关必须严格依法实施行政处罚，这是保证行政处罚发挥作用的基础。本条规定了六种情形，包括：没有法定的行政处罚依据的；擅自改变行政处罚种类、幅度的；违反法定的行政处罚程序的；违反本法第二十条关于委托处罚的规定的；执法人员未取得执法证件的；对符合立案标准的案件不及时立案的。前四种情形为1996年《行政处罚法》立法时即已确立，第五、六种情形则为此次修订新增，这意味着将执法人员未取得执法证件实施行政处罚、对符合立案标准的案件不及时立案，也纳入追究法律责任的范围，从中可以看出对行政机关依法实施行政处罚要求的提高，以及对违法实施行政处罚追责的强化。如果从行政行为违法的类别分析，前五种属于作为违法，第六种则属于不作为违法。

对出现上述六种情形之一的，先由上级机关或者有关机关责令违法的行政机关对违法行为进行改正，后对直接负责的主管人员和其他直接责任人员依法给予处分。《行政处罚法》未直接规定如何进行处分，而是要求“依法给予处分”。所依之法目前主要有《公务员法》《监察法》《公职人员政务处分法》《行政机关公务员处分条例》等。

● 法　律

《公职人员政务处分法》（2020年6月20日）

第三十九条　有下列行为之一，造成不良后果或者影响的，予以警告、记过或者记大过；情节较重的，予以降级或者撤职；情节严重的，予以开除：

（一）滥用职权，危害国家利益、社会公共利益或者侵害公民、法人、其他组织合法权益的；

（二）不履行或者不正确履行职责，玩忽职守，贻误工作的；

（三）工作中有形式主义、官僚主义行为的；

（四）工作中有弄虚作假，误导、欺骗行为的；

（五）泄露国家秘密、工作秘密，或者泄露因履行职责掌握的商业秘密、个人隐私的。

第七十七条　【不使用或使用非法罚没财物单据的法律责任】行政机关对当事人进行处罚不使用罚款、没收财物单据或者使用非法定部门制发的罚款、没收财物单据的，当事人有权拒绝，并有权予以检举，由上级行政机关或者有关机关对使用的非法单据予以收缴销毁，对直接负责的主管人员和其他直接责任人员依法给予处分。

【适用指南】

本条是对行政机关不使用或使用非法单据进行罚款或没收财物的法律责任规定。

《行政处罚法》十分重视与行政处罚有关的财政制度的规定及其执行，在法律责任规定中除本条外，还有第七十八条、第七十九条亦作出类似规定。

罚款、没收财物的所有权属于国家，不属于实施罚款、没收财物的行政机关，更不属于行政机关的工作人员。因此，行政机关对当事人实施罚款、没收财物所得的款项应采用法定形式收缴并上缴国库，相应的单据是行政机关收取罚款、没收财物的法定凭据。若行政机关对当事人进行处罚不使用罚款、没收财物单据，或者虽使用单据但使用的是非法定部门制发的罚款、没收财物单据，均属于违法。只要有这两种情形之一的，《行政处罚法》赋予当事人拒绝权和检举权，即当事人有权拒绝，并有权予以检举。

对存在上述使用非法单据的情形，上级行政机关或者有关机关予以收缴销毁，并对直接负责的主管人员和其他直接责任人员依法给予处分。此处所依之法，与前述相同。

第七章

● *行政法规*

1. **《财政违法行为处罚处分条例》**（2011 年 1 月 8 日）

第十六条 单位和个人有下列违反财政收入票据管理规定的行为之一的，销毁非法印制的票据，没收违法所得和作案工具。对单位处 5000 元以上 10 万元以下的罚款；对直接负责的主管人员和其他直接责任人员处 3000 元以上 5 万元以下的罚款。属于国家公务员的，还应当给予降级或者撤职处分；情节严重的，给予开除处分：

（一）违反规定印制财政收入票据；

（二）转借、串用、代开财政收入票据；

（三）伪造、变造、买卖、擅自销毁财政收入票据；

（四）伪造、使用伪造的财政收入票据监（印）制章；

（五）其他违反财政收入票据管理规定的行为。

属于税收收入票据管理方面的违法行为，依照有关税收法律、行政法规的规定处理、处罚。

● *部门规章*

2.《**罚没财物管理办法**》（2020 年 12 月 17 日　财税〔2020〕54 号）

第三十二条　执法机关在罚没财物管理工作中，应当按照规定使用财政部门相关票据。

第七十八条　【自行收缴罚款的处理】行政机关违反本法第六十七条的规定自行收缴罚款的，财政部门违反本法第七十四条的规定向行政机关返还罚款、没收的违法所得或者拍卖款项的，由上级行政机关或者有关机关责令改正，对直接负责的主管人员和其他直接责任人员依法给予处分。

【适用指南】

本条是对违法自行收缴罚款、违法返还罚款或拍卖款项的法律责任的规定。

罚款、没收的违法所得或者没收非法财物拍卖的款项，应当全部上缴国库，行政机关不得将罚没作为创收手段，财政部门也不得将罚没的款项按一定比例作为行政经费返还给行政机关。因此，《行政处罚法》第六十七条第一款规定：“作出罚款决定的行政机关应当与收缴罚款的机构分离。”第七十四条第三款规定：“罚款、没收的违法所得或者没收非法财物拍卖的款项，不得同作出行政处罚决定的行政机关及其工作人员的考核、考评直接或者变相挂钩。除依法应当退还、退赔的外，财政部门不得以任何形式向作出行政处罚决定的行政机关返还罚款、没收的违法所得或者没收非法财物拍卖的款项。”这些规定为实施罚款决定的行政机关、财政部门设定了明确的禁止性义务，如果出现违反上述规定的行为，则应当追究相应的法律责任，由上级行政机关或者有关机关责令改正，并对直接负责的主管人员和其他直接责任人员依法给予处分。

● *部门规章*

《罚没财物管理办法》（2020 年 12 月 17 日　财税〔2020〕54 号）

第二十四条　罚没收入属于政府非税收入，应当按照国库集中收缴管理有关规定，全额上缴国库，纳入一般公共预算管理。

第七十九条　【私分罚没财物的处理】行政机关截留、私分或者变相私分罚款、没收的违法所得或者财物的，由财政部门或者有关机关予以追缴，对直接负责的主管人员和其他直接责任人员依法给予处分；情节严重构成犯罪的，依法追究刑事责任。

执法人员利用职务上的便利，索取或者收受他人财物、将收缴罚款据为己有，构成犯罪的，依法追究刑事责任；情节轻微不构成犯罪的，依法给予处分。

第七章

【适用指南】

本条是对截留、私分罚没财物以及索取或者收受他人财物、将收缴罚款据为己有的法律责任的规定。

本法第七十四条第二款已规定：“罚款、没收的违法所得或者没收非法财物拍卖的款项，必须全部上缴国库，任何行政机关或者个人不得以任何形式截留、私分或者变相私分。”因此，行政机关截留、私分或者变相私分罚款、没收的违法所得或者财物，显属违法行为。本条第一款对此作出了回应，规定了两种情形：对截留、私分或者变相私分罚款、没收的违法所得或者财物的行政机关，相应的款项或财物应当由财政部门或者有关机关予以追缴；对责任人员，也即直接负责的主管人员和其他直接责任人员，一般情形依法给予处分，情节严重构成犯罪的依法追究刑事责任。

行政执法人员代表国家行使公权力，应当公正、廉洁地行使执法权，不得利用职务便利牟取私利。故本条第二款对此作出了明确和严厉的规定：首先，执法人员利用职务上的便利，索取或者收受他人财物、将收缴罚款据为己有，构成犯罪的，依法追究刑事责任；其次，如果情节轻微不构成犯罪的，依法给予处分。此处的追责制度设计特点是：先追重责予以震慑，再对轻者予以处分。这与《刑法》第三百八十八条的如下规定形成呼应："国家工作人员利用本人职权或者地位形成的便利条件，通过其他国家工作人员职务上的行为，为请托人谋取不正当利益，索取请托人财物或者收受请托人财物的，以受贿论处。"

● **法 律**

《公职人员政务处分法》（2020 年 6 月 20 日）

第二十五条 公职人员违法取得的财物和用于违法行为的本人财物，除依法应当由其他机关没收、追缴或者责令退赔的，由监察机关没收、追缴或者责令退赔；应当退还原所有人或者原持有人的，依法予以退还；属于国家财产或者不应当退还以及无法退还的，上缴国库。

第八十条 【使用、损毁查封、扣押财物的法律责任】行政机关使用或者损毁查封、扣押的财物，对当事人造成损失的，应当依法予以赔偿，对直接负责的主管人员和其他直接责任人员依法给予处分。

【适用指南】

本条是对行政机关使用或者损毁查封、扣押的财物的法律责任的规定。

根据《行政强制法》和《行政处罚法》等法律规定，查封、扣押属于行政强制措施。对于依法查封、扣押的财物，行政机关应当妥善保管，不得使用或损毁。违反此规定，构成违法，应当承担相应的法律责任。

首先是行政赔偿责任。行政机关使用或者损毁查封、扣押的财物，对当事人造成损失的，应当依法予以赔偿。《国家赔偿法》第四条规定："行政机关及其工作人员在行使行政职权时有下列侵犯财产权情形之一的，受害人有取得赔偿的权利……（二）违法对财产采取查封、扣押、冻结等行政强制措施的……"具体的赔偿方式和赔偿标准，需要依据《国家赔偿法》的相关规定进行确定。

其次是处分责任。行政机关使用或者损毁查封、扣押的财物，对当事人造成损失的，除依法予以赔偿外，还要对直接负责的主管人员和其他直接责任人员依法给予处分。如前所述，这里的处分既包括行政处分，也包括政务处分。

第七章

● 法　律

《国家赔偿法》（2012 年 10 月 26 日）

第三条　行政机关及其工作人员在行使行政职权时有下列侵犯人身权情形之一的，受害人有取得赔偿的权利：

（一）违法拘留或者违法采取限制公民人身自由的行政强制措施的；

（二）非法拘禁或者以其他方法非法剥夺公民人身自由的；

（三）以殴打、虐待等行为或者唆使、放纵他人以殴打、虐待等行为造成公民身体伤害或者死亡的；

（四）违法使用武器、警械造成公民身体伤害或者死亡的；

（五）造成公民身体伤害或者死亡的其他违法行为。

第四条　行政机关及其工作人员在行使行政职权时有下列侵犯财产权

情形之一的，受害人有取得赔偿的权利：

（一）违法实施罚款、吊销许可证和执照、责令停产停业、没收财物等行政处罚的；

（二）违法对财产采取查封、扣押、冻结等行政强制措施的；

（三）违法征收、征用财产的；

（四）造成财产损害的其他违法行为。

第五条 属于下列情形之一的，国家不承担赔偿责任：

（一）行政机关工作人员与行使职权无关的个人行为；

（二）因公民、法人和其他组织自己的行为致使损害发生的；

（三）法律规定的其他情形。

第六条 受害的公民、法人和其他组织有权要求赔偿。

受害的公民死亡，其继承人和其他有扶养关系的亲属有权要求赔偿。

受害的法人或者其他组织终止的，其权利承受人有权要求赔偿。

第七条 行政机关及其工作人员行使行政职权侵犯公民、法人和其他组织的合法权益造成损害的，该行政机关为赔偿义务机关。

两个以上行政机关共同行使行政职权时侵犯公民、法人和其他组织的合法权益造成损害的，共同行使行政职权的行政机关为共同赔偿义务机关。

法律、法规授权的组织在行使授予的行政权力时侵犯公民、法人和其他组织的合法权益造成损害的，被授权的组织为赔偿义务机关。

受行政机关委托的组织或者个人在行使受委托的行政权力时侵犯公民、法人和其他组织的合法权益造成损害的，委托的行政机关为赔偿义务机关。

赔偿义务机关被撤销的，继续行使其职权的行政机关为赔偿义务机关；没有继续行使其职权的行政机关的，撤销该赔偿义务机关的行政机关为赔偿义务机关。

第八条 经复议机关复议的，最初造成侵权行为的行政机关为赔偿义务机关，但复议机关的复议决定加重损害的，复议机关对加重的部分履行赔偿义务。

第九条 赔偿义务机关有本法第三条、第四条规定情形之一的，应当给予赔偿。

赔偿请求人要求赔偿，应当先向赔偿义务机关提出，也可以在申请行政复议或者提起行政诉讼时一并提出。

第十条 赔偿请求人可以向共同赔偿义务机关中的任何一个赔偿义务机关要求赔偿，该赔偿义务机关应当先予赔偿。

第十一条 赔偿请求人根据受到的不同损害，可以同时提出数项赔偿要求。

第八十一条 【违法实行检查和执行措施的法律责任】行政机关违法实施检查措施或者执行措施，给公民人身或者财产造成损害、给法人或者其他组织造成损失的，应当依法予以赔偿，对直接负责的主管人员和其他直接责任人员依法给予处分；情节严重构成犯罪的，依法追究刑事责任。

【适用指南】

本条是有关行政机关违法实施检查措施或执行措施的法律责任的规定。

根据《行政处罚法》的规定，行政机关在实施行政处罚时有权采用行政检查措施或者执行措施。行政检查具有了解情况、收集证据的功能，《行政处罚法》第五十四条至第五十七条对行政机关进行行政调查和检查的基本要求作出了规定。例如，第五十六条规定："行政机关在收集证据时，可以采取抽样取证的方法；在证据可能灭失或者以后难以取得的情况下，经行政机关负责人批准，可以先行登记保存，并应当在七日内及时作出处理决定，在此期间，当事人或者有关人员不得销毁或者转移证据。"执行措施是指行政机关进行行政强制执行而采取的措施，也即被处罚人无正当理由逾期不履行处罚义务，行政机关依法进行强制执行而采取的措施。《行政强制法》和《行政处罚法》对哪些行政机关享有行政强制执行权、有权采取何种强制措施和如何实施这些强制措施等作出了规定。对此，行政机关应当严格执行，依法实施检查措施和执行措施。

相应的法律责任包括两个方面：首先是行政赔偿责任。行政机关违法实施检查措施或者执行措施，给公民人身或者财产造成损害、给法人或者其他组织造成损失的，应当依法予以赔偿。其次是处分责任和刑事责任。对直接负责的主管人员和其他直接责任人员依法给予处分；情节严重构成犯罪的，依法追究刑事责任。

● 法 律

《国家赔偿法》（2012 年 10 月 26 日）

第三条 行政机关及其工作人员在行使行政职权时有下列侵犯人身权情形之一的，受害人有取得赔偿的权利：

（一）违法拘留或者违法采取限制公民人身自由的行政强制措施的；

（二）非法拘禁或者以其他方法非法剥夺公民人身自由的；

（三）以殴打、虐待等行为或者唆使、放纵他人以殴打、虐待等行为造成公民身体伤害或者死亡的；

（四）违法使用武器、警械造成公民身体伤害或者死亡的；

（五）造成公民身体伤害或者死亡的其他违法行为。

第四条 行政机关及其工作人员在行使行政职权时有下列侵犯财产权情形之一的，受害人有取得赔偿的权利：

（一）违法实施罚款、吊销许可证和执照、责令停产停业、没收财物等行政处罚的；

（二）违法对财产采取查封、扣押、冻结等行政强制措施的；

（三）违法征收、征用财产的；

（四）造成财产损害的其他违法行为。

第八十二条 【以罚代刑的法律责任】行政机关对应当依法移交司法机关追究刑事责任的案件不移交，以行政处罚代替刑事处罚，由上级行政机关或者有关机关责令改正，对直接负责的主管人员和其他直接责任人员依法给予处分；情节严重构成犯罪的，依法追究刑事责任。

【适用指南】

本条是关于行政机关对应当依法移交司法机关追究刑事责任的案件不移交，以行政处罚代替刑事处罚的法律责任的规定。

行政处罚与刑事处罚虽有关联，但属于两种不同的处罚制度，不能相互代替。因此，遇有查处的违法行为涉嫌犯罪的，行政机关不能自行处理，也不得以行政处罚代替刑事处罚。本法第二十七条第一款规定："违法行为涉嫌犯罪的，行政机关应当及时将案件移送司法机关，依法追究刑事责任。对依法不需要追究刑事责任或者免予刑事处罚，但应当给予行政处罚的，司法机关应当及时将案件移送有关行政机关。"

行政机关对应当依法移交司法机关追究刑事责任的案件如果不移交，以行政处罚代替刑事处罚，由上级行政机关或者有关机关责令改正，并根据情节轻重依法追究相应的法律责任。一是处分责任。如前所述，包括行政处分、政务处分等处分形式。如系一般情形，对直接负责的主管人员和其他直接责任人员依法给予处分。二是刑事责任。对情节严重构成犯罪的，依法追究直接负责的主管人员和其他直接责任人员的刑事责任。这里提及的"法"，包括《刑法》第三百九十七条[1]的有关规定。这些问责法律制度如能严格实施，有助于完善行刑衔接制度，提升问责法治

[1] 国家机关工作人员滥用职权或者玩忽职守，致使公共财产、国家和人民利益遭受重大损失的，处三年以下有期徒刑或者拘役；情节特别严重的，处三年以上七年以下有期徒刑。本法另有规定的，依照规定。国家机关工作人员徇私舞弊，犯前款罪的，处五年以下有期徒刑或者拘役；情节特别严重的，处五年以上十年以下有期徒刑。本法另有规定的，依照规定。

水平。

● **法 律**

《刑法》（2020 年 12 月 26 日）

第四百零二条 行政执法人员徇私舞弊，对依法应当移交司法机关追究刑事责任的不移交，情节严重的，处三年以下有期徒刑或者拘役；造成严重后果的，处三年以上七年以下有期徒刑。

第八十三条 【行政不作为的法律责任】行政机关对应当予以制止和处罚的违法行为不予制止、处罚，致使公民、法人或者其他组织的合法权益、公共利益和社会秩序遭受损害的，对直接负责的主管人员和其他直接责任人员依法给予处分；情节严重构成犯罪的，依法追究刑事责任。

【适用指南】

本条是对行政机关在行政处罚中不作为的法律责任规定。

对违反行政管理秩序的公民、法人或者其他组织给予相应的行政处罚，是行政机关的重要职责。《行政处罚法》第四条明确规定："公民、法人或者其他组织违反行政管理秩序的行为，应当给予行政处罚的，依照本法由法律、法规、规章规定，并由行政机关依照本法规定的程序实施。"行政机关对应当予以制止和处罚的违法行为不予制止、处罚，致使公民、法人或者其他组织的合法权益、公共利益和社会秩序遭受损害的，应当承担相应的法律责任。

法律责任包括两个方面：一是处分责任。一般情形下，对直接负责的主管人员和其他直接责任人员依法给予处分。二是刑事责任。对情节严重构成犯罪的，依法追究直接负责的主管人员和其他直接责任人员的刑事责任。

● 法 律

《刑法》（2020 年 12 月 26 日）

第三百九十七条 国家机关工作人员滥用职权或者玩忽职守，致使公共财产、国家和人民利益遭受重大损失的，处三年以下有期徒刑或者拘役；情节特别严重的，处三年以上七年以下有期徒刑。本法另有规定的，依照规定。

国家机关工作人员徇私舞弊，犯前款罪的，处五年以下有期徒刑或者拘役；情节特别严重的，处五年以上十年以下有期徒刑。本法另有规定的，依照规定。

第八章 附 则

第八十四条 【涉外行政处罚】外国人、无国籍人、外国组织在中华人民共和国领域内有违法行为，应当给予行政处罚的，适用本法，法律另有规定的除外。

【适用指南】

本条是对域外主体在域内违法予以行政处罚法律适用的规定，系新增法条。

按照一般法理，法律规范适用的效力，包括时间效力、空间效力、对人的效力、对事的效力等。其中，对人的效力，大体分为对于域内主体的效力，也即对于公民、法人、其他组织的效力，以及对于域外主体在域内行为的效力，也即对于外国人、无国籍人、外国组织在域内行为的效力。因此，本法除了主要调整关于我国公民、法人、其他组织的行政处罚法律关系之外，也要调整外国人、无国籍人、外国组织在域内违法后予以行政处罚的法律关系。

《宪法》第三十二条第一款规定："中华人民共和国保护在中国境内的外国人的合法权利和利益，在中国境内的外国人必须遵守中华人民共和国的法律。"这一规定，同时体现了国际法上的"国民待遇原则"和"国家主权原则"，加上《宪法》第三十二条第二款所体现的国际通行的政治原因庇护权原则规定，比较完整地构成了国际法上的域外主体域内行为法律调整原则体系，并确立了这些法律调整原则之间的逻辑关系。[1]

《宪法》条文在此表述的外国人是特殊的域外主体概念。结合《宪法》第十八条的规定加以比较分析，更易于理解这一点。[2]此域外主体概念通过立法具体落实于我国行政管理和社会管理领域时所指对象，很多时候不仅包括外国人，还包括无国籍人和外国组织。我国许多法律和行政法规针对有关领域的特殊性，相应地作出了体现上述宪法原则的具体规定：一方面规定了国家依法保护在中国境内的外国人、无国籍人、外国组织的合法权益，另一方面又规定在中国境内的外国人、无国籍人、外国组织必须遵守中华人民共和国的法律。例如，根据《宪法》制定的《外商投资法》，第五条和第六条就分别作出了体现“国民待遇原则”和“国家主权原则”的配套规定。[3]

可见，本法第八十四条正是体现上述宪法原则而作出的域外主体在域内违法的行政处罚规定，实际上它是特殊的指引规范，主要体现两项含义：（1）该指引规范的第一项含义是一般适用原则，也即“外国人、无国籍人、外国组织在中华人民共和国领域内有违法行为，应当给予行政处罚的，适用本法”，所体现的是全面适用有关实体法和程序法的法律适用原则；（2）该指引规范的第二项含义是冲突适用原则，也即“法律另有规定的除外”，所体现的是如有例外法律规定的则予以优先适用的冲突适用原则。

---

① 《宪法》仅有第三十二条提及“外国人”，但其实际效果是已将域外主体的域内行为法律调整原则作出了比较完整简略的宪法规范。

② 《宪法》第十八条的内容是：“中华人民共和国允许外国的企业和其他经济组织或者个人依照中华人民共和国法律的规定在中国投资，同中国的企业或者其他经济组织进行各种形式的经济合作。在中国境内的外国企业和其他外国经济组织以及中外合资经营的企业，都必须遵守中华人民共和国的法律。它们的合法的权利和利益受中华人民共和国法律的保护。”这主要是从企业和经济组织的角度作出的规定，与《宪法》第三十二条相同，同时体现了“国民待遇原则”和“国家主权原则”的要求。

③ 《外商投资法》第五条规定：“国家依法保护外国投资者在中国境内的投资、收益和其他合法权益。”第六条规定：“在中国境内进行投资活动的外国投资者、外商投资企业，应当遵守中国法律法规，不得危害中国国家安全、损害社会公共利益。”

第八十五条　【期限的计算】本法中“二日”“三日”“五日”“七日”的规定是指工作日，不含法定节假日。

【适用指南】

本条是对本法所涉若干日期的法律含义的规定。系新增法条。

本法所涉的上述日期都很短，在7日以内（含7日），当其涉及工作日与节假日、休息日接续交替时，如果人们的理解不一，对行政相对人合法权益保护和行政主体职权行使就会带来很大影响。鉴于行政处罚制度在实践中常见对于日期规定的理解分歧，本法的附则对上述日期规定加以专门诠释、作出统一规定，具有重要的法律适用意义，有助于行政处罚制度精细化实施。

我国的现实生活中，根据法律和政策文件规定，所谓工作日，一般指每周的周一至周五，在这些日子，人们需要工作、上班、上学，每周余下的周六、周日则为休息日，可见工作日与休息日是相对应的概念；① 所谓节假日，大致分为三类，第一类是全体公民都放假的法定节日和纪念日，第二类是部分公民放假的法定节日和纪念日，第三类是少数民族的特定节日。② 如果第一类节假日适逢周六、周日，则需在工作日补休假日；如果是第二

---

① 根据《国务院关于职工工作时间的规定》，职工每天工作8小时，每周工作40小时，每周工作5天（每周一至周五），这是正常情况下的作息时间。学生上学时间一般与此匹配作出规定。

② 根据《全国年节及纪念日放假办法》，节假日分为三类：第一类是全体公民都放假的法定节日和纪念日，包括元旦、春节、清明节、劳动节、端午节、中秋节、国庆节，放假1～3天不等；第二类是部分公民放假的法定节日和纪念日，包括妇女节、青年节、儿童节、八一建军纪念日，特定人群放假半天或1天；第三类是少数民族的特定节日，由各少数民族聚居地区的地方人民政府行使自治权并按照民族习惯规定节日放假的日期安排，其对于少数民族地区的社会生活和社会发展具有重要意义。

类节假日适逢周六、周日，则无需补休假日；第三类节假日如何规定以及如何补休，则由民族自治地区的地方人民政府自主安排。

行政处罚涉及日期的起止时间如何计算，有一些常规理解和做法：本法所涉上述很短的日期规定，开始的一天不计算在内，从次日开始计算；若期间届满的最后一天为法定节假日，则以法定节假日之后的第一天为期间届满之日；而且，上述日期不包括文档在途时间，也即执法文书在期满前交邮的，不算过期。一些地方行政立法也对此类起止计算、期限扣除、时间中止等程序制度要求作出了安排。①

可见，本条所述法定节假日，主要是指第一类也即全体公民放假的节日和纪念日，以及正常情况下每周的周六、周日，以及少数民族习惯节日。至于本法涉及 7 日以上的日期规定，由于时限较长，即便将法定节假日包含在内，也不带来妨碍行使权利或履行职责的严重不便，故不纳入本条调整范围，也即本条规定不涉及此类情形。②

第八十六条　【施行日期】本法自 2021 年 7 月 15 日起施行。

第八章

【适用指南】

本条是对法律施行起始日的规定。

---

① 例如，《浙江省行政程序办法》第六十五条、《江苏省行政程序规定》第六十五条就作了此类规定。

② 例如，《行政处罚法》第六十七条第三款规定："当事人应当自收到行政处罚决定书之日起十五日内，到指定的银行或者通过电子支付系统缴纳罚款。银行应当收受罚款，并将罚款直接上缴国库。"电子技术发展带来支付手段日益丰富便利，15 日的缴纳罚款期限满足需要，故无须考量法定节假日因素。

立法机关通过后的法律文本开始施行日期常见方式有两种：第一种是公布之日起施行，此种方式适用于立法机关认为法律文本实施的客观形势紧迫，不立即施行会产生特殊风险和社会代价的情形；第二种是预定一个日期开始施行，为执行机关和社会主体留出该法律文本实施前的必要准备时间，这是最常见的方式。本法采取的是第二种方式，留出的实施准备期近半年。

从立法机关公布法律文本到开始施行，这个实施准备期非常重要，其间有清理规范、答复解释、作出配套规定、安排执法人员、组织学习培训、开展社会宣传、准备专用设施和技术标准等诸多准备工作，其完成情况对于该法的实施条件和实施效果具有重要影响。鉴于法律文本实施准备期对于执法者、守法者可能产生的影响力和约束效果，故应重视实施准备期工作，减少法律实施后凸显的矛盾问题。

本法在20多年前颁布后，已限时（从法律文本通过颁布到完成清理任务长达一年零九个月）开展了相关法规和规章的清理工作，对于不符合本法规定者作了修订，故本次修法时删去了原条文（第六十四条第二款[①]）。这也从一个侧面反证了法律文本实施准备期有关工作的重要性，各方应重视做好准备工作。

① 1996年3月17日第八届全国人民代表大会第四次会议通过、1996年10月1日起施行的《行政处罚法》第六十四条第二款的内容是："本法公布前制定的法规和规章关于行政处罚的规定与本法不符合的，应当自本法公布之日起，依照本法规定予以修订，在1997年12月31日前修订完毕。"

中华人民共和国行政处罚法

（1996年3月17日第八届全国人民代表大会第四次会议通过　根据2009年8月27日第十一届全国人民代表大会常务委员会第十次会议《关于修改部分法律的决定》第一次修正　根据2017年9月1日第十二届全国人民代表大会常务委员会第二十九次会议《关于修改〈中华人民共和国法官法〉等八部法律的决定》第二次修正　2021年1月22日第十三届全国人民代表大会常务委员会第二十五次会议修订）

目　　录

第一章　总　　则

第一条　为了规范行政处罚的设定和实施，保障和监督行政机关有效实施行政管理，维护公共利益和社会秩序，保护公民、法人或者其他组织的合法权益，根据宪法，制定本法。

第二条　行政处罚是指行政机关依法对违反行政管理秩序的公民、法人或者其他组织，以减损权益或者增加义务的方式予以惩戒的行为。

第三条　行政处罚的设定和实施，适用本法。

第四条　公民、法人或者其他组织违反行政管理秩序的行为，应当给予行政处罚的，依照本法由法律、法规、规章规定，并由行政机关依照本法规定的程序实施。

第五条　行政处罚遵循公正、公开的原则。

设定和实施行政处罚必须以事实为依据，与违法行为的事实、性质、情节以及社会危害程度相当。

对违法行为给予行政处罚的规定必须公布；未经公布的，不得作为行政处罚的依据。

第六条　实施行政处罚，纠正违法行为，应当坚持处罚与教育相结合，教育公民、法人或者其他组织自觉守法。

第七条　公民、法人或者其他组织对行政机关所给予的行政处罚，享有陈述权、申辩权；对行政处罚不服的，有权依法申请行政复议或者提起行政诉讼。

公民、法人或者其他组织因行政机关违法给予行政处罚受到损害的，有权依法提出赔偿要求。

第八条　公民、法人或者其他组织因违法行为受到行政处罚，其违法行为对他人造成损害的，应当依法承担民事责任。

违法行为构成犯罪，应当依法追究刑事责任的，不得以行政处罚代替刑事处罚。

第二章 行政处罚的种类和设定

第九条 行政处罚的种类：

（一）警告、通报批评；

（二）罚款、没收违法所得、没收非法财物；

（三）暂扣许可证件、降低资质等级、吊销许可证件；

（四）限制开展生产经营活动、责令停产停业、责令关闭、限制从业；

（五）行政拘留；

（六）法律、行政法规规定的其他行政处罚。

第十条 法律可以设定各种行政处罚。

限制人身自由的行政处罚，只能由法律设定。

第十一条 行政法规可以设定除限制人身自由以外的行政处罚。

法律对违法行为已经作出行政处罚规定，行政法规需要作出具体规定的，必须在法律规定的给予行政处罚的行为、种类和幅度的范围内规定。

法律对违法行为未作出行政处罚规定，行政法规为实施法律，可以补充设定行政处罚。拟补充设定行政处罚的，应当通过听证会、论证会等形式广泛听取意见，并向制定机关作出书面说明。行政法规报送备案时，应当说明补充设定行政处罚的情况。

第十二条 地方性法规可以设定除限制人身自由、吊销营业执照以外的行政处罚。

法律、行政法规对违法行为已经作出行政处罚规定，地方性法规需要作出具体规定的，必须在法律、行政法规规定的给予行政处罚的行为、种类和幅度的范围内规定。

法律、行政法规对违法行为未作出行政处罚规定，地方性法规为实施法律、行政法规，可以补充设定行政处罚。拟补充设定行政处罚的，应当通过听证会、论证会等形式广泛听取意见，并向制定机关作出书面说明。地方性法规报送备案时，应当说明补充设定行政处罚的情况。

第十三条 国务院部门规章可以在法律、行政法规规定的给予行政处罚的行为、种类和幅度的范围内作出具体规定。

尚未制定法律、行政法规的，国务院部门规章对违反行政管理秩序的行为，可以设定警告、通报批评或者一定数额罚款的行政处罚。罚款的限额由国务院规定。

第十四条 地方政府规章可以在法律、法规规定的给予行政处罚的行为、种类和幅度的范围内作出具体规定。

尚未制定法律、法规的，地方政府规章对违反行政管理秩序的行为，可以设定警告、通报批评或者一定数额罚款的行政处罚。罚款的限额由省、自治区、直辖市人民代表大会常务委员会规定。

第十五条 国务院部门和省、自治区、直辖市人民政府及其有关部门应当定期组织评估行政处罚的实施情况和必要性，对不适当的行政处罚事项及种类、罚款数额等，应当提出修改或者废止的建议。

第十六条 除法律、法规、规章外，其他规范性文件不得设定行政处罚。

第三章　行政处罚的实施机关

第十七条 行政处罚由具有行政处罚权的行政机关在法定职权范围内实施。

第十八条 国家在城市管理、市场监管、生态环境、文化市场、交通运输、应急管理、农业等领域推行建立综合行政执法制度，相对集中行政处罚权。

国务院或者省、自治区、直辖市人民政府可以决定一个行政机关行使有关行政机关的行政处罚权。

限制人身自由的行政处罚权只能由公安机关和法律规定的其他机关行使。

第十九条 法律、法规授权的具有管理公共事务职能的组织可以在法定授权范围内实施行政处罚。

第二十条 行政机关依照法律、法规、规章的规定，可以在其法定权限内书面委托符合本法第二十一条规定条件的组织实施行政处罚。行政机关不得委托其他组织或者个人实施行政处罚。

委托书应当载明委托的具体事项、权限、期限等内容。委托行政机关和受委托组织应当将委托书向社会公布。

委托行政机关对受委托组织实施行政处罚的行为应当负责监督，并对该行为的后果承担法律责任。

受委托组织在委托范围内，以委托行政机关名义实施行政处罚；不得再委托其他组织或者个人实施行政处罚。

第二十一条 受委托组织必须符合以下条件：

（一）依法成立并具有管理公共事务职能；

（二）有熟悉有关法律、法规、规章和业务并取得行政执法资格的工作人员；

（三）需要进行技术检查或者技术鉴定的，应当有条件组织进行相应的技术检查或者技术鉴定。

第四章 行政处罚的管辖和适用

第二十二条 行政处罚由违法行为发生地的行政机关管辖。法律、行政法规、部门规章另有规定的，从其规定。

第二十三条 行政处罚由县级以上地方人民政府具有行政处罚权的行政机关管辖。法律、行政法规另有规定的，从其规定。

第二十四条 省、自治区、直辖市根据当地实际情况，可以决定将基层管理迫切需要的县级人民政府部门的行政处罚权交由能够有效承接的乡镇人民政府、街道办事处行使，并定期组织评估。决定应当公布。

承接行政处罚权的乡镇人民政府、街道办事处应当加强执法能力建设，按照规定范围、依照法定程序实施行政处罚。

有关地方人民政府及其部门应当加强组织协调、业务指导、执法监督，建立健全行政处罚协调配合机制，完善评议、考核制度。

第二十五条 两个以上行政机关都有管辖权的，由最先立案的行政机关管辖。

对管辖发生争议的，应当协商解决，协商不成的，报请共同的上一级行政机关指定管辖；也可以直接由共同的上一级行政机关指定管辖。

第二十六条 行政机关因实施行政处罚的需要，可以向有关机关提出协助请求。协助事项属于被请求机关职权范围内的，应当依法予以协助。

第二十七条 违法行为涉嫌犯罪的，行政机关应当及时将案件移送司法机关，依法追究刑事责任。对依法不需要追究刑事责任或者免予刑事处罚，但应当给予行政处罚的，司法机关应当及时将案件移送有关行政机关。

行政处罚实施机关与司法机关之间应当加强协调配合，建立健全案件移送制度，加强证据材料移交、接收衔接，完善案件处理信息通报机制。

第二十八条 行政机关实施行政处罚时，应当责令当事人改正或者限期改正违法行为。

当事人有违法所得，除依法应当退赔的外，应当予以没收。违法所得是指实施违法行为所取得的款项。法律、行政法规、部门规章对违法所得的计算另有规定的，从其规定。

第二十九条 对当事人的同一个违法行为，不得给予两次以上罚款的行政处罚。同一个违法行为违反多个法律规范应当给予罚款处罚的，按照罚款数额高的规定处罚。

第三十条 不满十四周岁的未成年人有违法行为的，不予行政处罚，责令监护人加以管教；已满十四周岁不满十八周岁的未成年人有违法行为的，应当从轻或者减轻行政处罚。

第三十一条 精神病人、智力残疾人在不能辨认或者不能控制自己行为时有违法行为的，不予行政处罚，但应当责令其监护人严加看管和治疗。间歇性精神病人在精神正常时有违法行为的，应当给予行政处罚。尚未完全丧失辨认或者控制自己行为能力的精神病人、智力残疾人有违法行为的，可以从轻或者减轻行政处罚。

第三十二条 当事人有下列情形之一，应当从轻或者减轻行政处罚：

（一）主动消除或者减轻违法行为危害后果的；

（二）受他人胁迫或者诱骗实施违法行为的；

（三）主动供述行政机关尚未掌握的违法行为的；

（四）配合行政机关查处违法行为有立功表现的；

（五）法律、法规、规章规定其他应当从轻或者减轻行政处罚的。

第三十三条 违法行为轻微并及时改正，没有造成危害后果的，不予行政处罚。初次违法且危害后果轻微并及时改正的，可以不予行政处罚。

当事人有证据足以证明没有主观过错的，不予行政处罚。法律、行政法规另有规定的，从其规定。

对当事人的违法行为依法不予行政处罚的，行政机关应当对当事人进行教育。

第三十四条 行政机关可以依法制定行政处罚裁量基准，规范行使行政处罚裁量权。行政处罚裁量基准应当向社会公布。

第三十五条 违法行为构成犯罪，人民法院判处拘役或者有期徒刑时，行政机关已经给予当事人行政拘留的，应当依法折抵相应刑期。

违法行为构成犯罪，人民法院判处罚金时，行政机关已经给予当事人罚款的，应当折抵相应罚金；行政机关尚未给予当事人罚款的，不再给予罚款。

第三十六条 违法行为在二年内未被发现的，不再给予行政处罚；涉及公民生命健康安全、金融安全且有危害后果的，上述期限延长至五年。法律另有规定的除外。

前款规定的期限，从违法行为发生之日起计算；违法行为有连续或者继续状态的，从行为终了之日起计算。

第三十七条 实施行政处罚，适用违法行为发生时的法律、法规、规章的规定。但是，作出行政处罚决定时，法律、法规、规章已被修改或者废止，且新的规定处罚较轻或者不认为是违法的，适用新的规定。

第三十八条 行政处罚没有依据或者实施主体不具有行政主体资格的，行政处罚无效。

违反法定程序构成重大且明显违法的，行政处罚无效。

第五章 行政处罚的决定

第一节 一般规定

第三十九条 行政处罚的实施机关、立案依据、实施程序和救济渠道等信息应当公示。

第四十条 公民、法人或者其他组织违反行政管理秩序的行为，依法应当给予行政处罚的，行政机关必须查明事实；违法事实不清、证据不足的，不得给予行政处罚。

第四十一条 行政机关依照法律、行政法规规定利用电子技术监控设备收集、固定违法事实的，应当经过法制和技术审核，确保电子技术监控设备符合标准、设置合理、标志明显，设置地点应当向社会公布。

电子技术监控设备记录违法事实应当真实、清晰、完整、准确。行政机关应当审核记录内容是否符合要求；未经审核或者经审核不符合要求的，不得作为行政处罚的证据。

行政机关应当及时告知当事人违法事实，并采取信息化手段或者其他措施，为当事人查询、陈述和申辩提供便利。不得限制或者变相限制当事人享有的陈述权、申辩权。

第四十二条 行政处罚应当由具有行政执法资格的执法人员实施。执法人员不得少于两人，法律另有规定的除外。

执法人员应当文明执法，尊重和保护当事人合法权益。

第四十三条 执法人员与案件有直接利害关系或者有其他关系可能影响公正执法的，应当回避。

当事人认为执法人员与案件有直接利害关系或者有其他关系可能影响公正执法的，有权申请回避。

当事人提出回避申请的，行政机关应当依法审查，由行政机关负责人决定。决定作出之前，不停止调查。

第四十四条 行政机关在作出行政处罚决定之前，应当告知当事人拟作出的行政处罚内容及事实、理由、依据，并告知当事人依法享有的陈述、申辩、要求听证等权利。

第四十五条 当事人有权进行陈述和申辩。行政机关必须充分听取当事人的意见，对当事人提出的事实、理由和证据，应当进行复核；当事人提出的事实、理由或者证据成立的，行政机关应当采纳。

行政机关不得因当事人陈述、申辩而给予更重的处罚。

第四十六条 证据包括：

（一）书证；

（二）物证；

（三）视听资料；

（四）电子数据；

（五）证人证言；

（六）当事人的陈述；

（七）鉴定意见；

（八）勘验笔录、现场笔录。

证据必须经查证属实，方可作为认定案件事实的根据。

以非法手段取得的证据，不得作为认定案件事实的根据。

第四十七条 行政机关应当依法以文字、音像等形式，对行政处罚的启动、调查取证、审核、决定、送达、执行等进行全过程记录，归档保存。

第四十八条 具有一定社会影响的行政处罚决定应当依法公开。

公开的行政处罚决定被依法变更、撤销、确认违法或者确认无效的，行政机关应当在三日内撤回行政处罚决定信息并公开说明理由。

第四十九条 发生重大传染病疫情等突发事件，为了控制、减轻和消除突发事件引起的社会危害，行政机关对违反突发事件应对措施的行为，依法快速、从重处罚。

第五十条 行政机关及其工作人员对实施行政处罚过程中知悉的国家秘密、商业秘密或者个人隐私，应当依法予以保密。

第二节 简易程序

第五十一条 违法事实确凿并有法定依据，对公民处以二百元以下、对法人或者其他组织处以三千元以下罚款或者警告的行政处罚的，可以当场作出行政处罚决定。法律另有规定的，从其规定。

第五十二条 执法人员当场作出行政处罚决定的，应当向当事人出示执法证件，填写预定格式、编有号码的行政处罚决定书，并当场交付当事人。当事人拒绝签收的，应当在行政处罚决定书上注明。

前款规定的行政处罚决定书应当载明当事人的违法行为，行政处罚的种类和依据、罚款数额、时间、地点，申请行政复议、提起行政诉讼的途径和期限以及行政机关名称，并由执法人员签名或者盖章。

执法人员当场作出的行政处罚决定，应当报所属行政机关备案。

第五十三条 对当场作出的行政处罚决定，当事人应当依照本法第六十七条至第六十九条的规定履行。

第三节 普通程序

第五十四条 除本法第五十一条规定的可以当场作出的行政处罚外，行政机关发现公民、法人或者其他组织有依法应当给予行政处罚的行为的，必须全面、客观、公正地调查，收集有关证据；必要时，依照法律、法规的规定，可以进行检查。

符合立案标准的，行政机关应当及时立案。

第五十五条 执法人员在调查或者进行检查时，应当主动向当事人或者有关人员出示执法证件。当事人或者有关人员有权要求执法人员出示执法证件。执法人员不出示执法证件的，当事人或者有关人员有权拒绝接受调查或者检查。

当事人或者有关人员应当如实回答询问，并协助调查或者检查，不得拒绝或者阻挠。询问或者检查应当制作笔录。

第五十六条 行政机关在收集证据时，可以采取抽样取证的方法；在证据可能灭失或者以后难以取得的情况下，经行政机关负责人批准，可以先行登记保存，并应当在七日内及时作出处理决定，在此期间，当事人或者有关人员不得销毁或者转移证据。

第五十七条 调查终结，行政机关负责人应当对调查结果进行审查，根据不同情况，分别作出如下决定：

（一）确有应受行政处罚的违法行为的，根据情节轻重及具体情况，作出行政处罚决定；

（二）违法行为轻微，依法可以不予行政处罚的，不予行政处罚；

（三）违法事实不能成立的，不予行政处罚；

（四）违法行为涉嫌犯罪的，移送司法机关。

对情节复杂或者重大违法行为给予行政处罚，行政机关负责人应当集体讨论决定。

第五十八条 有下列情形之一，在行政机关负责人作出行政处罚的决定之前，应当由从事行政处罚决定法制审核的人员进行法制审核；未经法制审核或者审核未通过的，不得作出决定：

（一）涉及重大公共利益的；

（二）直接关系当事人或者第三人重大权益，经过听证程序的；

（三）案件情况疑难复杂、涉及多个法律关系的；

（四）法律、法规规定应当进行法制审核的其他情形。

行政机关中初次从事行政处罚决定法制审核的人员，应当通过国家统一法律职业资格考试取得法律职业资格。

第五十九条 行政机关依照本法第五十七条的规定给予行政处罚，应当制作行政处罚决定书。行政处罚决定书应当载明下列事项：

（一）当事人的姓名或者名称、地址；

（二）违反法律、法规、规章的事实和证据；

（三）行政处罚的种类和依据；

（四）行政处罚的履行方式和期限；

（五）申请行政复议、提起行政诉讼的途径和期限；

（六）作出行政处罚决定的行政机关名称和作出决定的日期。

行政处罚决定书必须盖有作出行政处罚决定的行政机关的

印章。

第六十条 行政机关应当自行政处罚案件立案之日起九十日内作出行政处罚决定。法律、法规、规章另有规定的，从其规定。

第六十一条 行政处罚决定书应当在宣告后当场交付当事人；当事人不在场的，行政机关应当在七日内依照《中华人民共和国民事诉讼法》的有关规定，将行政处罚决定书送达当事人。

当事人同意并签订确认书的，行政机关可以采用传真、电子邮件等方式，将行政处罚决定书等送达当事人。

第六十二条 行政机关及其执法人员在作出行政处罚决定之前，未依照本法第四十四条、第四十五条的规定向当事人告知拟作出的行政处罚内容及事实、理由、依据，或者拒绝听取当事人的陈述、申辩，不得作出行政处罚决定；当事人明确放弃陈述或者申辩权利的除外。

第四节 听证程序

第六十三条 行政机关拟作出下列行政处罚决定，应当告知当事人有要求听证的权利，当事人要求听证的，行政机关应当组织听证：

（一）较大数额罚款；

（二）没收较大数额违法所得、没收较大价值非法财物；

（三）降低资质等级、吊销许可证件；

（四）责令停产停业、责令关闭、限制从业；

（五）其他较重的行政处罚；

（六）法律、法规、规章规定的其他情形。

当事人不承担行政机关组织听证的费用。

第六十四条 听证应当依照以下程序组织：

（一）当事人要求听证的，应当在行政机关告知后五日内提出；

（二）行政机关应当在举行听证的七日前，通知当事人及有关人员听证的时间、地点；

（三）除涉及国家秘密、商业秘密或者个人隐私依法予以保密外，听证公开举行；

（四）听证由行政机关指定的非本案调查人员主持；当事人认为主持人与本案有直接利害关系的，有权申请回避；

（五）当事人可以亲自参加听证，也可以委托一至二人代理；

（六）当事人及其代理人无正当理由拒不出席听证或者未经许可中途退出听证的，视为放弃听证权利，行政机关终止听证；

（七）举行听证时，调查人员提出当事人违法的事实、证据和行政处罚建议，当事人进行申辩和质证；

（八）听证应当制作笔录。笔录应当交当事人或者其代理人核对无误后签字或者盖章。当事人或者其代理人拒绝签字或者盖章的，由听证主持人在笔录中注明。

第六十五条　听证结束后，行政机关应当根据听证笔录，依照本法第五十七条的规定，作出决定。

第六章　行政处罚的执行

第六十六条　行政处罚决定依法作出后，当事人应当在行政处罚决定书载明的期限内，予以履行。

当事人确有经济困难，需要延期或者分期缴纳罚款的，经当事人申请和行政机关批准，可以暂缓或者分期缴纳。

第六十七条　作出罚款决定的行政机关应当与收缴罚款的机构分离。

除依照本法第六十八条、第六十九条的规定当场收缴的罚款外，作出行政处罚决定的行政机关及其执法人员不得自行收缴罚款。

当事人应当自收到行政处罚决定书之日起十五日内，到指定的银行或者通过电子支付系统缴纳罚款。银行应当收受罚款，并将罚款直接上缴国库。

第六十八条 依照本法第五十一条的规定当场作出行政处罚决定，有下列情形之一，执法人员可以当场收缴罚款：

（一）依法给予一百元以下罚款的；

（二）不当场收缴事后难以执行的。

第六十九条 在边远、水上、交通不便地区，行政机关及其执法人员依照本法第五十一条、第五十七条的规定作出罚款决定后，当事人到指定的银行或者通过电子支付系统缴纳罚款确有困难，经当事人提出，行政机关及其执法人员可以当场收缴罚款。

第七十条 行政机关及其执法人员当场收缴罚款的，必须向当事人出具国务院财政部门或者省、自治区、直辖市人民政府财政部门统一制发的专用票据；不出具财政部门统一制发的专用票据的，当事人有权拒绝缴纳罚款。

第七十一条 执法人员当场收缴的罚款，应当自收缴罚款之日起二日内，交至行政机关；在水上当场收缴的罚款，应当自抵岸之日起二日内交至行政机关；行政机关应当在二日内将罚款缴付指定的银行。

第七十二条 当事人逾期不履行行政处罚决定的，作出行政处罚决定的行政机关可以采取下列措施：

（一）到期不缴纳罚款的，每日按罚款数额的百分之三加处罚款，加处罚款的数额不得超出罚款的数额；

（二）根据法律规定，将查封、扣押的财物拍卖、依法处理或者将冻结的存款、汇款划拨抵缴罚款；

（三）根据法律规定，采取其他行政强制执行方式；

（四）依照《中华人民共和国行政强制法》的规定申请人民法院强制执行。

行政机关批准延期、分期缴纳罚款的，申请人民法院强制执行的期限，自暂缓或者分期缴纳罚款期限结束之日起计算。

第七十三条 当事人对行政处罚决定不服，申请行政复议或者提起行政诉讼的，行政处罚不停止执行，法律另有规定的除外。

当事人对限制人身自由的行政处罚决定不服，申请行政复议或者提起行政诉讼的，可以向作出决定的机关提出暂缓执行申请。符合法律规定情形的，应当暂缓执行。

当事人申请行政复议或者提起行政诉讼的，加处罚款的数额在行政复议或者行政诉讼期间不予计算。

第七十四条 除依法应当予以销毁的物品外，依法没收的非法财物必须按照国家规定公开拍卖或者按照国家有关规定处理。

罚款、没收的违法所得或者没收非法财物拍卖的款项，必须全部上缴国库，任何行政机关或者个人不得以任何形式截留、私分或者变相私分。

罚款、没收的违法所得或者没收非法财物拍卖的款项，不得同作出行政处罚决定的行政机关及其工作人员的考核、考评直接或者变相挂钩。除依法应当退还、退赔的外，财政部门不得以任何形式向作出行政处罚决定的行政机关返还罚款、没收的违法所得或者没收非法财物拍卖的款项。

第七十五条 行政机关应当建立健全对行政处罚的监督制度。县级以上人民政府应当定期组织开展行政执法评议、考核，加强对行政处罚的监督检查，规范和保障行政处罚的实施。

行政机关实施行政处罚应当接受社会监督。公民、法人或者其他组织对行政机关实施行政处罚的行为，有权申诉或者检举；行政机关应当认真审查，发现有错误的，应当主动改正。

第七章　法 律 责 任

第七十六条 行政机关实施行政处罚，有下列情形之一，由上级行政机关或者有关机关责令改正，对直接负责的主管人员和其他直接责任人员依法给予处分：

（一）没有法定的行政处罚依据的；

（二）擅自改变行政处罚种类、幅度的；

（三）违反法定的行政处罚程序的；

（四）违反本法第二十条关于委托处罚的规定的；

（五）执法人员未取得执法证件的。

行政机关对符合立案标准的案件不及时立案的，依照前款规定予以处理。

第七十七条 行政机关对当事人进行处罚不使用罚款、没收财物单据或者使用非法定部门制发的罚款、没收财物单据的，当事人有权拒绝，并有权予以检举，由上级行政机关或者有关机关对使用的非法单据予以收缴销毁，对直接负责的主管人员和其他直接责任人员依法给予处分。

第七十八条 行政机关违反本法第六十七条的规定自行收缴罚款的，财政部门违反本法第七十四条的规定向行政机关返还罚款、没收的违法所得或者拍卖款项的，由上级行政机关或者有关机关责令改正，对直接负责的主管人员和其他直接责任人员依法给予处分。

第七十九条 行政机关截留、私分或者变相私分罚款、没收的违法所得或者财物的，由财政部门或者有关机关予以追缴，对直接负责的主管人员和其他直接责任人员依法给予处分；情节严重构成犯罪的，依法追究刑事责任。

执法人员利用职务上的便利，索取或者收受他人财物、将收缴罚款据为己有，构成犯罪的，依法追究刑事责任；情节轻微不构成犯罪的，依法给予处分。

第八十条 行政机关使用或者损毁查封、扣押的财物，对当事人造成损失的，应当依法予以赔偿，对直接负责的主管人员和其他直接责任人员依法给予处分。

第八十一条 行政机关违法实施检查措施或者执行措施，给公民人身或者财产造成损害、给法人或者其他组织造成损失的，应当依法予以赔偿，对直接负责的主管人员和其他直接责任人员依法给予处分；情节严重构成犯罪的，依法追究刑事责任。

第八十二条 行政机关对应当依法移交司法机关追究刑事责任的案件不移交，以行政处罚代替刑事处罚，由上级行政机关或者有关机关责令改正，对直接负责的主管人员和其他直接责任人员依法给予处分；情节严重构成犯罪的，依法追究刑事责任。

第八十三条 行政机关对应当予以制止和处罚的违法行为不予制止、处罚，致使公民、法人或者其他组织的合法权益、公共利益和社会秩序遭受损害的，对直接负责的主管人员和其他直接责任人员依法给予处分；情节严重构成犯罪的，依法追究刑事责任。

第八章　附　　则

第八十四条 外国人、无国籍人、外国组织在中华人民共和国领域内有违法行为，应当给予行政处罚的，适用本法，法律另有规定的除外。

第八十五条 本法中“二日”“三日”“五日”“七日”的规定是指工作日，不含法定节假日。

第八十六条 本法自2021年7月15日起施行。

中华人民共和国行政强制法

（2011年6月30日第十一届全国人民代表大会常务委员会第二十一次会议通过　2011年6月30日中华人民共和国主席令第49号公布　自2012年1月1日起施行）

目　　录

第一章　总　　则

第一条　为了规范行政强制的设定和实施，保障和监督行政机关依法履行职责，维护公共利益和社会秩序，保护公民、法人和其他组织的合法权益，根据宪法，制定本法。

第二条 本法所称行政强制，包括行政强制措施和行政强制执行。

行政强制措施，是指行政机关在行政管理过程中，为制止违法行为、防止证据损毁、避免危害发生、控制危险扩大等情形，依法对公民的人身自由实施暂时性限制，或者对公民、法人或者其他组织的财物实施暂时性控制的行为。

行政强制执行，是指行政机关或者行政机关申请人民法院，对不履行行政决定的公民、法人或者其他组织，依法强制履行义务的行为。

第三条 行政强制的设定和实施，适用本法。

发生或者即将发生自然灾害、事故灾难、公共卫生事件或者社会安全事件等突发事件，行政机关采取应急措施或者临时措施，依照有关法律、行政法规的规定执行。

行政机关采取金融业审慎监管措施、进出境货物强制性技术监控措施，依照有关法律、行政法规的规定执行。

第四条 行政强制的设定和实施，应当依照法定的权限、范围、条件和程序。

第五条 行政强制的设定和实施，应当适当。采用非强制手段可以达到行政管理目的的，不得设定和实施行政强制。

第六条 实施行政强制，应当坚持教育与强制相结合。

第七条 行政机关及其工作人员不得利用行政强制权为单位或者个人谋取利益。

第八条 公民、法人或者其他组织对行政机关实施行政强制，享有陈述权、申辩权；有权依法申请行政复议或者提起行政诉讼；因行政机关违法实施行政强制受到损害的，有权依法要求赔偿。

公民、法人或者其他组织因人民法院在强制执行中有违法行为或者扩大强制执行范围受到损害的，有权依法要求赔偿。

第二章　行政强制的种类和设定

第九条　行政强制措施的种类：

（一）限制公民人身自由；

（二）查封场所、设施或者财物；

（三）扣押财物；

（四）冻结存款、汇款；

（五）其他行政强制措施。

第十条　行政强制措施由法律设定。

尚未制定法律，且属于国务院行政管理职权事项的，行政法规可以设定除本法第九条第一项、第四项和应当由法律规定的行政强制措施以外的其他行政强制措施。

尚未制定法律、行政法规，且属于地方性事务的，地方性法规可以设定本法第九条第二项、第三项的行政强制措施。

法律、法规以外的其他规范性文件不得设定行政强制措施。

第十一条　法律对行政强制措施的对象、条件、种类作了规定的，行政法规、地方性法规不得作出扩大规定。

法律中未设定行政强制措施的，行政法规、地方性法规不得设定行政强制措施。但是，法律规定特定事项由行政法规规定具体管理措施的，行政法规可以设定除本法第九条第一项、第四项和应当由法律规定的行政强制措施以外的其他行政强制措施。

第十二条　行政强制执行的方式：

（一）加处罚款或者滞纳金；

（二）划拨存款、汇款；

（三）拍卖或者依法处理查封、扣押的场所、设施或者财物；

（四）排除妨碍、恢复原状；

（五）代履行；

（六）其他强制执行方式。

第十三条 行政强制执行由法律设定。

法律没有规定行政机关强制执行的，作出行政决定的行政机关应当申请人民法院强制执行。

第十四条 起草法律草案、法规草案，拟设定行政强制的，起草单位应当采取听证会、论证会等形式听取意见，并向制定机关说明设定该行政强制的必要性、可能产生的影响以及听取和采纳意见的情况。

第十五条 行政强制的设定机关应当定期对其设定的行政强制进行评价，并对不适当的行政强制及时予以修改或者废止。

行政强制的实施机关可以对已设定的行政强制的实施情况及存在的必要性适时进行评价，并将意见报告该行政强制的设定机关。

公民、法人或者其他组织可以向行政强制的设定机关和实施机关就行政强制的设定和实施提出意见和建议。有关机关应当认真研究论证，并以适当方式予以反馈。

第三章 行政强制措施实施程序

第一节 一 般 规 定

第十六条 行政机关履行行政管理职责，依照法律、法规的规定，实施行政强制措施。

违法行为情节显著轻微或者没有明显社会危害的，可以不采取行政强制措施。

第十七条 行政强制措施由法律、法规规定的行政机关在法定职权范围内实施。行政强制措施权不得委托。

依据《中华人民共和国行政处罚法》的规定行使相对集中行政处罚权的行政机关，可以实施法律、法规规定的与行政处罚权有关的行政强制措施。

行政强制措施应当由行政机关具备资格的行政执法人员实施，其他人员不得实施。

第十八条 行政机关实施行政强制措施应当遵守下列规定：

（一）实施前须向行政机关负责人报告并经批准；

（二）由两名以上行政执法人员实施；

（三）出示执法身份证件；

（四）通知当事人到场；

（五）当场告知当事人采取行政强制措施的理由、依据以及当事人依法享有的权利、救济途径；

（六）听取当事人的陈述和申辩；

（七）制作现场笔录；

（八）现场笔录由当事人和行政执法人员签名或者盖章，当事人拒绝的，在笔录中予以注明；

（九）当事人不到场的，邀请见证人到场，由见证人和行政执法人员在现场笔录上签名或者盖章；

（十）法律、法规规定的其他程序。

第十九条 情况紧急，需要当场实施行政强制措施的，行政执法人员应当在二十四小时内向行政机关负责人报告，并补办批准手续。行政机关负责人认为不应当采取行政强制措施的，应当立即解除。

第二十条 依照法律规定实施限制公民人身自由的行政强制措施，除应当履行本法第十八条规定的程序外，还应当遵守下列规定：

（一）当场告知或者实施行政强制措施后立即通知当事人家属实施行政强制措施的行政机关、地点和期限；

（二）在紧急情况下当场实施行政强制措施的，在返回行政机关后，立即向行政机关负责人报告并补办批准手续；

（三）法律规定的其他程序。

实施限制人身自由的行政强制措施不得超过法定期限。实施行政强制措施的目的已经达到或者条件已经消失，应当立即解除。

第二十一条 违法行为涉嫌犯罪应当移送司法机关的，行政机关应当将查封、扣押、冻结的财物一并移送，并书面告知当事人。

第二节 查封、扣押

第二十二条 查封、扣押应当由法律、法规规定的行政机关实施，其他任何行政机关或者组织不得实施。

第二十三条 查封、扣押限于涉案的场所、设施或者财物，不得查封、扣押与违法行为无关的场所、设施或者财物；不得查封、扣押公民个人及其所扶养家属的生活必需品。

当事人的场所、设施或者财物已被其他国家机关依法查封的，不得重复查封。

第二十四条 行政机关决定实施查封、扣押的，应当履行本法第十八条规定的程序，制作并当场交付查封、扣押决定书和清单。

查封、扣押决定书应当载明下列事项：

（一）当事人的姓名或者名称、地址；

（二）查封、扣押的理由、依据和期限；

（三）查封、扣押场所、设施或者财物的名称、数量等；

（四）申请行政复议或者提起行政诉讼的途径和期限；

（五）行政机关的名称、印章和日期。

查封、扣押清单一式二份，由当事人和行政机关分别保存。

第二十五条 查封、扣押的期限不得超过三十日；情况复杂的，经行政机关负责人批准，可以延长，但是延长期限不得超过三十日。法律、行政法规另有规定的除外。

延长查封、扣押的决定应当及时书面告知当事人，并说明理由。

对物品需要进行检测、检验、检疫或者技术鉴定的，查封、扣押的期间不包括检测、检验、检疫或者技术鉴定的期间。检测、检验、检疫或者技术鉴定的期间应当明确，并书面告知当事人。检测、检验、检疫或者技术鉴定的费用由行政机关承担。

第二十六条 对查封、扣押的场所、设施或者财物，行政机关应当妥善保管，不得使用或者损毁；造成损失的，应当承担赔偿责任。

对查封的场所、设施或者财物，行政机关可以委托第三人保管，第三人不得损毁或者擅自转移、处置。因第三人的原因造成的损失，行政机关先行赔付后，有权向第三人追偿。

因查封、扣押发生的保管费用由行政机关承担。

第二十七条 行政机关采取查封、扣押措施后，应当及时查清事实，在本法第二十五条规定的期限内作出处理决定。对违法事实清楚，依法应当没收的非法财物予以没收；法律、行政法规规定应当销毁的，依法销毁；应当解除查封、扣押的，作出解除查封、扣押的决定。

第二十八条 有下列情形之一的，行政机关应当及时作出解除查封、扣押决定：

（一）当事人没有违法行为；

（二）查封、扣押的场所、设施或者财物与违法行为无关；

（三）行政机关对违法行为已经作出处理决定，不再需要查封、扣押；

（四）查封、扣押期限已经届满；

（五）其他不再需要采取查封、扣押措施的情形。

解除查封、扣押应当立即退还财物；已将鲜活物品或者其他不易保管的财物拍卖或者变卖的，退还拍卖或者变卖所得款项。变卖价格明显低于市场价格，给当事人造成损失的，应当给予补偿。

第三节　冻　　结

第二十九条　冻结存款、汇款应当由法律规定的行政机关实施，不得委托给其他行政机关或者组织；其他任何行政机关或者组织不得冻结存款、汇款。

冻结存款、汇款的数额应当与违法行为涉及的金额相当；已被其他国家机关依法冻结的，不得重复冻结。

第三十条　行政机关依照法律规定决定实施冻结存款、汇款的，应当履行本法第十八条第一项、第二项、第三项、第七项规定的程序，并向金融机构交付冻结通知书。

金融机构接到行政机关依法作出的冻结通知书后，应当立即予以冻结，不得拖延，不得在冻结前向当事人泄露信息。

法律规定以外的行政机关或者组织要求冻结当事人存款、汇款的，金融机构应当拒绝。

第三十一条　依照法律规定冻结存款、汇款的，作出决定的行政机关应当在三日内向当事人交付冻结决定书。冻结决定书应当载明下列事项：

（一）当事人的姓名或者名称、地址；

（二）冻结的理由、依据和期限；

（三）冻结的账号和数额；

（四）申请行政复议或者提起行政诉讼的途径和期限；

（五）行政机关的名称、印章和日期。

第三十二条　自冻结存款、汇款之日起三十日内，行政机关应当作出处理决定或者作出解除冻结决定；情况复杂的，经行政机关负责人批准，可以延长，但是延长期限不得超过三十日。法律另有规定的除外。

延长冻结的决定应当及时书面告知当事人，并说明理由。

第三十三条　有下列情形之一的，行政机关应当及时作出解除冻结决定：

（一）当事人没有违法行为；

（二）冻结的存款、汇款与违法行为无关；

（三）行政机关对违法行为已经作出处理决定，不再需要冻结；

（四）冻结期限已经届满；

（五）其他不再需要采取冻结措施的情形。

行政机关作出解除冻结决定的，应当及时通知金融机构和当事人。金融机构接到通知后，应当立即解除冻结。

行政机关逾期未作出处理决定或者解除冻结决定的，金融机构应当自冻结期满之日起解除冻结。

第四章　行政机关强制执行程序

第一节　一 般 规 定

第三十四条　行政机关依法作出行政决定后，当事人在行政机关决定的期限内不履行义务的，具有行政强制执行权的行政机关依照本章规定强制执行。

第三十五条　行政机关作出强制执行决定前，应当事先催告当事人履行义务。催告应当以书面形式作出，并载明下列事项：

（一）履行义务的期限；

（二）履行义务的方式；

（三）涉及金钱给付的，应当有明确的金额和给付方式；

（四）当事人依法享有的陈述权和申辩权。

第三十六条　当事人收到催告书后有权进行陈述和申辩。行政机关应当充分听取当事人的意见，对当事人提出的事实、理由和证据，应当进行记录、复核。当事人提出的事实、理由或者证据成立的，行政机关应当采纳。

第三十七条 经催告，当事人逾期仍不履行行政决定，且无正当理由的，行政机关可以作出强制执行决定。

强制执行决定应当以书面形式作出，并载明下列事项：

（一）当事人的姓名或者名称、地址；

（二）强制执行的理由和依据；

（三）强制执行的方式和时间；

（四）申请行政复议或者提起行政诉讼的途径和期限；

（五）行政机关的名称、印章和日期。

在催告期间，对有证据证明有转移或者隐匿财物迹象的，行政机关可以作出立即强制执行决定。

第三十八条 催告书、行政强制执行决定书应当直接送达当事人。当事人拒绝接收或者无法直接送达当事人的，应当依照《中华人民共和国民事诉讼法》的有关规定送达。

第三十九条 有下列情形之一的，中止执行：

（一）当事人履行行政决定确有困难或者暂无履行能力的；

（二）第三人对执行标的主张权利，确有理由的；

（三）执行可能造成难以弥补的损失，且中止执行不损害公共利益的；

（四）行政机关认为需要中止执行的其他情形。

中止执行的情形消失后，行政机关应当恢复执行。对没有明显社会危害，当事人确无能力履行，中止执行满三年未恢复执行的，行政机关不再执行。

第四十条 有下列情形之一的，终结执行：

（一）公民死亡，无遗产可供执行，又无义务承受人的；

（二）法人或者其他组织终止，无财产可供执行，又无义务承受人的；

（三）执行标的灭失的；

（四）据以执行的行政决定被撤销的；

（五）行政机关认为需要终结执行的其他情形。

第四十一条 在执行中或者执行完毕后，据以执行的行政决定被撤销、变更，或者执行错误的，应当恢复原状或者退还财物；不能恢复原状或者退还财物的，依法给予赔偿。

第四十二条 实施行政强制执行，行政机关可以在不损害公共利益和他人合法权益的情况下，与当事人达成执行协议。执行协议可以约定分阶段履行；当事人采取补救措施的，可以减免加处的罚款或者滞纳金。

执行协议应当履行。当事人不履行执行协议的，行政机关应当恢复强制执行。

第四十三条 行政机关不得在夜间或者法定节假日实施行政强制执行。但是，情况紧急的除外。

行政机关不得对居民生活采取停止供水、供电、供热、供燃气等方式迫使当事人履行相关行政决定。

第四十四条 对违法的建筑物、构筑物、设施等需要强制拆除的，应当由行政机关予以公告，限期当事人自行拆除。当事人在法定期限内不申请行政复议或者提起行政诉讼，又不拆除的，行政机关可以依法强制拆除。

第二节 金钱给付义务的执行

第四十五条 行政机关依法作出金钱给付义务的行政决定，当事人逾期不履行的，行政机关可以依法加处罚款或者滞纳金。加处罚款或者滞纳金的标准应当告知当事人。

加处罚款或者滞纳金的数额不得超出金钱给付义务的数额。

第四十六条 行政机关依照本法第四十五条规定实施加处罚款或者滞纳金超过三十日，经催告当事人仍不履行的，具有行政强制执行权的行政机关可以强制执行。

行政机关实施强制执行前，需要采取查封、扣押、冻结措施的，依照本法第三章规定办理。

没有行政强制执行权的行政机关应当申请人民法院强制执行。但是，当事人在法定期限内不申请行政复议或者提起行政诉讼，经催告仍不履行的，在实施行政管理过程中已经采取查封、扣押措施的行政机关，可以将查封、扣押的财物依法拍卖抵缴罚款。

第四十七条 划拨存款、汇款应当由法律规定的行政机关决定，并书面通知金融机构。金融机构接到行政机关依法作出划拨存款、汇款的决定后，应当立即划拨。

法律规定以外的行政机关或者组织要求划拨当事人存款、汇款的，金融机构应当拒绝。

第四十八条 依法拍卖财物，由行政机关委托拍卖机构依照《中华人民共和国拍卖法》的规定办理。

第四十九条 划拨的存款、汇款以及拍卖和依法处理所得的款项应当上缴国库或者划入财政专户。任何行政机关或者个人不得以任何形式截留、私分或者变相私分。

第三节 代 履 行

第五十条 行政机关依法作出要求当事人履行排除妨碍、恢复原状等义务的行政决定，当事人逾期不履行，经催告仍不履行，其后果已经或者将危害交通安全、造成环境污染或者破坏自然资源的，行政机关可以代履行，或者委托没有利害关系的第三人代履行。

第五十一条 代履行应当遵守下列规定：

（一）代履行前送达决定书，代履行决定书应当载明当事人的姓名或者名称、地址，代履行的理由和依据、方式和时间、标的、费用预算以及代履行人；

（二）代履行三日前，催告当事人履行，当事人履行的，停止代履行；

（三）代履行时，作出决定的行政机关应当派员到场监督；

（四）代履行完毕，行政机关到场监督的工作人员、代履行人和当事人或者见证人应当在执行文书上签名或者盖章。

代履行的费用按照成本合理确定，由当事人承担。但是，法律另有规定的除外。

代履行不得采用暴力、胁迫以及其他非法方式。

第五十二条 需要立即清除道路、河道、航道或者公共场所的遗洒物、障碍物或者污染物，当事人不能清除的，行政机关可以决定立即实施代履行；当事人不在场的，行政机关应当在事后立即通知当事人，并依法作出处理。

第五章 申请人民法院强制执行

第五十三条 当事人在法定期限内不申请行政复议或者提起行政诉讼，又不履行行政决定的，没有行政强制执行权的行政机关可以自期限届满之日起三个月内，依照本章规定申请人民法院强制执行。

第五十四条 行政机关申请人民法院强制执行前，应当催告当事人履行义务。催告书送达十日后当事人仍未履行义务的，行政机关可以向所在地有管辖权的人民法院申请强制执行；执行对象是不动产的，向不动产所在地有管辖权的人民法院申请强制执行。

第五十五条 行政机关向人民法院申请强制执行，应当提供下列材料：

（一）强制执行申请书；

（二）行政决定书及作出决定的事实、理由和依据；

（三）当事人的意见及行政机关催告情况；

（四）申请强制执行标的情况；

（五）法律、行政法规规定的其他材料。

强制执行申请书应当由行政机关负责人签名，加盖行政机关的印章，并注明日期。

第五十六条 人民法院接到行政机关强制执行的申请，应当在五日内受理。

行政机关对人民法院不予受理的裁定有异议的，可以在十五日内向上一级人民法院申请复议，上一级人民法院应当自收到复议申请之日起十五日内作出是否受理的裁定。

第五十七条 人民法院对行政机关强制执行的申请进行书面审查，对符合本法第五十五条规定，且行政决定具备法定执行效力的，除本法第五十八条规定的情形外，人民法院应当自受理之日起七日内作出执行裁定。

第五十八条 人民法院发现有下列情形之一的，在作出裁定前可以听取被执行人和行政机关的意见：

（一）明显缺乏事实根据的；

（二）明显缺乏法律、法规依据的；

（三）其他明显违法并损害被执行人合法权益的。

人民法院应当自受理之日起三十日内作出是否执行的裁定。裁定不予执行的，应当说明理由，并在五日内将不予执行的裁定送达行政机关。

行政机关对人民法院不予执行的裁定有异议的，可以自收到裁定之日起十五日内向上一级人民法院申请复议，上一级人民法院应当自收到复议申请之日起三十日内作出是否执行的裁定。

第五十九条 因情况紧急，为保障公共安全，行政机关可以申请人民法院立即执行。经人民法院院长批准，人民法院应当自作出执行裁定之日起五日内执行。

第六十条 行政机关申请人民法院强制执行，不缴纳申请费。强制执行的费用由被执行人承担。

人民法院以划拨、拍卖方式强制执行的，可以在划拨、拍卖后将强制执行的费用扣除。

依法拍卖财物，由人民法院委托拍卖机构依照《中华人民共和国拍卖法》的规定办理。

划拨的存款、汇款以及拍卖和依法处理所得的款项应当上缴国库或者划入财政专户，不得以任何形式截留、私分或者变相私分。

第六章 法律责任

第六十一条 行政机关实施行政强制，有下列情形之一的，由上级行政机关或者有关部门责令改正，对直接负责的主管人员和其他直接责任人员依法给予处分：

（一）没有法律、法规依据的；

（二）改变行政强制对象、条件、方式的；

（三）违反法定程序实施行政强制的；

（四）违反本法规定，在夜间或者法定节假日实施行政强制执行的；

（五）对居民生活采取停止供水、供电、供热、供燃气等方式迫使当事人履行相关行政决定的；

（六）有其他违法实施行政强制情形的。

第六十二条 违反本法规定，行政机关有下列情形之一的，由上级行政机关或者有关部门责令改正，对直接负责的主管人员和其他直接责任人员依法给予处分：

（一）扩大查封、扣押、冻结范围的；

（二）使用或者损毁查封、扣押场所、设施或者财物的；

（三）在查封、扣押法定期间不作出处理决定或者未依法及时解除查封、扣押的；

（四）在冻结存款、汇款法定期间不作出处理决定或者未依法及时解除冻结的。

第六十三条 行政机关将查封、扣押的财物或者划拨的存款、汇款以及拍卖和依法处理所得的款项，截留、私分或者变相私分的，由财政部门或者有关部门予以追缴；对直接负责的主管人员和其他直接责任人员依法给予记大过、降级、撤职或者开除的处分。

行政机关工作人员利用职务上的便利，将查封、扣押的场所、设施或者财物据为己有的，由上级行政机关或者有关部门责令改正，依法给予记大过、降级、撤职或者开除的处分。

第六十四条 行政机关及其工作人员利用行政强制权为单位或者个人谋取利益的，由上级行政机关或者有关部门责令改正，对直接负责的主管人员和其他直接责任人员依法给予处分。

第六十五条 违反本法规定，金融机构有下列行为之一的，由金融业监督管理机构责令改正，对直接负责的主管人员和其他直接责任人员依法给予处分：

（一）在冻结前向当事人泄露信息的；

（二）对应当立即冻结、划拨的存款、汇款不冻结或者不划拨，致使存款、汇款转移的；

（三）将不应当冻结、划拨的存款、汇款予以冻结或者划拨的；

（四）未及时解除冻结存款、汇款的。

第六十六条 违反本法规定，金融机构将款项划入国库或者财政专户以外的其他账户的，由金融业监督管理机构责令改正，并处以违法划拨款项二倍的罚款；对直接负责的主管人员和其他直接责任人员依法给予处分。

违反本法规定，行政机关、人民法院指令金融机构将款项划入国库或者财政专户以外的其他账户的，对直接负责的主管人员和其他直接责任人员依法给予处分。

第六十七条 人民法院及其工作人员在强制执行中有违法行为或者扩大强制执行范围的，对直接负责的主管人员和其他直接责任人员依法给予处分。

第六十八条 违反本法规定，给公民、法人或者其他组织造成损失的，依法给予赔偿。

违反本法规定，构成犯罪的，依法追究刑事责任。

第七章 附 则

第六十九条 本法中十日以内期限的规定是指工作日，不含法定节假日。

第七十条 法律、行政法规授权的具有管理公共事务职能的组织在法定授权范围内，以自己的名义实施行政强制，适用本法有关行政机关的规定。

第七十一条 本法自 2012 年 1 月 1 日起施行。

国务院关于进一步贯彻实施《中华人民共和国行政处罚法》的通知

（2021 年 11 月 15 日　国发〔2021〕26 号）

各省、自治区、直辖市人民政府，国务院各部委、各直属机构：

《中华人民共和国行政处罚法》（以下简称行政处罚法）已经十三届全国人大常委会第二十五次会议修订通过。为进一步贯彻实施行政处罚法，现就有关事项通知如下：

一、充分认识贯彻实施行政处罚法的重要意义

行政处罚法是规范政府行为的一部重要法律。贯彻实施好新修订的行政处罚法，对推进严格规范公正文明执法，保障和监督行政机关有效实施行政管理，优化法治化营商环境，保护公民、法人或者其他组织的合法权益，加快法治政府建设，推进国家治理体系和治理能力现代化，具有重要意义。新修订的行政处罚法体现和巩固了近年来行政执法领域取得的重大改革成果，回应了当前的执法实践需要，明确了行政处罚的定义，扩充了行政处罚种类，完善了行政处罚程序，强化了行政执法责任。各地区、各部门要从深入学习贯彻习近平法治思想，加快建设法治国家、法治政府、法治社会的高度，充分认识新修订的行政处罚法施行的重要意义，采取有效措施，作出具体部署，扎实做好贯彻实施工作。

二、加强学习、培训和宣传工作

（一）开展制度化规范化常态化培训。行政机关工作人员特别是领导干部要带头认真学习行政处罚法，深刻领会精神实质和内在要求，做到依法行政并自觉接受监督。各地区、各部门要将行政处罚法纳入行政执法培训内容，作为行政执法人员的必修课，使行政执法人员全面理解和准确掌握行政处罚法的规定，依法全面正确履行行政处罚职能。各地区、各部门要于2022年6月前通过多种形式完成对现有行政执法人员的教育培训，并持续做好新上岗行政执法人员培训工作。

（二）加大宣传力度。各地区、各部门要将行政处罚法宣传纳入本地区、本部门的“八五”普法规划，面向社会广泛开展宣传，增强全民法治观念，提高全民守法意识，引导各方面监督行政处罚行为、维护自身合法权益。要按照“谁执法谁普法”普法责任制的要求，落实有关属地管理责任和部门主体责任，深入开展行政执法人员、行政复议人员等以案释法活动。

三、依法规范行政处罚的设定

（三）加强立法释法有关工作。起草法律、法规、规章草案时，对违反行政管理秩序的公民、法人或者其他组织，以减损权益或者增加义务的方式实施惩戒的，要依法设定行政处罚，不得以其他行政管理措施的名义变相设定，规避行政处罚设定的要求。对上位法设定的行政处罚作出具体规定的，不得通过增减违反行政管理秩序的行为和行政处罚种类、在法定幅度之外调整罚款上下限等方式层层加码或者“立法放水”。对现行法律、法规、规章中的行政管理措施是否属于行政处罚有争议的，要依法及时予以解释答复或者提请有权机关解释答复。

（四）依法合理设定罚款数额。根据行政处罚法规定，尚未制定法律、行政法规的，国务院部门规章对违反行政管理秩序的行为，可以按照国务院规定的限额设定一定数额的罚款。部门规章设定罚款，要坚持过罚相当，罚款数额要与违法行为的事实、性质、情节以及社会危害程度相当，该严的要严，该轻的要轻。法律、行政法规对违法行为已经作出罚款规定的，部门规章必须在法律、行政法规规定的给予行政处罚的行为、种类和幅度的范围内规定。尚未制定法律、行政法规，因行政管理迫切需要依法先以部门规章设定罚款的，设定的罚款数额最高不得超过10万元，且不得超过法律、行政法规对相似违法行为的罚款数额，涉及公民生命健康安全、金融安全且有危害后果的，设定的罚款数额最高不得超过 20 万元；超过上述限额的，要报国务院批准。上述情况下，部门规章实施一定时间后，需要继续实施其所设定的罚款且需要上升为法律、行政法规的，有关部门要及时报请国务院提请全国人大及其常委会制定法律，或者提请国务院制定行政法规。本通知印发后，修改部门规章时，要结合实际研究调整罚款数额的必要性，该降低的要降低，确需提高的要严格依照法定程序在限额范围内提高。地方政府规章设定罚款的限额，依法由省、自治区、直辖市人大常委会规定。

（五）强化定期评估和合法性审核。国务院部门和省、自治区、直辖市人民政府及其有关部门要认真落实行政处罚定期评估制度，结合立法计划规划每 5 年分类、分批组织一次评估。对评估发现有不符合上位法规定、不适应经济社会发展需要、明显过罚不当、缺乏针对性和实用性等情形的行政处罚规定，要及时按照立法权限和程序自行或者建议有权机关予以修改、废止。要加强行政规范性文件合法性审核，行政规范性文件不得设定行政处罚；违法规定行政处罚的，相关规定一律无效，不得作为行政处罚依据。

四、进一步规范行政处罚的实施

（六）依法全面正确履行行政处罚职能。行政机关要坚持执法为民，通过行政处罚预防、纠正和惩戒违反行政管理秩序的行为，维护公共利益和社会秩序，保护公民、法人或者其他组织的合法权益，不得违法实施行政处罚，不得为了处罚而处罚，坚决杜绝逐利执法，严禁下达罚没指标。财政部门要加强对罚缴分离、收支两条线等制度实施情况的监督，会同司法行政等部门按规定开展专项监督检查。要持续规范行政处罚行为，推进事中事后监管法治化、制度化、规范化，坚决避免运动式执法等执法乱象。

（七）细化管辖、立案、听证、执行等程序制度。各地区、各部门要严格遵守法定程序，结合实际制定、修改行政处罚配套制度，确保行政处罚法的有关程序要求落到实处。要进一步完善地域管辖、职能管辖等规定，建立健全管辖争议解决机制。两个以上行政机关属于同一主管部门，发生行政处罚管辖争议、协商不成的，由共同的上一级主管部门指定管辖；两个以上行政机关属于不同主管部门，发生行政处罚管辖争议、协商不成的，司法行政部门要会同有关单位进行协调，在本级人民政府领导下做好指定管辖工作。要建立健全立案制度、完善立案标准，对违反行政管理秩序的行为，按规定及时立案并严格遵守办案时限要求，确保案件得到及时有效查处。确需通过立法对办案期限作出特别规定的，要符合有利于及时查清案件事实、尽快纠正违法行为、迅速恢复正常行政管理秩序的要求。要建立健全行政处罚听证程序规则，细化听证范围和流程，严格落实根据听证笔录作出行政处罚决定的规定。要逐步提高送达地址确认书的利用率，细化电子送达工作流程，大力推进通过电子支付系统缴纳罚款，加强信息安全保障和技术支撑。

（八）规范电子技术监控设备的设置和使用。行政机关设置电子技术监控设备要确保符合标准、设置合理、标志明显，严禁违法要求当事人承担或者分摊设置电子技术监控设备的费用，严禁交由市场主体设置电子技术监控设备并由市场主体直接或者间接收取罚款。除有证据证明当事人存在破坏或者恶意干扰电子技术监控设备、伪造或者篡改数据等过错的，不得因设备不正常运行给予其行政处罚。要定期对利用电子技术监控设备取证的行政处罚决定进行数据分析；对同一区域内的高频违法行为，要综合分析研判原因，推动源头治理，需要改进行政管理行为的，及时采取相应措施，杜绝以罚代管。要严格限制电子技术监控设备收集信息的使用范围，不得泄露或者向他人非法提供。

（九）坚持行政处罚宽严相济。各地区、各部门要全面推行行政裁量基准制度，规范行政处罚裁量权，确保过罚相当，防止畸轻畸重。行政机关不得在未查明违法事实的情况下，对一定区域、领域的公民、法人或者其他组织“一刀切”实施责令停产停业、责令关闭等行政处罚。各地区、各部门要按照国务院关于复制推广自由贸易试验区改革试点经验的要求，全面落实“初次违法且危害后果轻微并及时改正的，可以不予行政处罚”的规定，根据实际制定发布多个领域的包容免罚清单；对当事人违法行为依法免予行政处罚的，采取签订承诺书等方式教育、引导、督促其自觉守法。要加大食品药品、公共卫生、自然资源、生态环境、安全生产、劳动保障等关系群众切身利益的重点领域执法力度。发生重大传染病疫情等突发事件，行政机关对违反突发事件应对措施的行为依法快速、从重处罚时，也要依法合理保护当事人的合法权益。

（十）健全法律责任衔接机制。各地区、各部门要细化责令退赔违法所得制度，依法合理保护利害关系人的合法权益；当事人主动退赔，消除或者减轻违法行为危害后果的，依法予以从轻或者减轻行政处罚。要全面贯彻落实《行政执法机关移送涉嫌犯罪案件的规定》，加强行政机关和司法机关协调配合，按规定畅通案件移送渠道，完善案件移送标准和证据认定保全、信息共享、工作协助等机制，统筹解决涉案物品归口处置和检验鉴定等问题。积极推进行政执法与刑事司法衔接信息平台建设。对有案不移等，情节严重构成犯罪的，依法追究刑事责任。

五、持续改革行政处罚体制机制

（十一）纵深推进综合行政执法体制改革。省、自治区、直辖市人民政府要统筹协调推进综合行政执法改革工作，建立健全配套制度，组织编制并公开本地区综合行政执法事项清单。有条件的地区可以在统筹考虑综合性、专业性以及防范风险的基础上，积极稳妥探索开展更大范围、更多领域集中行使行政处罚权以及与之相关的行政检查权、行政强制权。建立健全综合行政执法机关与业务主管部门、其他行政机关行政执法信息互联互通共享、协作配合工作机制。同时实施相对集中行政许可权和行政处罚权的，要建立健全相关制度机制，确保有序衔接，防止出现监管真空。

（十二）积极稳妥赋权乡镇街道实施行政处罚。省、自治区、直辖市根据当地实际情况，采取授权、委托、相对集中行政处罚权等方式向能够有效承接的乡镇人民政府、街道办事处赋权，要注重听取基层意见，关注基层需求，积极稳妥、科学合理下放行政处罚权，成熟一批、下放一批，确保放得下、接得住、管得好、有监督；要定期组织评估，需要调整的及时调整。有关市、县级人民政府及其部门要加强对乡镇人民政府、街道办事处行政处罚工作的组织协调、业务指导、执法监督，建立健全评议考核等配套制度，持续开展业务培训，研究解决实际问题。乡镇人民政府、街道办事处要不断加强执法能力建设，依法实施行政处罚。

（十三）规范委托行政处罚。委托行政处罚要有法律、法规、规章依据，严格依法采用书面委托形式，委托行政机关和受委托组织要将委托书向社会公布。对已经委托行政处罚，但是不符合行政处罚法要求的，要及时清理；不符合书面委托规定、确需继续实施的，要依法及时完善相关手续。委托行政机关要向本级人民政府或者实行垂直管理的上级行政机关备案委托书，司法行政等部门要加强指导、监督。

（十四）提升行政执法合力。逐步完善联合执法机制，复制推广“综合查一次”经验，探索推行多个行政机关同一时间、针对同一执法对象开展联合检查、调查，防止执法扰民。要健全行政处罚协助制度，明确协助的实施主体、时限要求、工作程序等内容。对其他行政机关请求协助、属于自身职权范围内的事项，要积极履行协助职责，不得无故拒绝、拖延；无正当理由拒绝、拖延的，由上级行政机关责令改正，对相关责任人员依法依规予以处理。要综合运用大数据、物联网、云计算、区块链、人工智能等技术，先行推进高频行政处罚事项协助，实现违法线索互联、监管标准互通、处理结果互认。有关地区可积极探索跨区域执法一体化合作的制度机制，建立健全行政处罚预警通报机制，完善管辖、调查、执行等方面的制度机制，为全国提供可复制推广的经验。

六、加强对实施行政处罚的监督

（十五）强化行政执法监督。要加快建设省市县乡四级全覆盖的行政执法协调监督工作体系，创新监督方式，强化全方位、全流程监督，提升行政执法质量。要完善执法人员资格管理、执法行为动态监测、行政处罚案卷评查、重大问题调查督办、责任追究等制度机制，更新行政处罚文书格式文本，完善办案信息系统，加大对行政处罚的层级监督力度，切实整治有案不立、有案不移、久查不结、过罚不当、怠于执行等顽瘴痼疾，发现问题及时整改；对行政处罚实施过程中出现的同类问题，及时研究规范。要完善评议考核、统计分析制度，不得以处罚数量、罚没数额等指标作为主要考核依据。要综合评估行政处罚对维护经济社会秩序，保护公民、法人或者其他组织合法权益，提高政府管理效能的作用，探索建立行政处罚绩效评估制度。各级人民政府要不断加强行政执法协调监督队伍建设，确保力量配备、工作条件、能力水平与工作任务相适应。

各地区、各部门要把贯彻实施好新修订的行政处罚法作为当前和今后一段时期加快建设法治政府的重要抓手，切实加强和改进相关行政立法，规范行政执法，强化行政执法监督，不断提高依法行政的能力和水平。要梳理总结贯彻实施行政处罚法的经验做法，及时将重要情况和问题报送司法部。司法部要加强统筹协调监督，指导各地区、各部门抓好贯彻实施工作，组织开展行政处罚法贯彻实施情况检查，重大情况及时报国务院。此前发布的国务院文件有关规定与本通知不一致的，以本通知为准。

后记

努力推动我国行政处罚法治稳健发展

——从国务院专项通知的五个特点谈起

我国《行政处罚法》实施25年后作了首次全面修改，具有完善行政处罚法治、深入推进依法行政、全面建设法治政府的重大意义。为切实做好行政处罚法的贯彻实施工作，国务院于2021年12月专门下发了《国务院关于进一步贯彻实施〈中华人民共和国行政处罚法〉的通知》（以下简称《通知》）。《通知》包括6个部分、15项具体要求，是积极推动行政处罚法律制度细化完善和良善运行的纲要文件。

《通知》体现了行政处罚法治学习性的要求。作为我国行政法治领域骨干法律的《行政处罚法》，时隔25年，于2021年1月22日由全国人大常委会对其作了全面修订并于7月15日起施行。由于《行政处罚法》修改幅度大、创新内容多，因而认识有难度、实施有挑战。例如，如何准确认识行政处罚定义，初次违法在什么情形下可以不予处罚，如何证明当事人没有主观过错，行政处罚权如何下沉乡镇和街道行使，行政处罚程序如何完善，等等。对这些问题，《通知》作出了重点说明和细化规定，提出了更明确的办法和要求。只有加强学习、培训和宣传教育，才能确保行政执法人员全面理解和准确掌握《行政处罚法》的规定，确保行政处罚制度运行具有良好的社会认识环境。《通知》在第一部分和第二部分对充分认识贯彻实施《行政处罚法》的重要意义和加强学习、培训和宣传工作，专门作出了系列规定予以特别强调。

《通知》体现了行政处罚法治规范性的要求。《通知》第三部分就如何依法规范行政处罚的设定作出了明确规定。其中第三项提出，要加强立法释法有关工作，包括：起草法律、法规、规章草案时不得规避法定门槛变相设定行政处罚；对上位法设定的行政处罚作出具体规定时，不得以种种方式来“层层加码”或者“立法放水”；对现行立法中的行政管理措施是否属于行政处罚有争议的，要提请有权机关依法及时解释答复。其中第四项提出，要依法合理设定罚款数额，对尚无上位法而迫切需要先以部门规章设定罚款的最高限额作出了具体规定，而且上述先行所设罚款规定实施一定时间后须分情形作出转化安排。其中第五项提出，要强化对行政处罚规定的定期评估和合法性审核，每5年分类、分批组织一次评估，要对行政规范性文件设定和违法规定行政处罚的情况加强合法性审核。这些都是对行政处罚法治的规范性提出的更高要求，也是我国行政法律制度精细化发展的具体体现。

《通知》体现了行政处罚法治科学性的要求。《通知》第四部分就进一步规范行政处罚的实施作出了明确规定。其中的第六项至第十项精细和明确地规定了要依法全面正确履行行政处罚职能、细化行政处罚程序制度、规范电子技术监控设备的设置和使用、坚持行政处罚宽严相济、健全法律责任衔接机制等。这些规定体现了我国行政处罚制度发展的主客观要求和实践探索成果。例如，规定行政机关设置电子技术监控设备要科学合理达标，严禁违法要求当事人承担或者分摊该费用，也严禁交由市场主体来设置并收取罚款；不因设备不正常运行而处罚无过错的当事人；同时，还就行政处罚的大数据分析利用作出专门、细化和严格规定。这些都是对行政处罚法治的科学性提出的更高要求，体现了我国行政法律制度科学化发展的努力方向。

《通知》体现了行政处罚法治探索性的要求。《通知》第五部分就持续改革行政处罚体制机制作出了明确规定。其中第十一项至第十四项规定了要纵深推进综合行政执法体制改革、积极稳妥赋权乡镇街道实施行政处罚、规范委托行政处罚、提升行政执法合力等。这些规定具体体现了我国行政处罚法律制度持续改革发展的现实要求、创新构想和基本路向。例如，其中第十一项针对既往综合行政执法实务中长期存在的问题，明确要求省、自治区、直辖市人民政府统筹协调推进综合行政执法改革工作，建立健全配套制度和组织编制事项清单，可在统筹考虑综合性、专业性和风险性的基础上积极稳妥地进行更大范围、更多领域和更多类型的集中行使行政处罚权和相关执法权的改革探索，建立健全行政执法信息互联互通共享、协调配合工作机制。这些探索举措体现了我国行政法律制度中相对集中行使行政执法权的改革趋势，也是行政法治系统性和效率性原则的要求。

《通知》体现了行政处罚法治责任制的要求。《通知》第六部分就加强对实施行政处罚的监督作出了明确规定。第十五项要求强化行政执法监督，特别规定要加快建设四级全覆盖的行政执法协调监督工作体系，创新监督方式，强化全方位、全流程监督，提升行政执法质量；还要从执法队伍建设、工作制度建设、顽疾难题治理、完善考评评估、问题督办追责等方面推动行政执法监督制度建设，确保力量配备、工作条件、能力水平与工作任务相适应，这也是中国特色行政处罚责任制的基本要求。

经过四十多年改革开放和法治革新，人们对于行政处罚法治发展路向已较明确且寄予厚望，将改革创新成果总结提炼为法律规范和相关制度已成为时代使命，而承载于《行政处罚法》和《通知》的行政处罚法律制度创新系列成果来自既往的行政法治实践过程，也将进一步推动行政法治发展。广大行政公务人员和社会人士应当认真学习、深刻领会和一体遵行，共同推动我国行政处罚法治稳健发展，以期取得依法行政、良法善治的更好成效。

鉴于国务院颁布《通知》之际作出了 2022 年上半年在全国行政机关深入推进贯彻实施《行政处罚法》的学习教育培训工作部署，在中国法制出版社的支持下，我们组织行政法学教授和行政执法机构领导干部组成专业团队，编写了这本具有专业性、可读性和启发性的学习与适用法律手册，适合行政执法干部及其他公务人员、社会人士和学生使用。谨此对积极参与和大力支持本书编写工作的撰稿专家和出版社领导、编辑老师表示衷心感谢！

祈愿中国特色行政处罚法治不断稳健发展，积极助力法治政府建设！

莫于川　哈书菊

2022 年 2 月 20 日于北京冬奥会闭幕之际

图书在版编目（CIP）数据

新《行政处罚法》适用办案手册 / 莫于川，哈书菊主编 . —北京：中国法制出版社，2022. 4
ISBN 978-7-5216-2620-9

Ⅰ. ①新… Ⅱ. ①莫… ②哈… Ⅲ. ①行政处罚法-中国-手册 Ⅳ. ①D922. 11-62

中国版本图书馆 CIP 数据核字（2022）第 058302 号

策划编辑 王 熹（wx2015hi@ sina. com）
责任编辑 赵律玮（ayu. 0907@ 163. com） 封面设计 杨泽江

新《行政处罚法》适用办案手册
XIN《XINGZHENG CHUFAFA》SHIYONG BAN'AN SHOUCE

主编/莫于川，哈书菊
经销/新华书店
印刷/三河市紫恒印装有限公司
开本/880 毫米×1230 毫米 32 开 印张/ 9. 125 字数/ 211 千
版次/2022 年 4 月第 1 版 2022 年 4 月第 1 次印刷

中国法制出版社出版
书号 ISBN 978-7-5216-2620-9 定价：45. 00 元

北京市西城区西便门西里甲 16 号西便门办公区
邮政编码：100053 传真：010-63141600
网址：http：//www. zgfzs. com **编辑部电话：010-63141793**
市场营销部电话：010-63141612 **印务部电话：010-63141606**